中国农业科学院附属小学
新时代生长教育理念与实践丛书

金穗数学

绘本课程探索

刘芳　李宁　主编

中国农业科学技术出版社

图书在版编目（CIP）数据

金穗数学 / 刘芳，李宁主编. — 北京：中国农业科学技术出版社，2021.12

ISBN 978-7-5116-5672-8

Ⅰ. ①金…　Ⅱ. ①刘…　②李…　Ⅲ. ①小学数学课—教学研究　Ⅳ. ①G623.502

中国版本图书馆CIP数据核字（2021）第272157号

责任编辑　穆玉红　褚　怡
责任校对　贾海霞
责任印制　姜义伟　王思文

出 版 者　中国农业科学技术出版社
北京市中关村南大街 12 号　邮编：100081
电　　话　（010）82106626（编辑室）（010）82109702（发行部）
（010）82109709（读者服务部）
传　　真　（010）82106626
网　　址　http://www.castp.cn
发　　行　各地新华书店
印 刷 者　北京尚唐印刷包装有限公司
开　　本　170 mm × 240 mm　1 /16
印　　张　15.25
字　　数　280 千字
版　　次　2021 年 12 月第 1 版　2021 年 12 月第 1 次印刷
定　　价　68.00 元

《金穗数学》编委会

— 序 —

整体构建课程中实现学科育人

随着基础教育课程改革的不断推进，“课程”的理念逐渐深入人心，原先只着眼于如何上好每一节课的教师们正在转变观念，力求通过“整体构建课程”从而实现“立德树人”，在这一过程中，教师从“课程执行者”转变为“课程开发者”。本部分呈现了教师们设计的3个主题实践课程案例，每个课程都嵌入了数学绘本教学，其中“有趣的图形”是以小学数学教材中一年级“认识图形”单元为切入点，分别在“认识图形”“折纸拼图与七巧板”“设计图案”这三个学习内容之后对接了数学绘本教学，再拓展为生活中的实践性任务，将教材与绘本阅读、生活实践有机结合；“找规律”主题课程从绘本“童话中的规律”入手，拓展到大自然中的规律，再到学科融合课程（数学与音乐、数学与科学），每一个活动始终以相应的数学绘本贯穿，让学生感受到规律无处不在，激发学生从探究生活规律到探究科学规律的兴趣和好奇心；“时间”主题课程从一系列关于时间的数学绘本引入，引导学生在认识时间、了解时间、珍惜时间中养成良好的学习与生活习惯，对低年级小学生来说，这种养成教育正是培养学生“扣好人生第一粒扣子”的重要途径，在此基础上，继续开展了制作绘本书、制作数学报、制作时间游戏卡、记录数学周记等一系列创作活动。在上篇部分呈现的课程方案中，我们看到的不是一个个零散的教学活动，而是一系列相互关联的学习任务，在帮助学生积累关键经验的基础上形成课程结构体系，关注了学生作为“整体的人”的发展。

着眼点从“课”拓展到“课程”，不论是教还是学，都发生了巨大的变化，从教师发展角度看，课程方案的设计提升了教师的三个意识：即课程意识、学生意识、资源意识。具体来说，教师有了更为广阔的“大课程”视角，整体把握课程结构、课程体系和课程目标，充分借助多样化的、丰富的资源来开发和设计激发学生兴趣、满足学生需求、符合学生特点的好任务、好活动。从学生成长角度看，课程方案的实施实现了学生学习的三个跨越，即从教材内向教材外的跨越、从学科内向学科间的跨越、从知识层向能力层的跨越。这几个跨越拓宽了学生视野、优化了学生知识结构，提升了学生问题解决、空间观念、应用意识、创造与革新等多方面的能力和素养。

在教学活动之后还呈现了基于学生表现水平的效果评价以及使用指导建议，这些建议均来自教师们教学实践之后的感受、体验，包括对数学绘本内容的解析、对绘本的利用与改编及相应的教学方式、教学时需要关注的问题等，这些都为对数学绘本课程设计与实施感兴趣的教师们提供了有价值的参考和借鉴。

“阅读”与“悦读”中学习数学

绘本或称图画书深受小学生和教师的青睐，使得识字还不多的小学生能够通过少量的文字和直观的图画读懂其中蕴含的大量信息。彭懿在《图画书阅读与经典》一书中写道：“一个孩子从绘本中体会到多少快乐，将决定他一生是否喜欢读书。”以往绘本更多在语文课或阅读课中使用，当前，绘本逐渐进入数学课堂，在数学学习中既可以利用包含着数学知识的一般绘本，更有专门为数学学习而创作的数学绘本。数学绘本中的图文密切联系生活实际，让小学生在贴近生活的现实情境中学习和运用数学知识，是开展数学实践活动课程的重要载体。数学绘本既可以用于课下阅读，也可以用于课堂教学，其最终的目的都是让学生在有兴趣的阅读中学习数学。中篇部分呈现了多个数学绘本课堂教学案例，案例涉及数与代数、图形几何等不同的内容领域，每个案例包括教学背景分析、教学目标、教学活动设计、教学反思与教学指导建议几个部分，具有较强的可操作性。

数学绘本教学在设计之初，需要做到“四个读懂”，即读懂数学、读懂绘本、读懂学生、读懂生活。第一，读懂数学。教师要能够提取并深刻理解数学绘本中蕴含的数学内容与数学信息，与教材中的相关知识点与知识结构做好对接，并且恰当选择相应的绘本，让绘本成为学生学习数学的媒介与载体。第二，读懂绘本。数学教师在上课时，往往似乎缺了那么一些“绘本味儿”，更多的时候仅仅借用了绘本的情境，之后就变成了纯粹的“数学课”，因此，数学教师需要学习“如何读绘本”，例如封面中蕴含了哪些信息？如何用好绘本“图+文”这种表达方式？第三，读懂学生。数学启蒙是儿童学习数学的关键，如果一开始能够抓住孩子的好奇心，就会让孩子对数学产生强烈的兴趣，如果只从严肃、冰冷的计算和公式开始，就会让孩子不喜欢甚至反感数学。读懂学生的心理特点是用好数学绘本的重要前提，这本书中讲了哪些内容？发生了什么事情？带着这些问题，学生一定会产生浓厚的阅读兴趣，激发强烈的好奇心。第四，读懂生活。绘本的重要价值之一还在于提供了丰富的情境，借助这些情境，学生可以在数学与实际生活和解决现实问题之间建立起联系。在绘本中，不论是文字还是图画都传递着丰富的情感，让儿童充分感受到不同情境中人的语气、表情、神态与行为所表达出来的不同感情，对儿童社会性和交往能力的发展起到重要作用。

把数学绘本带进课堂，让孩子们有机会有时间大量接触绘本阅读，慢慢地就会形成良好的阅读习惯和阅读策略，在“悦读”中走近“阅读”。

做一个幸福的研究者

苏霍姆林斯基曾说：“如果你想让教师的劳动能够给教师带来乐趣，使天天上课不至于变成一种单调乏味的义务，那你就应当引导每一位教师走上从事研究这条幸福的道路上来。”对数学绘本教学的研究，老师们从不会读绘本、不会用绘本、不会教绘本，到认真思考“绘本传递了什么？”“我们能用绘本做什么？”“怎样用好绘本提升学生学习品质？”等一系列问题，逐渐开发和构建了数学绘本课程体系。

下篇呈现的是老师们在研究过程中对数学绘本教学的思考、感悟以及经验和教学策略的总结与提升，还有自己和孩子们在这一过程中发生的生动鲜活的故事，品读本部分内容，可以让我们感觉到：

研究让教学不再乏味。

研究让教师充满幸福感。

研究让教师拥有获得感。

彼得·圣吉认为，学习型组织是某一组织或某一群体的主体成员在共同目标指引下注重学习、传播、创新知识的组织，是具备高度凝聚力、旺盛生命力的组织，这个组织充分发挥每个员工的创造能力，努力形成一种弥漫于群体与组织中的学习气氛，凭借学习，个性价值得到实现，组织绩效得到大幅度提高。数学绘本课程设计与实施的过程是团队共同研究、共同合作的过程，教研组集体备课、研讨、汇报、交流、分享，研究中老师们形成了团队合力，教研组形成了良好的研修文化。在研究中，能够看到学生的变化，课堂变得活跃了、气氛变得融洽了、数学变得有趣了、学生变得开心了，正如有的老师在文中提到的，“我觉得数学绘本是一个让知识与情感有效沟通的结，是一根让心灵与思维有效变通的杆，是一盏让数学与生活有效联结的灯。我们完全可以通过数学绘本的教学让孩子们在温暖而智慧的课堂中走近数学。”研究中还能够看到老师们的专业成长，有老师提到，“数学绘本教学不光是教会学生数学知识，还要让学生学会阅读、感悟生活、发展创新思维、懂得做人的道理。这三年，我在教学上的成长离不开与数学绘本的相伴。未来，我们继续一路同行！”

老师们在研究中有困惑，有迷茫，有焦虑，也有喜悦。数学绘本教学研究，我们硕果累累，数学绘本教学研究，还会让我们的研究之路更加幸福，让老师们成为幸福的研究者！

绘本课程实践探索助力教师课程研发能力提升

刘 芳 朱 立

为深化教育领域综合改革，落实《北京市中小学培育和践行社会主义核心价值观实施意见》、《北京市基础教育部分学科教学改进意见》精神，切实解决基础教育中存在的深层次问题，2015年北京市教委发布了《北京市实施教育部<义务教育课程设置实验方案>的课程计划（修订）》，其中《课程计划》第七条明确要求各学科平均应有不低于10%的学时用于开设学科实践活动课程，在内容上可以某一学科内容为主，开设学科实践活动，也可综合多个学科内容，开设跨学科综合实践活动；在学时上可与劳动技术、信息技术、研究性学习、社区服务和社会实践活动等统筹使用，也可以与地方课程、校本课程统筹使用。学科实践活动课程由区县、学校具体统筹安排，要做到因地制宜、灵活多样。自2016年我校低年级数学团队在学科实践活动课程中进行了有意的尝试。最初，数学老师们的想法十分简单———让数学学习有趣味，让孩子们喜欢学习数学。一二年级的小学生最喜欢听故事，于是数学老师借助一个个生动有趣的小故事帮助学生理解数学概念，发展数学思维，感受数学带来的趣味。数学绘本课上，除了老师讲故事，学生也绘声绘色的讲着自己的数学故事，他们就是故事中的人物，让听故事、看故事的我们感受着学生眼中的数学。数学实践活动课程的雏形就是在讲故事中应运而生了。

随着数学绘本教学的不断深入，当老师们再翻开一本本数学绘本时，老师们又开始尝试将数学绘本与单元教材内容进行整合，研发出了一个个有明确的课程目标、有丰富的课程内容、有具体的课程实施、有清晰的课程评价的数学实践活动课程。一年级的数学教师们在“认识平面图形”这个单元中补充了数学绘本，将教学内容与数学绘本结合，一个教学内容配着一个数学绘本，在单元结束的时候结合知识内容和绘本故事为学生设计了一个《寻找校园中的秘密》的实践任务，教师通过学生在活动中的表现了解学生的知识掌握情况和问题解决、应用意识的水平；二年级数学教师在“认识时间”这个单元中结合数学绘本开展教学，帮助学生感受时间、丰富他们对时间的认识、合理安排时间。在开放的情境中学生丰富了自己的实践体验，展示自己对数学的理解，体验成功的快乐，教师通过学生的原生态表现更真实的了解学生，更便于对学生进行指导，促进学生了解数学，体会数学的魅力和价值。

孩子们非常喜欢数学绘本，数学绘本为他们架起了一座连接数学学习与生活实践的桥。数学教师在数学绘本教学的探索之路上，不仅积累了数学绘本教学案例，还收获了跨学科综合实践课程。参与绘本课程开发谢老师在交流数学绘本教学中颇有感受的说，“当数学绘本和数学教学相结合，不仅为学生营造了一个快乐轻松的数学学习氛围，还为提高课堂教学的实效性提供了一个有利的脚手架。给孩子的数学阅读打开一扇窗，让学生静静地听、缓缓地体验，感受学习兴趣，让他们能跳出课本读数学，跳出考试品数学，跳出课堂学数学。”

数学教师们在研发数学绘本课程的实践过程中感受到借助绘本，立足数学本原，创设情境，把学生的兴趣与生活经验密切联系起来，提升了学生的综合运用知识的能力，还促进学生心理的健康发展，培养学生的人文情怀、创新精神、实践能力。

目录

上篇　综合实践课程

中篇　教学设计

C O N T E N T S

上篇 综合实践课程

“有趣的图形”主题综合实践课程

李　旭　武文颖　温　蕾

一、开发背景

《义务教育数学课程标准（2011年版）》中指出“综合与实践”是数学课程的重要内容之一，是一类以问题为载体、以学生自主参与为主的学习活动。在这样的学习活动中，学生将综合运用学习过的知识和方法解决问题，从而提高学生的问题解决能力、应用意识和创新意识。数学学科十大核心素养中提到了要培养学生的应用意识和创新意识。特别指出要在整个数学教育的过程中培养学生的应用意识，综合实践活动是培养学生应用意识的载体。同时，对学生创新意识的培养是现代数学教育的基本任务，应体现在数学教与学的过程之中。

基于此，结合我校数学学科开展的相关绘本课程，在上一学期“制作未来城市模型”的基础之上，我们结合数学教材中“有趣的图形”这一单元再次开展与平面图形相关的综合实践活动。学生通过学习的平面图形和阅读绘本故事，结合年级“我与植物共生长”的德育主题，利用平面图形创作与植物相关的绘本故事。在丰富的数学活动中，培养学生与人交往能力、语言表达能力、想象创作能力、动手操作能力等，不仅实现了德育主题之下的育人目标，还实现了对学生综合素质的培养。

二、指导思想

新课程改革将小学数学分为四个部分，“综合实践活动”作为数学学习的一个重要组成部分被提出，这既是时代改革的需要，也是数学教育发展的必然结果。《国务院关于基础教育改革与发展的决定》（2001）提出：中小学须把综合实践活动教学纳入教学体系中来，学生在学习中要有效利用已有的理论积累和经验，通过实践探索和不断交流，形成能认识和解决与他们生活密切关联的实践性和综合性的问题。综合实践课程对数学课堂教学提出了更高的要求，它改变了传统的以知识记忆为特征的陈旧学习方法，让学生在解决问题的过程中加深对数学本身的探索和理解、掌握和应用数学。通过数学实践与综合应用，帮助学生加深对知识理解，体会课本知识的结构性关系，这样学生在体验中经过自主探索和合作交流，能够利用所学知识理解和解决与生活密切相关的综合性问题。

三、课程目标

（1）在操作活动中认识长方形、正方形、三角形和圆，体会“面在体上”，感受图形特征和图形之间的内部关系。

（2）在绘本创作的过程中，培养学生的创新意识、合作意识和规则意识。

（3）综合运用所学知识解决问题，积累动手操作、合作交流的活动经验，发展学生的空间观念。

（4）在活动中体验到数学的快乐，激发学习兴趣，体验数学真好玩！

四、课程总体思路

课程标准在第一学段的数学思考中是这样要求的，“在从物体中抽象出几何图形、想象图形的运动和位置的过程中，发展空间观念”。理论和教学经验告诉我们：小学生空间观念的建立并不容易，特别是一年级学生，他们在入学后空间认知的水平具有很大的差异性，发展他们的空间观念需要充分的观察和操作。通过研读数学教材，分析本年级学生现阶段的学习状况和特点，在一年级上学期我们确定了以《未来城市模型》为主题的综合实践活动，本学期我们继续开展《有趣的图形》为主题的综合实践活动来帮助学生发展空间观念，提高合作交流和动手实践能力，积累数学活动经验。

结合整单元教材的编写特点，我们设计了“三课一模块”的课程构建方式，即为每一个教材内容，补充了一个数学绘本和一个相关的实践性任务，通过阅读数学绘本和开展实践活动对数学教材进行进一步补充和拓展。

以数学绘本为载体开展综合实践活动，就像在解决数学问题和解决生活实际问题中间搭了一个台阶，学生在绘本营造的情景中操作、体验和感悟，为以后解决实际生活中的问题不断积累经验，缩小数学与学生现实生活的距离，让学生感受数学就在身边，认识到数学知识的价值。

五、学习资源

数学教材、立体图形模具、七巧板模具、数学绘本、评价单。

六、课程实施

教材《认识图形》 →

→ 《寻找校园里的秘密》实践性任务 →

教材《折纸拼图与七巧板》 →

→ 《我的植物朋友》实践性任务 →

教材《设计图案》 →

→ 《我和植物共生长》实践性任务

七、活动设计

依托教材的教学内容，我们将本单元内容分解成三个模块。三个模块的具体内容与安排如下。

模块	第一课时：教材内容	第二课时：数学绘本教学	第三课时：实践性任务	培养学生的关键能力
模块一	认识图形（教案略）	《寻找消失的爸爸》（见模块一中活动一）	《寻找校园里的秘密》（见模块二中活动二）	空间观念、应用意识、问题解决能力
模块二	折纸拼图与七巧板（教案略）	《图形星的怪样国王》（见模块二中活动一）	《我的植物朋友》（见模块二中活动二）	空间观念、数学表达、创新意识
模块三	设计图案（教案略）	《吃了魔法药的哈哈阿姨》（见模块三中活动一）	《我和植物共生长》（见模块三中活动二）	空间观念、数学表达、创新意识

模块一

活动一：绘本《寻找消失的爸爸》教学设计

教学目标：

（1）初步学会从不同的角度观察物体，体验平面与立体之间，部分与整体之间的关系。

（2）通过从所提示的线索中，积极思考、推理分析，寻找解决问题的方法。

（3）体验活动带来的成功和快乐。

教学过程：

（一）故事引入

（1）师：今天老师给大家带来一本绘本，名字是《寻找消失的爸爸》。

（2）看看书的封面，你都看到了什么？

（3）看到这个题目，你有什么想问的吗？

预设：爸爸为什么消失呢？爸爸消失去哪了？找到爸爸了吗？

（4）结合封面猜一猜，智娜的爸爸可能去哪儿了呢，去干什么了？

（5）爸爸为什么消失呢？是怎么发现爸爸消失的呢？我们一起来听听我们的主人公智娜怎么说（播放录音：大家好，我是一只猫，我的名字叫智娜，我的爸爸是数学家，我是他的最佳助手，无论去哪里，我都要跟着一起去，我们约好明天早上一起去公园，可以第二天早上醒来我有一种不详预感，我的爸爸不见了！”）

（6）爸爸到底去哪干什么了呢？智娜找到爸爸了吗？别着急，我们一起跟随智娜去寻找爸爸吧！

爸爸给我们留下了神秘的线索。

（二）线索

线索一：

智娜发现桌上了留了3张纸条，这3张纸条分别装在了我们1号同学桌子上的3个信封里。快拆开第一个信封同桌一起看看爸爸留下了什么线索？

1. 第一张纸条是“拿走的东西”

提问：你能看懂纸条上的信息吗？

关于这个信息，你还有什么想问的吗？

小结：闭上你的眼睛想象一下，拿走的东西有两样，从下面往上看到的样子，有一件东西是长方形的，有一件东西是圆形的。

2. 发现线索

——拿走的东西会是什么呢？你猜猜。

——我们一起跟着妮娜到她家里去找找吧！请2号同学打开你的信封，在图上找一找。同桌互相说一说。你找到了吗？可能是什么呢？

（1）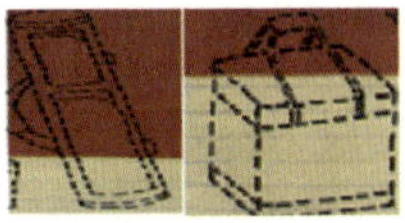

（2）

（3）

——到底我们谁说的对呢，答案在老师的这3个选项中，你们猜猜，到底是什么呢？

——的确，就是红色的长方体的钓鱼包，还有一个绿色圆柱体的钓鱼竿，因为从下往上看到的底部分别是长方形和圆形。虚线表示不存在的东西。看来和我们数学课上的虚线是一个意思啊！原来爸爸去干什么了？

智娜给妈妈留了张纸条，贴在门上：我要寻找消失的爸爸！

小结：原来，只要看明白爸爸给的提示，注意观察的方向，就能发现答案。爸爸真不愧是数学家呀！

线索二：

（1）快来看看爸爸给我们留下的第二个线索吧！请1号同学拆开你的第二个信封，你能根据这张信息纸发现什么呢？

理解信息

——这是什么地方？

——圆形、三角形、正方形在这里表示什么？

——从上往下看是什么意思？看到的又是什么地方？

——爸爸提示中的地方是在十字路口的哪一边？

小结：爸爸出发的地方是在一条十字路口的左上方。

（2）智娜来到建筑物的旁边，他们都太大了，有什么办法可以看到屋顶的形状呢？（要去高的地方往下看）

（3）真聪明，智娜来到山上的瞭望台，大建筑物看起来像箱子一样小，爸爸说的地方在哪里呢？请2号同学快打开你的信封，可以在纸上圈一圈，描一描，同桌两个人互相说说。

（4）智娜终于找到出发的场所了，是碧煦城堡始发站，坐这一班的公交车就能带智娜去碧煦城堡。

线索三：

（1）答案越来越接近了，智娜拿着第三张纸条坐着去碧煦城堡的公交车能顺利找到爸爸到达的地方吗？孩子们，在1号同学的第3个信封里，快看看这次爸爸又会给我们留下哪些线索呢？

（2）是这里吗？哪个建筑物才是爸爸去的地方呢？为什么？（应该是有鱼的标志的房子，因为爸爸去钓鱼了）

（3）这里就是爸爸到达的地方，爸爸会在里面么？快进去看看吧。

（4）哇，这里有这么多好玩的游乐设施，爸爸正在朝我挥手呢！爸爸一大早没有把我叫醒，是相信我自己一定可以找到！

（三）总结

今天我们帮娜娜找到了消失的爸爸，一起来回忆一下我们是怎么帮助妮娜找到爸爸的？

小结：在我们的生活中多数是立体图形，我们从爸爸画的平面图形找到了爸爸拿走的东西、出发和到达的高楼，原来像三角形、圆形、正方形等等这些平面图形只是立体图形中的一部分，而且从不同方位看一个物体它是不同的形状。

孩子们，妮娜是爸爸的最佳助手！你们也是爸爸的最佳助手！

（本课执教老师：李旭）

活动二：《寻找校园里的秘密》

1. 活动内容

请你们当一次大侦探，根据线索找到校园中的这些物品，并标出这些信息分别是从哪个方向看的。比一比，看看哪个小组找得又快又准确。

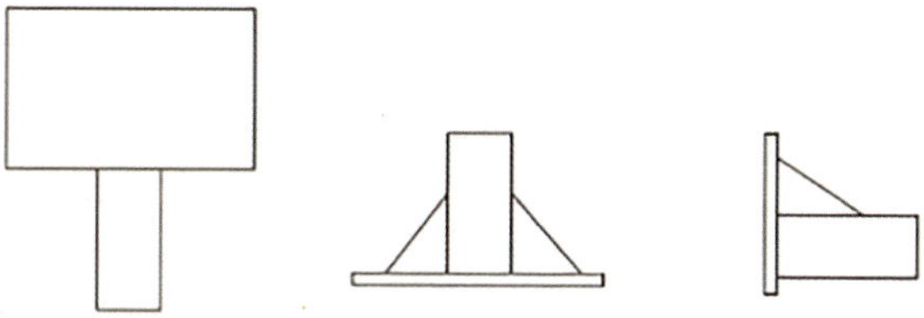

从（　）面看　　从（　）面看　　从（　）面看

从（ ）面看　　从（ ）面看　　从（ ）面看

从（ ）面看　　从（ ）面看　　从（ ）面看

2. 评价标准

评价标准	水平1	水平2	水平3
空间观念	学生看不懂平面图，不能找到与平面图对应的物体	学生需要通过先观察实际物体，再对照图例，然后判断是否为要找的物体	学生通过平面图，结合生活经验，直接判断是否为要找的物体，并进行验证
应用意识	学生不能解释自己是怎样找到对应物体的	学生只能从一个角度（如正面）描述自己是怎样找到对应物体的	学生能从三个角度（正面、侧面、上面）描述自己是怎样找到对应物体的
问题解决能力	盲目地去寻找解决问题的办法	盲目寻找，发现问题后能够及时分析问题再解决问题	先分析问题（如先观察判断，再寻找）

3. 活动效果

活动中，有的小组拿到学习单后没有进行讨论，而是各自分开寻找，但是在寻找的过程中发现问题又重新在一起商量办法，然后再去寻找。有的小组看到学习单后先聚在一起商量，可能是什么图形，大概在校园中的哪个位置，然后由组长进行分工，有目的地寻找。有少数小组找到答案后又拿着学习单和立体图形进行对照验证，从很多相似的立体图形中最终确定到底是哪一个图形，对图形的边和角之间的关系有了一个深入的刻画。

各组学生均能顺利完成前两个任务。大部分学生有意识地关注了现实生活中物体表面的形状，从不同的角度观察物体，体验了平面与立体之间，部分与整体之间的关系，能具备从具体物体中抽象出几何图形的能力，但验证的方法还不够全面。难度较大的是任务单的最后一项，学生需要综合考虑每个长方形边之间的关系，11个小组中仅有1、3、6三个小组最后做出了正确判断，说明部分学生已经具备了很好的空间感。

模块二

活动一：绘本《图形星的怪样国王》教学设计

教学目标：

（1）通过观察物体的图案组成，进一步认识正方形、长方形、三角形和圆。

（2）结合生活实际，感受每种图形在生活中的作用。

（3）能够结合图形特点，进行拼图，设计创意图案。

（4）培养学生的空间观念、动手操作能力和创造力。

教学过程：

（一）读封面

师：今天老师带来了一本绘本，请你仔细观察封面，你都发现了什么？

生：（1）书的名字是《图形星的怪样国王》。

（2）我看到了用图形拼出来的国王，他坐在马车上。

（3）有好多用图形拼的小人，还有长颈鹿。

（4）书的下面还有用图形拼出来的小鱼呢。

师：你们观察的真仔细，那请你用你的大眼睛再仔细看看你关注到这些人、动物都是由什么图形拼成的？

生：正方形、长方形、圆形。小鱼是由好几个三角形拼出来的。

师：你们观察真仔细，刚才有同学看到这个绘本名字，你有什么想问的吗？

生：为什么是怪样呢？图形星是谁？国王是什么样子的呢？

师：这些问题我也很感兴趣，同学们很喜欢这个故事吧，一定已经迫不及待地想去读一读了。我们一起来读书找找答案吧！

但是老师这里有个问题：什么是圆形？什么是三角形？什么是正方形？

希望在今天的这节课中你们也能找到答案！

（二）走进正文

（书）由圆形、三角形、方形组成的图形星上，住着一个这也不喜欢那也讨厌、总爱发牢骚的怪样国王。“圆滚滚的圆形，尖尖的三角形，方方正正的方形，都混在一起，乱七八糟的！”怪样国王巡视着图形星，不开心地抱怨道，“哎哟，头晕啊！哎哟，晕头转向的！”

师：请你仔细观察这页图上有哪些物体，他们分别由哪些图形组成的？

生：（1）马车由三角形、方形、圆组成。

（2）马由三角形、方形、圆组成。

（3）小人有圆圆的脑袋，方方的身体和圆圆的手。

（4）房子有三角形尖尖的房顶，方方的窗户和长方形的外壳。

（5）有的树是长方形和圆，有的树是长方形和三角形。

师：同学们观察的真仔细，描述的也很准确。我们赶快来看看接下来发什么了！

活动1：认识圆

（书）图形星上有间魔法小屋。怪样国王在魔法小屋里转着圆圆的魔法球，搓着圆圆的魔法珠子，说出了神秘的魔法咒语：“嘀咕嘀咕，怪样怪样，变成圆形的世界吧，呀！”图形星一下子变成了圆形的世界。圆圆的人在圆圆的房子里滚来滚去！圆圆的椅子一会儿滚到这儿，一会滚到那儿！圆圆的石头和圆圆的动物，到处滚来滚去。

师：快看看，仔细观察，图形星上的物体发生了什么变化！

生：都成圆的了！树、小鸟、小猪还有小鱼，他们都是圆组成的。

师：所有东西变成圆的，那图形星上变成什么样子？闭上眼睛请你想象一下。谁来说一说。

生：东西停不住，滚来滚去的。所有物体都站不住了。

活动2：认识方形

每个物体都在滚，他们在找国王求救呢。我们看看国王接下来做了什么。请你闭上眼睛听一听下面的故事。

（书）“哎哟，好滑！哎哟，头真晕！”怪样国王艰难地回到了魔法小屋里。他翻着方形的魔法书，摸着魔法箱子，大喊：“嘟嘟囔囔，怪样怪样，变成方形的世界吧，呀！”

师：请你睁开眼，想一想，为什么国王要把圆形换成方形？

生：不变成方形所有物体都在滚动。

生：为了让所有物体都能够立住。

师：你们同意他们的说法吗？

生：同意。

师：请你再仔细看看这页图，告诉我们换成方形后物体变成什么样了？

生：（1）人的脑袋、身体、手、腿都是方形的了！

（2）车也是方形的，车轮是正方形的了！

（3）足球、篮球都是方形的了。

（4）马车的轮子也变成了方形。

师：所有东西都变成方形会怎么样？

生：足球、篮球不能滚了，没法玩了。车轮子变成方形不能滚动了，马车走不了了。

师：是啊，这次国王的马车都不能走了。怎么办呢？此时国王又开始变了。

活动3：认识三角形

（书）国王摇晃着魔法时钟，把三角形帽子一会戴上，一会儿摘下来。“哇啦哇啦，怪样怪样，变成三角形的世界吧，呀！”这一次，走在路上的人不小心撞到一起都大喊“好扎，啊，好疼啊！”三角形的气球碰到一起“砰砰砰”。三角形的乌云涌过来，落下三角形的雨滴，国王吓得大喊“救命啊，救命啊！”跑回了城堡。

师：请你仔细观察图形星上变成三角形的物体，都有什么？看过之后，你有什么感受？

生：人、车、小动物们、车、雨滴。

生：所有物体碰在一起都是扎扎的，气球碰到一起就爆了，雨滴落下来扎到人，人碰到一起也会扎到的。

活动4：各种图形存在的必要性

师：国王，每次不是自己晕头转向，就是没法走了，最后还差点要伤到自己。你有什么办法帮助国王吗？

生：把物体都变回原来的形状吧！

师：他的办法你同意吗？

生：同意。

师：为什么要变回原来的形状呢？

生：就应该是每个图形都有它的所需，这样国王也不会被扎到了，马车的轮胎也能滚动了。

师：生活中每个图形都需要存在，并且每个图形都发挥着不同的作用。同学们，你们说得太好了，真棒！

师：请你说一说，这些图形你都是怎么样记住它们的呢？

生：圆形是圆滚滚的，方形是正正方方的，三角形是尖尖的。

师：你们说得真好。看来现在你们和这些图形已经是真正的好朋友了。

活动5：动手拼图

师：在故事中你们认识圆形、三角形、方形并且和他们成为好朋友啦，请你们用手中的圆形、方形和三角形拼出我们生活中常见的物体吧！拼完后让你的同桌猜一猜你拼的什么？然后告诉他你用什么图形拼出来的，为什么要这样拼？

（三）课后总结

师：学了今天的课你有什么收获？

生：认识图形星里面的图形，以及知道了这些图形的名字。

生：用圆形、方形、三角形拼出自己喜欢的物体。

师总结：生活中多样的图形才组成了丰富多彩的世界，并且每个图形都有不同的应用，都有存在的必要性。

（本课执教老师：武文颖）

活动二：《我的植物朋友》

1. 活动内容

用学过的平面图形，拼摆你喜欢的植物。

2. 评价内容

评价内容	水平1	水平2	水平3
空间观念	能从个别现实事物中抽象出基本平面图形的特征	能从多个现实事物中抽象出平面图形的基本特征，并能根据这些特征进行合理拼摆	能够正确理解平面图形的基本特征，不仅能根据这些特征进行合理拼摆，还能关注到平面图形之间的关系

续表

评价内容	水平1	水平2	水平3
应用意识	能够根据植物的形态进行拼摆，但平面图形的种类应用单一	能够根据植物的形态，结合平面图形的特征，合理选择多种平面图形拼摆出自己喜欢的植物	能够根据植物的形态，结合平面图形的特征，合理选择多种平面图形拼摆出自己喜欢的植物，且植物种类在两种以上

3. 活动效果

借助这个实践活动更好地帮助教师了解学生对平面图形的认识水平和应用意识。大部分学生能够根据图形特征，选择合适的平面图形进行正确、合理地拼摆。超过一半的学生能把同一个图形运用到植物的不同位置，比如：三角形不仅能够拼出松树，还能够拼出花瓣、小草、树叶、玫瑰花的花刺等。学生多样的表现形式，说明通过数学绘本的学习，帮助学生丰富了对平面图形的认识，是对教材内容的有效补充。在学生作品中，还有一部分学生能在创作中对图形进行组合，比如：将两个完全一样的三角形组合成一个平行四边形的叶子，将一个三角形和一个平行四边形组合成一个梯形的树冠，将两个完全一样的正方形组合成一个长方形树干，这说明一部分学生对平面图形特征的认识已经达到较高水平。

但是仍有极少数学生只运用单一的图形进行拼摆，比如：只用三角形拼摆出小松树或只用圆形拼摆出西瓜。在后续的教学中继续为学生创造更多的实践机会，帮助学生积累活动经验，为学生后续进一步认识平面图形奠定基础。

模块三

活动一：绘本《吃了魔法药的哈哈阿姨》教学设计

教学目标：

（1）通过观察活动，学生初步感知平面图形的特征。

（2）通过对简单图形剪一剪、拼一拼，学生能运用平面图形特征进行简单拼图。

（3）通过操作活动，渗透“对称”思想，积累数学活动经验。

（4）培养动手操作能力，发展空间观念和创新意识。

教学过程：

（一）故事引入

师：同学们，今天老师给大家带来新的绘本，请你仔细看看封面？你都看到了什么？

生：绘本故事的名字叫《吃了魔法药的哈哈阿姨》。

生：一女厨在做饼干。

生：饼干有很多图形组成。

师：你们观察的真仔细，这个女厨她就是图形王国的哈哈阿姨，图形王国的哈哈阿姨邀请我们去她家吃饼干，我们一起去看看吧！咦？哈哈阿姨怎么不在家？一只小鸟给了我一封信，快看看写了什么？

（阅读故事内容，到哈哈阿姨被关进石头监狱里）

（二）观察、联想，感知平面图形特征

师：阿姨哭得很伤心，但是没有人能帮助她。阿姨看着地上的小石子自言自语，“圆圆的小石子，要是你们能变成老鼠听我说话该多好啊。”忽然，这些圆圆的小石子竟然一个一个变成了老鼠。（出示文字）圆圆的小石子怎么变成了老鼠呀？

生：（预设，小的圆圆的石子变成了小老鼠的耳朵，大一点的石子儿变成了老鼠的身体）

师：你们观察的真仔细！“吱吱吱，别害怕呀，阿姨不是喝过魔法药了嘛。”阿姨这才恍然大悟，“对呀，利用魔法就能出去了呀！”阿姨从围裙兜里拿出了三

角形饼干，“三角形饼干啊，变成尖尖的锯吧！”你能帮助哈哈阿姨把三角形饼干拼成锯吗?（展示生活中的锯）

生：动手拼一拼，拼完后再摸一摸。

师：你们可真厉害！逃出监狱的阿姨为了不吵醒魔法师悄悄地向外走。这时在门前睡觉的猫突然睁开了眼睛。“喵！”猫竖起爪子想扑向阿姨。“方方正正的砖头啊，变成勇敢的大狗吧，耶！”就这样，方方正正的砖头飞过来变成勇敢的大狗把猫赶走了。多亏砖头大狗，阿姨才能安全到达玄关。

师：请你仔细观察一下图片，方方正正的砖头怎么变成勇敢的大狗的?

生：方方正正的砖头变成狗身子，就可以挡住猫。

师：怎么能下去呢?这时阿姨找到口袋里圆圆的饼干。阿姨把圆圆的饼干拿出来，把其中几个掰成两半，“圆圆的饼干，半圆的饼干，都聚在一起变成一只大鸟”念完咒语之后真的变成了大鸟。

师：“请你仔细观察这幅图，这些圆圆的饼干，半圆的饼干如何变成一只大鸟?”

生：圆圆的饼干变成小鸟的头，半圆的饼干变成鸟的身体。

师：你们真是细心的孩子。

（三）剪一剪、拼一拼，进行简单拼图

师：哈哈阿姨的魔法，失效了，要想回到她的家里，还要闯过很多难关，你愿不愿意帮助哈哈阿姨回到家里呢?

生：愿意。

师：（出示闯过四个关卡要做的事）哈哈阿姨先需要一个能帮助她和老鼠、大狗从空中城堡飞下来的东西，然后他们需要一艘大船穿过一条河，接着他们需要一直威猛的大狮子打败魔法师变成的大灰狼，最后他们需要一个高大的机器人来抵抗会喷火龙的攻击。

师：帮助哈哈阿姨闯过难关的工具都在每个小组的工具盒里了。（四人一组，每个任务的形状在信封里）听清楚老师的要求哦！①抽取信封，领取任务。②用信封里的形状制造出哈哈阿姨需要的工具。③将你的作品拼好贴在白纸上。④完成作品后，请你安静地观察同桌是怎么做的。

生：动手操作。

（四）汇报展示，初步感受对称

师：大家都完成了自己的作品，哪个小组愿意来展示一下你们是用什么工具来帮助哈哈阿姨的?其他同学认真听，可以在他们说完后提出你的问题。

（学生汇报展示）

（汇报时，关注学生大狮子和机器人的组成，指出他们要有两只眼睛、两个耳朵、两个鼻孔，都是一边一个，引导学生初步感受对称）

（五）小结

师：你们真是太机智了！帮助哈哈阿姨成功地回到了她的家里！“圆圈、三角形、方块们，变成火箭吧，耶！”阿姨念完之后这些东西就变成了火箭，火箭载着讨厌鬼魔法师飞得远远的。

师：学了这节课，你有什么感受吗？

生：（说感受）。

（本课执教老师：温蕾）

活动二：《我和植物共生长》

1. 活动内容

（1）讲述我和种子的成长故事或者创编有关种子的童话故事，内容不限，尽情想象。

（2）用学过的平面图形拼出故事的内容并配文字。

2. 评价标准

评价标准	水平1	水平2	水平3
空间观念	能从个别现实事物中抽象出基本平面图形的特征	能从多个现实事物中抽象出平面图形的基本特征，并能根据这些特征进行合理拼摆	能够正确理解平面图形的基本特征，不仅能根据这些特征进行合理拼摆，还能关注到平面图形之间的关系
合作意识	分工不够明确，每个人的任务不具体	分工明确，每一位组员清楚自己在活动中的任务，并能主动参与到活动中	小组分工安排合理，能充分发挥出小组内每一位成员的优势，实现优势互补
表达能力	故事内容不完整，不通顺的语句超过2处，绘本画面不能将故事内容完全表达清楚	故事情节完整，不通顺的语句不多于2处，绘本画面能将故事内容表达清楚	故事情节完整，故事内容生动、有趣，绘本画面能将故事内容表达清楚，且画面丰富

3. 活动效果

通过整单元的学习和绘本教学的有效补充，学生的空间观念有了一定的提升，能够将现实生活中的事物与平面图形的基本特征结合起来，根据现实生活中的事物，选择合适的平面图形拼摆出绘本中所需要的素材，将绘本内容通过画面呈现出来。

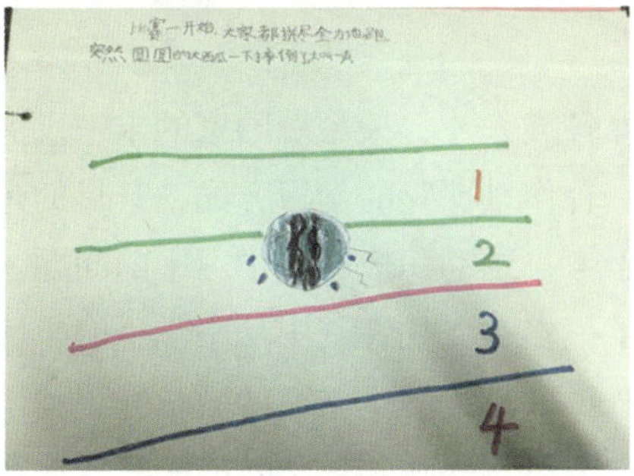

在小组活动中，多数小组成员能够根据活动需要，结合每个人的特点进行有效分工，空间观念好的同学负责图案的拼摆，绘画好的同学负责画面设计，手工好的同学负责裁剪图形，充分发挥出小组内每一位成员的优势，大家齐心合力朝着一个目标努力。同时，在活动的过程中，他们既有分工又有合作，互相帮助，体现出学生的合作意识不断增强。只有个别小组在分工时任务不够明确，不够细致，影响了活动完成的效果。

在绘本创作的过程中，学生不仅关注到数学知识，还进行了大胆创编，把植物想象成人类、把自己想象成植物，角色对换，大胆构思，创编出一个个生动而有趣的小故事。把数学与生活很好地联系起来，让学生感受数学就在身边，认识到数学知识的价值。

“找规律”时间主题实践课程

王　瑜　谢林娜　侯海鸥　杨　然　王月鑫　蒋俊杰

一、开发背景

1. 社会背景

教育为国家根本大计，为国家建设培养各类人才，关系着国家的未来发展，其重要作用不容忽视。新课程改革提倡自主、合作、探究的学习方式，其目的是为了让学生在探究中学会合作讨论、学会自主思考，主动积极解决学习中的问题。在新课改的促进作用下，小学数学教学也出现了很多新变化，其中从小学生的生活经验出发，贴近小学生的生活实际，以生活为载体，教给学生丰富的数学知识，增强学生对知识的理解和运用能力，是提高学生学习数学兴趣和教学效率的有效途径，促使学生主动参与数学课堂，充分发挥学生的思考能力、理解能力和创新能力等多种能力。

2. 学校背景

农科附小的办学理念为“生长教育”，其核心价值观是关注每个学生每一天的生长。为实现“四个学会”的教育目标，数学学科在低年级开始数学绘本课程，在中高年级进行项目学习课程，满足不同学段学生的学习需要，使他们在自主探究中、在问题解决中习得知识、发展技能，最终实现每一天的健康生长。

本课程是在绘本教学的基础上，以“找规律”为主题进行一系列的教学，在培养阅读习惯的同时，开拓学生的眼界，通过动手操作、小组合作、观察思考等形式发展学生的综合素质。

二、指导思想

《教育部关于全面深化课程改革，落实立德树人根本任务的意见》中指出：在设计课程时要突出强调个人修养、社会关爱、家国情怀，更加注重自主发展、合作参与、创新实践，要改进各学科教学的育人功能；要突出提高学生综合分析问题、解决问题能力，改进教学方式，适应学生个性化学习需求。要强化教学的实践育人功能，确保实践活动占有一定课时或学分。实施“实践育人共同体建设计划”，引导学生在服务他人、奉献社会中升华对社会主义核心价值观的认知理解。

《中国学生发展核心素养（征求意见稿）》中指出：要注重学生理性思维、勇于探究、批判质疑、合作、问题解决等能力的培养。要学生在尊重事实和证据的基础下，有实证意识和严谨的求知态度；理性务实，逻辑清晰，能运用科学的思维方式认识事物、解决问题、规范行为；学生有百折不挠的探索精神；能够提出问题、形成假设，并通过科学方法检验求证、得出结论等；学生具有好奇心和想象力，敢于质疑等；善于提出新观点、新方法、新设想，并进行理性分析，做出独立判断；善于发现和提出问题等；有解决问题的兴趣和热情；能依据特定情境和具体条件，选择制定合理解决方案；具有创客意识，能将创新理念生活化、实践化等。由此，利用真实情境进行学科实践活动，是培养学生上述能力的有效途径。

《义务教育课程设置实验方案》（修订）的课程计划指出：综合实践活动课程是国家和北京市规定的必修课，包括学科实践活动、信息技术、劳技、研究性学习、社区服务和社会实践等。旨在使学生通过亲身实践，综合培养人文、科学素养，培育和践行社会主义核心价值观，提高综合运用知识解决问题的能力、交流与合作的能力、创新意识与实践能力。注重学生经验，加强学科渗透。各门课程都应重视学科知识、社会生活和学生经验的整合，改变课程过于强调学科本位的现象。

三、“找规律主题”课程目标

（1）通过绘本故事的讲读，激发学生对生活中和大自然中有规律的事件产生兴趣。

（2）从数学的角度发现规律、了解什么是规律。

（3）能够用语言、文字或图形等方式表示出规律。

（4）通过动手操作、合作交流、观察思考、表演等形式，多角度地了解生活中、大自然中的规律性事件，发展学生的综合能力。

（5）对大自然的神秘充满好奇感，产生愿意去探索的情感。

（6）经历与他人合作交流，借鉴他人想法的过程，彼此配合解决数学问题。

四、“找规律主题”课程总体思路

课程	绘本名称	绘本使用方式及主要学生活动	拓展活动	课程评价内容
童话里的规律	《乱七八糟的魔女之城》	绘本故事讲读 绘画操作	想象回到南国可能经过的场景，在那里会有什么有规律的事物，请画下来	（1）对规律的理解和应用 （2）构图与色彩
	《绝对数学：规律》	绘本故事讲读	在家里的客厅、你的儿童房、教室、农场、公园等，选择一个场景，自己画一画，或者用彩纸贴一贴，完成一幅有规律的画	
	《寻找消失的宝石王冠》	绘本故事讲读	在寻找王冠的过程中我们运用到了很多规律，例如图形、颜色、方向、位置和数字等等，请你联系生活情境尝试运用这些规律创作一幅作品	
童话里的规律	《棒棒女巫的年糕串串烧》	绘本故事讲读 小制作	参观完了棒棒女巫的城堡，也品尝了棒棒女巫的年糕串串烧，我们也找到了很多有规律的东西，现在也请你自己创作一幅“有规律”的作品，并在班级内交流介绍自己的作品	（1）对规律的理解和应用 （2）构图与色彩 （3）语言表达能力
大自然中的规律	《奇妙的规律：春》	绘本故事讲读 制作有规律的小作品	自己动手制作一幅有规律的叶画	（1）对规律的理解和应用 （2）动手操作能力 （3）语言表达能力
	《燕子，你还记得吗？》	绘本故事讲读 制作花朵、树叶书签	课下收集花瓣，数出花瓣的个数，做一个漂亮的书签	（1）对规律的理解和应用 （2）艺术表达能力 （3）语言表达能力
	《季节是怎么形成的》	绘本故事讲读 制作简单的模型，模拟太阳、地球、月亮的运行产生的四季变化从初一开始，记录月亮的变化	在了解季节形成的过程中涉及赤道、南极和北极等相关知识，你能通过自己阅读相关资料丰富对它们的认识吗？可以运用思维导图的形式呈现出来	（1）对规律的理解 （2）收集信息的能力

续表

课程	绘本名称	绘本使用方式及主要学生活动	拓展活动	课程评价内容
学科融合	《很特别的音乐故事》	绘本故事讲读 手工制作	在体验了“音的长短与高低”环节之后，教师设计了一个有趣的课后拓展的音乐小实验。让学生自己探究如何在相同的水杯中注水才能敲击出不同音高？创作出属于自己的小乐曲并发给老师	（1）对规律的理解和应用 （2）音乐表达能力
	《雪花的故事》	绘本故事讲读 完成剪纸作品：各种各样的雪花	开动你的小脑筋，发挥你的想象力，自己动手制作一朵漂亮的雪花	（1）对规律的理解和应用 （2）动手操作能力 （3）想象能力

五、学习资源

“找规律”这一主题的绘本有很多，但有的是独立的一本，有的是一系列绘本的其中一本，我们当时定好主题之后，寻找了很久，不光在不同的系列中翻找，还涉及一些独立的，但跟这个主题相关的绘本，可能它并不属于数学绘本，我们也把它设计成数学绘本课。我们学校有《大自然中的数学》《我的第一本数学童话》《数学启蒙》《你好！数学》《爆米花数学童话》《从小爱数学》《数学帮帮忙》《走进奇妙的数学世界》等系列数学绘本，在这些绘本中，都有关于“规律性”的主题，有的以生活中的事情为主题，如《送给爸爸的生日礼物》《年糕女巫的年糕串串烧》《寻找消失的宝石王冠》等，还有的以自然界中的规律为主题，如《奇妙的规律：春》《燕子，你还记得吗？》等。《雪花的故事》这一本，它是属于科普一类的，我们找到后如获至宝，挖掘出里面的和数学相关的内容，和科学、美术学科相融合，最终完成了我们的教学设计。这些丰富的绘本资源，为学生打开一道大门，在了解生活中、大自然中的规律性事件的同时，学会用数学的眼光去分析、阐述规律性的事件，对自己的生活、对大自然产生好奇心，激发学生的求知欲。

六、课程实施

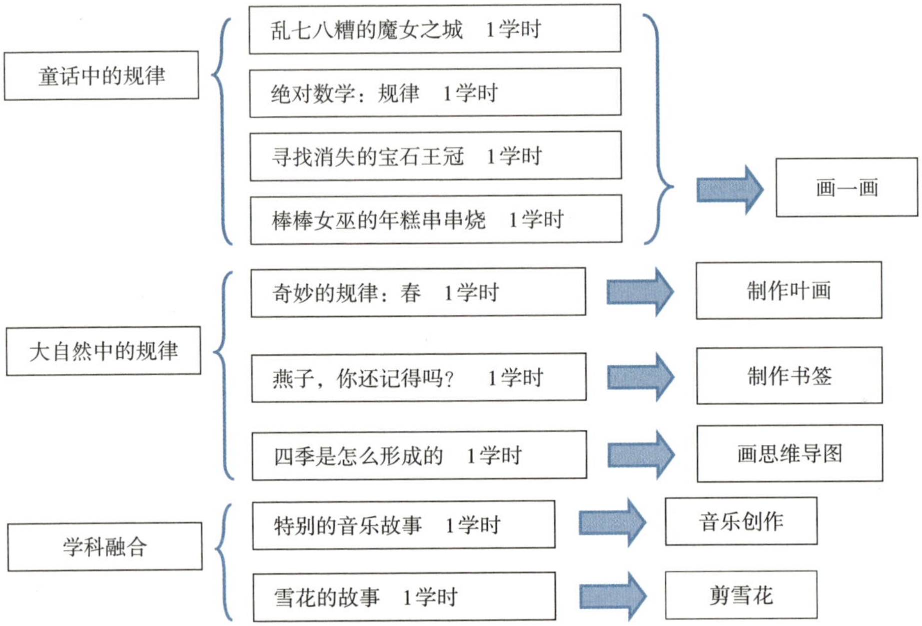

七、活动设计

活动一：《乱七八糟的魔女之城》

教学目标：

（1）通过动手画一画、同桌讨论、贴一贴等多种方式共同探索解决问题的方式，初步感知规律的表达。

（2）在“做”的过程和“思考”的过程中积淀，逐步形成数学活动经验。

（3）作为先导课，生对规律有了完整的体验，能用多种方法表达出规律，为之后的学习打下了基础。

（4）联系生活，体会并发掘身边的规律，感受生活中规律的意义。

教学过程：

（一）设计与实施

1．故事导入，激发兴趣

今天老师带来了一个绘本故事，谁能来读一读题目？看到这个名字，你猜一猜

里边讲的是什么故事?（同学们畅所欲言）

到底发生了一件什么事情呢？我们一起来听一听。读绘本：阳光灿烂的南国里住着一位坚强的公主，有一天，一只青鸟飞过来，丢给公主一封信。（出示文字：信的内容）

师：谁愿意为大家读一读这封信？是谁写给她的？请你用一个表情来表达公主看了信后的心情？为什么？你愿意和公主一起去救王子吗？那我们和公主一起出发吧!

2. 发现图案的排列规律

（1）找大树规律

嗯？规则之城的门竟然是锁着的！这可怎么办呢？

出示文字：坚强的公主摇晃了一下锁头，大怪树摇晃着树枝挡住了公主。谁能有语气地读读大怪树的话？“别费力气了，这里是绝对进不去的！”（一起模仿大怪树的声音读一读这句话），大怪树这么蛮横，你打算对它说什么？

“我一定要进去！”大怪树见公主这么坚持，决定考考大家。给大家5秒钟的时间，请男生和女生分别记住自己黑板上的数字，看哪组记得多。（出示一组有规律的数字和一组没有规律的数字）

生：不公平，女生的有规律。

追问：你能让我一眼就看出来吗?（学生圈出规律）

你们竟然发现了规则之城的秘密。

师：大怪树看我们的同学很聪明，于是给了我们一条关于钥匙的线索，谁来读一读，钥匙在果实有规律的树上。

师：到底哪棵树是有规律的呢？请同学们找一找。（2、3、4）

你在这些树上发现了什么规律？把你的发现用圈一圈的方法在纸上表示出来。同桌之间讨论一下。

追问：你为什么这么圈呢？你怎么想的？谁听清他说的了?

总结：一组　重复

到底钥匙在哪棵树上呢？善良的怪树婆婆给了我们一个密码，请你认真听。（语音说出规律）小朋友们，你们能找到钥匙吗?（表扬说的具体、清楚的小朋友）谁找对啦?

（2）画出猴子杂技规律，渗透符号思想

继续故事情节：走过石子路，公主又遇到了分叉路，接下来发生了什么事呢?谁来读一读?

正好遇到了三只猴子，三只猴子说只有找到自己的位置才能为公主指路。请你在纸上画一画，看谁有好办法表达的又清楚又快。

（3）选图案搭桥

读绘本：公主继续往前走。走了一会儿，看见河上有三座桥，桥下是一群张着大嘴的鳄鱼。糟糕，得走哪座桥呢？公主急得直跺脚。你们有什么办法吗？

是不是随便什么图案的木板都能把桥修好呢？我们在修桥的时候要先找出这座桥的规律，然后选择正确图案的木板再铺上去。请你从这三座桥中任选一座，跟好朋友讨论一下你选的桥有什么规律？应该用什么图案的木板来修桥？

仔细一看，地上放着星星、云朵和月亮图片。哪条桥是正确的呢？请你把桥填补完整。

为什么这么拼？你是怎么想的？

（4）找出魔女身上的规律

过了桥，终于到达了乱七八糟魔女之城了，穿过宴会厅公主看到了魔女，你们见到这个魔女有什么感受啊？（丑）

“哎呀，真脏。这里真的是乱七八糟啊！”公主开始忙着打扫卫生。除去蜘蛛网、擦掉灰尘，把乱七八糟堆在一起的东西放回原地。并把乱七八糟的魔女也打扮成了漂亮的公主。“哇，这真的是我吗？我原本喜欢乱糟糟的，但是现在这样更好看。”魔女喜欢现在的自己吗？喜欢现在的房间吗？跟原来相比，有什么变化啦？变得更有规律啦！同学们，你能在这里找到这些规律的美吗？（两幅图对比）“看来你不是一个坏魔女，我邀请你去南国，跟我们一起走吧。”

3. 总结收获

故事讲完了，你能再用一个动作或表情表示你现在的想法吗？

4. 拓展活动

坚强的公主和王子还有乱七八糟的魔女一起高高兴兴地回到了南国，一路上他们看见许多有规律的事物，你看到了吗？请你画下来。

（二）评析与反思

这本绘本主要讲述了一个住在南国的坚强小公主一路上经历艰难险阻去魔女之城救王子的故事。在途中，她经过规则之城，遇到了很多有趣的情景，并从中解决了许多关于规律的问题。选择这个绘本是因为故事情节很吸引学生，通过坚强的公主故事培养学生的意志品质，关注学生的情感体验。整个绘本到结束都没有反面人物，保护了一年级孩子善良美好的童心。同时，将抽象的数学知识巧妙地融入孩子喜欢、熟悉的生活情境中，让孩子通过阅读、讨论、探索、操作、比较、推理来理解数学抽象的概念，丰富学生对规律的表达，帮助学生学会多角度多层次的发现规律，并将规律应用于生活中，最终获得感性的、具体的数学经验。

整堂课学生随着故事情节的跌宕起伏，在轻松愉快中度过。学生通过动手画一画、同桌讨论、贴一贴等多种方式共同探索解决问题的方式。在“做”的过程和“思考”的过程中积淀，逐步形成数学活动经验。作为先导课，学生对规律有了完整的体验，能用多种方法表达出规律，为之后的学习打下了基础。

（三）使用指导建议

这本绘本色彩丰富，故事情节充满了童话色彩，适合低年级学生阅读。在二年级下册有一节课是“重复的奥秘”，知识点是规律，《乱七八糟的魔女之城》这节课正好可以作为先导课，让学生对规律有初步的感知。

这本绘本的故事情节较多，且从知识层次来看，同一层次有重复的环节，如果要把所有内容压缩在一节课中的话，会挖掘的不够深刻，且课堂很满。所以在教学过程中，建议老师要先筛选出主要情节，每个环节的设计都要明确想让学生获得哪些数学方法或思维。比如找大树的规律是让学生能够根据有规律的事物圈出规律，而猴子杂耍是用符号表示出规律，培养学生的符号意识，选图案搭桥则再提升一个思维层级，让学生不仅要找到规律，还要把其中空缺的规律补充完成。教师在教学过程中要抓住每个环节学生的生成，从中引导学生归纳总结出找规律的方法与策略。

《乱七八糟的魔女之城》实践活动

活动内容：

坚强的公主和王子还有乱七八糟的魔女一起高高兴兴地回到了南国。一路上他们看见许多有规律的事物，你看到了吗？请你把它画下来。

活动评价：

评价内容	水平1	水平2	水平3
对规律的理解和应用	能画出1～2个场景且画出的作品是有规律的事物	能画出3个场景的事物，作品有规律并与场景主题相关	联系自己的生活经验，除了完成规定主题的创作外，还自己创作出新的场景，并且所有场景的事物都有规律
构图与色彩	没有考虑构图，要表现的事物模糊不清，线条比较凌乱	色彩和图形比较单一，能清晰表现出简单的画面	构图饱满，色彩丰富，有三种以上颜色，线条流畅，能够清楚地看出画的是什么，要表现的规律是什么

活动效果：

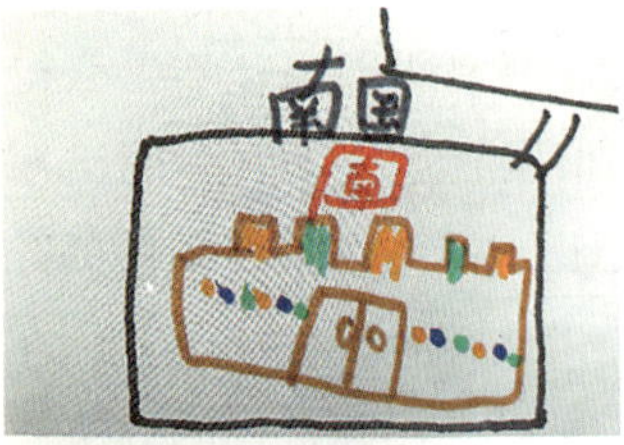

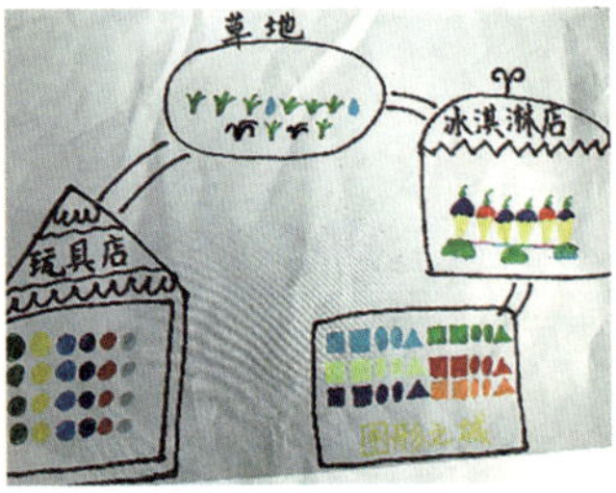

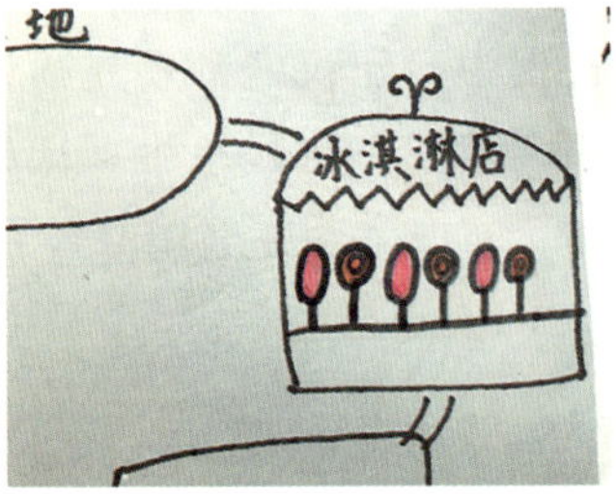

学生能够结合自己的生活经验，正确画出图中所示场地中可能出现的物品，并按照一定的规律去表达。同时学生还能发挥想象力，把图中所给的最后一个留白的场景画出来，有的学生画了南国有规律的城墙，有的学生画了水果店里有规律地摆放着各种水果，还有的学生画了超市的情景。通过学生的作品，可以看出学生对规律有了深刻的理解，同时也加深了数学和生活的联系。

（本课执教老师：王瑜）

活动二：《什么是规律》

教学目标：

（1）了解什么是规律，联系生活找规律。

（2）通过有趣的故事，提高提取信息的能力。

（3）利用数字创造规律，数学知识应用，提高学生运用数学知识的能力。

（4）通过做有规律的画，提高学生综合运用数学知识的能力和创造力。

教学过程：

（一）设计与实施

1. 阅读封面

今天，老师给大家带来一本很好玩的绘本，快来看看封面，你收集到了哪些信息？

课题：什么是规律，你们思考一下，说一说，你认为什么是规律？

（学生自主说，老师根据学生说的把关键信息写在黑板上）

2. 走进绘本

（1）观察图画，分析问题。

请大家看这一页图画，你看到了什么？

预设：字母A、B，板书，重复。

（2）两个小怪物在摆卡片，你知道下一个摆什么吗？说说怎么想的？

再说说，规律是什么？

读一读出示的话：规律，就是以某种稳定的方式重复着。它会帮助你知道谁是下一个出场的。

板书：稳定、重复、预测。

（3）联系生活想象。

同学们想一想，生活中你在哪里见过这种现象？

老师提炼学生说的内容。

出示第6、7页，学生读。板书：颜色、形状、物品。

（4）阅读第8页。

通过读这一页，你能知道什么？

是什么在反复出现？

绿色、红色、金色，这三种颜色是一组，在反复出现。

（5）小怪物沿着这条路走，你知道接下来会是什么颜色吗？

怎么知道的？

（6）小怪物们排着队买冰激凌，你知道他们的排列顺序吗？

什么为一组？怎么出现的？

同学们说的没错，女孩、男孩，这是一组，反反复复，这种规律会继续下去，直到走到尽头。

（7）就像你们说的，生活中这种现象很多，我们来看看。

学生读第14、第15页。

3. 操作活动，创造规律

我们的生活中处处可以找到规律，数学中也有很多规律，现在请同学们用1～20这些数字中的部分数字，创造规律，在纸条上写一写。

预设：（1）固定的数字反复出现，例：121212……

（2）增加一样的数字，例：123456……

2468……

1357……

369……

汇报：学生描述规律是什么，下一个是几。

读第26、27页，知道什么是跳着数数了吗？一起来数一数。

4. 拓展活动

（1）读第28、第29页。

现在，你知道什么是规律了吗？

（2）在这幅图中（第30、第31页），你都找到了哪些规律？和同桌说一说。

（3）规律随处可见，家里的客厅、你的儿童房、教室、农场、公园等，请你选择一个场景，自己画一画，或者用彩纸贴一贴，完成一幅有规律的画。

5. 拓展阅读

同学们，今天老师给大家介绍一套特别好的绘本《绝对数学》，由6本图书组成，《什么是加法》《什么是乘法》《什么是长度》《什么是形状》《什么是重量》《什么是规律》，这套书中有一群古灵精怪的小动物，用特别有趣的方式解释，数学概念，大家课下可以找来读一读。

（二）评析与反思

这本数学绘本是《绝对数学》这一套绘本中的一本，当时查到名称后找了很久，因为是绝版书，很多书店都已经没有了，在购买的过程中颇费了一番周折，当拿到后才发现就是薄薄的一小本，内容也非常简单，文字极少，我有些犹豫要不要给学生讲。但仔细研究仅有哪几句话，发现都非常经典，把规律的内涵概括得非常清楚。而且图画中蕴含着丰富的内容，字母、数学、符号、物体，涵盖的面很广，等着学生去观察、发现。

就是这样一本小小的绘本，用简单的语言总结出规律的概念，再配合着丰富的图画，学生很快就理解了规律是不断重复的，很稳定的，还可以帮助我们预测接下来要发生的事，出现的物体、符号等。我结合着具体的例子，让学生充分体会规律的重复性、稳定性、预测性。

有了这些形象的支撑，学生自然而然地积累了丰富的素材，为自己创作小绘本打下了坚实的基础。

（三）使用指导建议

这是一个薄薄的小册子，内容浅显易懂，很适合低年级的孩子。好的绘本文字和图画都会讲故事，所以老师们要善于挖掘出绘本的价值，在讲读文字的同时，引导学生去关注图画，用图画来解释文字的含义。这本绘本用浅显易懂的语言和丰富的图画来诠释规律的简单含义，引导学生去关注身边的有规律的事件，并且从数学的角度去分析，所以在使用的时候建议放在一个大的规律系列的第一课时。因为生活中还有很多更加复杂的有规律的事件，都要从数学的角度去思考、发现，所以这一本可以起到奠定基础的作用。

书中总结到："规律，就是以某种稳定的方式重复着。它会帮助你知道谁是下一个出场的。"所以在课堂教学的过程中要引导学生理解"稳定""重复""预测"这几个词的含义，可以结合书中的图画，先让学生自己说说是怎么理解"稳定"的，然后再结合图画，圈一圈是谁在重复出现，也就是固定的"组"，重复出现的一个小集体，里面的元素、顺序不变，就是它们在反复地、不断地出现。除此以外，这种稳定出现的"小集体"还有预测的作用，"下一个该谁出场了？"这个简单的小问题，可以让学生体会规律的特性。

理解了什么是规律，会找到有规律事件中重复出现的"组"了，学生们就可以自己来运用一些素材来创造"规律"了，例如数字、图形、字母、图案等等，在这个过程中，学生们可以在操作、展示、交流、评价的过程中进一步体会规律的特性和整齐、有条理的美。

《绝对数学：规律》实践活动

活动内容：

在家里的客厅、你的儿童房、教室、农场、公园等，选择一个场景，自己画一画，或者用彩纸贴一贴，完成一幅有规律的画。

活动评价：

评价内容	水平1	水平2	水平3
对规律的理解和应用	作品中无情境，没有联系生活，只含有1～2处简单的按规律排列的事物	能够联系自己的生活，作品中含有3～4处简单的有规律的事物	联系自己的生活，作品中创设了有意思的情境，并且含有4处以上的有规律地事物，并且对规律进行了简单的分析

续表

评价内容	水平1	水平2	水平3
构图与色彩	没有考虑构图，要表现的事物模糊不清，线条比较凌乱	色彩比较单一，画面不饱满，疏密安排欠妥当，能够分辨清楚要表现的是什么	构图饱满，色彩丰富，有三种以上颜色，线条流畅，能够清楚地看出画的是什么，要表现的规律是什么

活动效果：

绘本讲完了，布置这项作业的目的是想让学生在了解了什么是规律之后联系自己的生活，从自己熟悉的场景中发现有规律的事物，然后在纸上表现出来。把知识联系生活，从生活中发现数学，是新课改一项重要的理念。孩子们在教室里、自己的家中，或者自己常去的公园、游乐园等，用心观察，用心体会，逐渐发现了一个事实，生活中好多事物都跟规律有关。他们用自己的画笔表示出了规律，有的学生边画还边把规律标示了出来，是什么在反复地出现，其中包括形状、颜色、数字等等，再次巩固了知识。通过欣赏学生的作品，我们可以感受到学生在用找规律的眼光重新审视自己的生活，并且用数学知识去加以改造、分析。实现了从生活中来，又回到生活的目标。

（本课执教老师：谢林娜）

活动三：《寻找消失的宝石王冠》

教学目标：

（1）通过寻找宝石王冠的过程，了解在数字、颜色、图形、运动方向中蕴含规律。

（2）会用语言或抽象的符号来表示规律，提高学生运用数学知识的能力。

（3）在阅读中体会到快乐。

教学过程：

（一）设计与实施

1. 出示绘本，介绍故事起因

（1）观察封面，提出问题

同学们，今天我们来上一节数学绘本课《寻找消失的宝石王冠》，请大家来看封面，你有什么问题吗？或者你想知道什么？

（学生发言）

看来你们不仅会观察而且有自己的思考，我们一起来看看到底发生了什么事？

（2）阅读文本，发现关键信息

故事要从大鼻子侦探和他的助手迷糊虫说起，他俩一起来到博物馆参观，他们来到一顶王冠前，大鼻子突然说："这顶王冠是假的！"迷糊虫吓了一跳，心想不会吧，这是国家博物馆，谁敢这么做？

大鼻子侦探递给他一本展会向导手册，"你读读宝石王冠的特征就明白了"。

2. 走进故事情节，探究数学规律

（1）辨别假王冠（间隔排列的规律）

大侦探给我们什么提示了？

（引发学生猜想）

我们一起去看看（引导学生通过阅读向导手册），你发现宝石的排列规律了吗？（图形、颜色板书）孩子们你们相信这个王冠是假的吗？迷糊虫又犯迷糊了，你们赶紧帮他找找，仔细观察，王冠上哪里出了问题？赶紧拿出1号信封里边有你们想要的线索。

学生拿出1号线索观察，小组交流。

生：规律是红宝石和蓝宝石交替出现的。

生：第四层有一颗红宝石与蓝宝石装反了。（学生拿教鞭到前边指着说）

看来这顶王冠真是假的，你们像真正的小侦探又迈进了一步。接下来发生了什

么？如果你是他们俩你会做什么？（学生猜想）

（2）多边形中的秘密（重复排列的规律）

大鼻子侦探和迷糊虫来到馆长办公室告诉他王冠被调包的事情，原来馆长早就知道，并且找到一张怪盗黑星星留下的纸条，就是他把王冠藏起来了，只是对于这条线索不知道怎么做？小侦探们你们能帮帮馆长吗？

师：这张纸条就藏在你的2号信封里，赶紧帮馆长找到答案吧。

生：是按六边形、三角形、五边形、正方形这样的顺序在不断地重复。

师：看这个图形，你怎么知道它是六边形？谁能到前边帮大家数数？其他人伸出你的小手指和他一起数一数。

师：这回图形变成了数字635463546354……以6354这组数字在不断地重复。

师：看来6354这个数字很特殊。博物馆里有什么与6354有关呢？这时博物馆馆长站出来说，博物馆里有一个叫6354号入口前台，里面藏着一幅画，我们一起去看看。

（3）马尔科维奇作品中的奥秘（顺时针的规律）

师：这幅画有3组图形，每一组包括了4张小图，你能破解这幅画里的奥秘吗？赶紧拿出3号线索找出答案吧。（板书“位置”）那他是按照什么方向旋转的？（每一组都是按顺时针方向旋转的），老师这有一个钟表，秒针指的方向就是顺时针，你能用小手指和老师一起指指什么是顺时针？看到顺时针你们帮大侦探想想这个线索可能与什么有关？（学生猜想）

（4）水池中的顺时针

大鼻子侦探也在想这条线索怎么能告诉我们藏宝的地方在哪呢？他边想边来到窗边，看到了一个旋转的喷水池，突然大声地说原来秘密就在这里，你发现了吗？赶紧拿出4号线索找一找。

看来秘密就在这，根据你们提供的线索，他们在花盆雕像上找到了一张写有歌谣的纸条。谁是勇敢的小侦探大声地给大家读一读。

（5）寻找过关之路

这首歌谣和这幅图有什么关系呢？你发现了什么？

（学生讨论）

哦，原来是这样啊，看来歌谣中这两句话是破案的关键，我们赶紧沿着这条路找一找看看还有什么线索，走着走着，他们发现个奇怪大箱子。

（6）探究扑克牌中的规律

阅读纸条上的信息，解密图形打开箱子。

3. 课后总结

（1）今天你们运用线索中的规律找到王冠，想一想咱们在哪些地方运用规律了？

（2）今天的侦探生活你有什么想和大家分享的吗？

4. 拓展活动

生活中很多地方我们都运用到了不同的规律，请你把观察到的规律记录下来。

（二）评价与反思

这节绘本课的主题是跟着大侦探一起破案，学生们的兴致很高，整节课将近一个小时，一直都全神贯注，我想这得益于故事的新奇性和任务的挑战性。跌宕起伏的故事情节，不断变换的场景深深地吸引着学生，为了尽快找到丢失的宝石王冠，学生努力地寻找线索。我把线索设计成了学习单，分别装在信封中，学生们通过观察、比较、交流，找到了线索，小小的成功让他们兴奋不已。

但这节课也有不足的地方，就是六个场景、五个衔接，教师的过渡语太多，而且全都是固定的答案，学生的思维没有得到发散，环节与环节之间的难度差异不大，应该稍作调整，有一些发散性的任务在里面，有一些难度，允许学生合作完成任务。

（三）使用指导建议

这本绘本的故事相对来说比较长，场景不断变换，故事情节紧凑、内容丰富。但是，我们也看到，由于故事情节的需要，使得非数学的元素较多，人物之间的对话、无关信息的干扰，儿童心理学的角度分析，情节的强刺激与认知的弱刺激相比，故事占了上风，学生很难实现恰当的注意力分配。因此，在使用的时候可以根据课堂的容量来进行选择，这节课就是选择了其中的5个环节，辨别真假王冠—多边形中的秘密—画作中的奥秘—水池中的顺时针—寻找过关之路—扑克牌中的规律，这些环节比较适合孩子，而且平面的、立体的，图形、数字、颜色、方向，方方面面都有了。为了便于学生观察，找到有助于破案的蛛丝马迹，还需要设计学习单，类似于“锦囊妙计”“线索单”等，学生需要在认真观察之后，找到规律。

《寻找消失的宝石王冠》实践活动

活动内容：

在寻找王冠的过程中我们运用到了很多规律，例如图形、颜色、方向、位置和数字等等，请你联系生活情境尝试运用这些规律创作一幅作品。

活动评价：

评价内容	水平1	水平2	水平3
对规律的理解和应用	作品没有联系生活实际情境，只有1～2处简单规律	作品有生活情境呈现，含有3～4种规律体现在作品中	作品联系有趣的生活情境，含有多种规律，故事严谨有逻辑
构图与色彩	没有考虑构图，图画模糊不清，分辨不出主题内容	色彩单一，画面简单，构图布局空旷	构图色彩丰富，有三种以上颜色，图画清晰

活动效果：

大多数学生能够联系生活中的已有经验创作绘本，绘本中会出现很多生活中熟悉的场景，像展馆物品的布置，一年四季，人体生物钟，多种形状的地板砖等等，这些丰富多彩的生活元素以各种各样的规律形式出现，让学生体会到数学和生活的紧密联系。

（本课执教老师：**侯海鸥**）

活动四：《棒棒女巫的年糕串串烧》

教学目标：

（1）培养学生观察、思考和想象力。

（2）通过阅读提高语言能力和阅读能力。

（3）运用规律培养学生数学逻辑思维能力和解决问题的能力。

（4）寻找生活中的规律。

教学过程：

（一）设计与实施

1. 观察封面

今天老师带来一本有趣的绘本，我们一起去看看，仔细观察封面，你都发现了什么？

你有什么想问的吗？

2. 走进绘本故事

介绍故事的背景：

棒棒女巫要在城堡举行串串烧大赛，鲍克、琪琪和豆萁三个好朋友唱着欢快的歌向城堡出发。

仔细观察城堡的四周，你都发现了什么特点？

生1：城堡的颜色都是红、蓝、红、蓝相间颜色。

生2：士兵穿的制服都是蓝、黄、蓝、黄。

生3：城堡上空的小旗子都是红、黄、红、黄的规律。

你们观察的真仔细，看来这座神秘的城堡到处都藏着不同的规律，这对即将参加比赛的三个好朋友会有什么帮助呢？我们一起接着往下看看。

这页讲的是什么故事，你能通过观察图片用自己的话讲一讲吗？

生：三个小伙伴被门口的士兵拦下，不让他们进入城堡。

追问：那这是为什么呢？其他的小动物为什么都能进去，他们三个却不行？

请你和你旁边的小伙伴说一说，怎样才能帮助他们顺利进入城堡？

（学生讨论）

（学生汇报）

生：其他小动物的衣服是有规律的，都是红绿两种颜色。

追问：怎样才能帮助他们顺利进入城堡？

聪明的琪琪想到了办法，我们一起去看看。

棒棒城堡里面的大赛已经开始了，场面十分热闹，我们赶紧看看参加的小动物们都符合着装要求吗？

女巫用魔法棒为小动物们变出了一串串年糕串，这些年糕有什么特点？

他们三个抱怨年糕串太单一，而且味道不好，惹得女巫很生气，于是叫士兵把他们三个拖了出去，扔到一个又黑又深的陷阱里，接下来他们会遇到什么事情呢？你能猜一猜吗？

原来他们落到陷阱里了，这里有一个提示牌，我们一起来读一读，看看能不能给我们提示。

（学生读警示文）

师：到底选哪个梯子才能安全的逃出去呢？你们能帮一帮他们吗？

生：第三个梯子，因为第三个是按红、蓝、黄规律的顺序排列的。

根据你们的提示他们顺利地逃了出去，但是重新回到城堡会被女巫发现，你们有什么好办法吗？

看来聪明的三个好伙伴也和你们想出了一样的办法。

变装成功的他们重新回到了城堡，女巫也没有发现破绽，他们又参加了比赛，最后还赢得了胜利。

为此，女巫还奖励他们五彩祥云火车，有什么特点呢？

他们乘着火车前往森林的村庄，还邀请了其他小伙伴到他家做客。

3. 课后总结

（1）读了这个绘本，你有什么收获吗？

（2）生活中我们也会遇到很多“规律”，有的是颜色、形状、还可能是声音和运动中的规律，课下请你仔细观察生活中的规律。

（二）评析与反思

《棒棒女巫的年糕串串烧》这本绘本讲的是琪琪、豆萁和鲍克参加了在棒棒女巫城堡里举办的串串烧大赛。走进棒棒女巫的城堡，里面到处都充满了规律性，有插满了红黄相间的小旗子，播放着很有节奏感的音乐，大家还跟着音乐跳起了充满韵律的舞蹈。但是，参加此次大赛的三个小伙伴却意外落入隐藏着规律的陷阱里。三个小伙伴凭借着自己的聪明才智和面对困难知难而上的精神，最终解开了规律，逃离陷阱，从而顺利参加“串串烧大赛”。

学生们很喜欢这种带有冒险精神的绘本，在讲解这节绘本课时，学生们兴趣浓厚，能够自发的去寻找城堡中的规律，而且学生们特别认真仔细，能够在棒棒城堡里找到很多有规律的东西。

在上这节绘本课时，学生们的情感也是很丰富的，老师也应抓住这些变化，对学生进行情感教育。开始来到城堡时，大家是很兴奋的，到了小伙伴掉进陷阱时，孩子们是沮丧的、难过的，在自己的帮助下，小伙伴们逃出陷阱，来到串串烧大赛时，学生们是欢呼雀跃的，老师抓住这些情感变化，让学生表达自己的情感。

在故事结尾时，孩子们对于规律都有了比较深刻的印象和了解，让学生进行独立设计含有规律的作品时，学生也很感兴趣，能够发挥自己的想象力设计出很多有意思的规律故事。

（三）使用指导建议

规律性是指事物的属性按照一定的排列顺序重复出现的现象，而这个概念对于低年级的小朋友们来说是抽象的，难以理解的，而《棒棒女巫的年糕串串烧》这本绘本就适用于低年级学生，在孩子们刚刚接触规律但是还不是很了解规律的时候进行讲解。这本书的故事发生在棒棒女巫的棒棒城堡里，这座城堡到处都隐藏着规律性。小朋友们跟随3个小伙伴进入这座城堡之后，自然而然就能学到什么是规律性，之后通过书中几个主角的冒险经历，了解到颜色、形状、声音和运动等不同属性表现出的规律性，还能初步尝试活学活用这些规律攻克难关。

这本绘本是以故事的形式在讲解规律，是孩子们喜欢的形式，所以在学习这本绘本时，也是让学生先观察封面，通过封面中提供的信息，鼓励学生大胆地去想象，让学生猜测故事内容，充分发挥学生们的想象力。在讲解故事的过程中要带有神秘感，让学生们有继续走进城堡的欲望和兴趣，在讲三个小伙伴掉进陷阱时，也可以设计成闯关的形式，让同学们一起帮着寻找解决方法，在这个过程中，培养学生的问题解决能力和互帮互助意识。

《棒棒女巫的年糕串串烧》实践活动

活动内容：

参观完了棒棒女巫的城堡，也品尝了棒棒女巫的年糕串串烧，我们也找到了很多有规律的东西，现在也请你自己创作一幅“有规律”的作品，并在班级内交流介绍自己的作品。

活动评价：

评价内容	水平1	水平2	水平3
对规律的理解和应用	作品中无情境，只含有1～2处简单的规律	作品中有简单的情境，含有3～4处简单的规律	作品中创设了有意思的情境，并且含有4处以上的规律，其中还蕴含比较复杂的规律
构图与色彩	构图空旷，没有颜色	有简单的色彩，构图略空旷，有1、2种以上颜色	构图饱满，色彩丰富，有三种以上颜色
语言表达能力	一级音量；语言不流利，能把内容基本表述清楚，但是叙述无条理	二级音量；语言比较流利通顺，叙述较完整	三级音量；语言流利通顺有条理，叙述完整，无口头语

评价方式：

小组内互评。每个指标的等级分值分别为2分、3分、5分，小组内介绍互相评分。分享时形象大方，声音洪亮、语言流利，表现突出的可以增加1分。

活动效果：

通过让学生创作有规律的作品这个活动，学生可以发挥自己的想象力，自己创设有趣的情境，在学生们的作品中，我们可以看到学生对规律的认识和理解还是比较清楚的，每名学生都能画出至少一种的规律。我们也根据学生绘制的规律作品的情境进行了分类，主要为3类：第一类是学生根据《棒棒女巫的年糕串串烧》这本绘本创作的，他创作的作品就像上图中的那样，画的是城堡和串串烧，是我们这本绘本故事的片段和延伸。第二类作品是联想了我们之前所讲的绘本，比如：有的同学是根据《消失了的皮诺博士》那本绘本画的花园里花朵瓣数的规律；有的同学画的是《寻找消失的宝石王冠》中王冠上宝石排列的规律等。第三类就是学生选取的情境是来源于我们生活的，比如：太阳伞上花纹的规律，游乐场里摩天轮颜色的规律，学校午餐中酸奶和水果交替出现的规律等。

在学生们的创作、分享和交流活动中，也让学生进一步体会到了什么是规律，了解学生对规律的认识，同时，学生也可以知道规律就在我们的身边，我们要善于观察生活，要多去发现生活中的规律，发现生活中的数学。

（本课执教老师：**杨然**）

活动五：《奇妙的规律：春》

教学目标：

（1）通过有趣的故事情境，找到生活中的规律，初步掌握规律、分类、顺序、数据分析等基础的数学概念。

（2）通过读故事，观察、比较等方法和发现规律的过程，发展学生的思维能力和提高学生提取信息的能力。

（3）感受数学与生活的密切联系，培养学生用数学眼光观察周围事物。

教学过程：

（一）设计与实施

1. 教师导入

（1）请大家观察绘本的封面，你都看到了什么？

学生回答：题目《奇妙的规律：春》、鸟妈妈在给小鸟喂食、树枝、树叶……

（2）那请你猜猜这个场景发生在什么季节？为什么？

生：春季，因为春天树木就开始发芽了，长出来了嫩绿的树叶。

春天小鸟、小燕子都从南方飞回来了。

（3）你们喜欢春天吗？为什么？

生：喜欢，春天里会开一些鲜艳的花朵，我觉得很漂亮。

喜欢，春天的天气会比冬天温暖一些，我们可以到户外活动，穿的衣服也可以薄一些。

小结：那么这节课就让我们一起来走近春天，探索春天里奇妙的规律吧！

2. 走进春天，发现规律

阅读绘本：

你想过吗？动物和植物也懂数学哟！如果自然界的万物跟你一样认识数字，那会是怎样的景象呢？让我们看看春天的世界吧！

下面请你先来想象一下，春天的自然界中有哪些规律和分类现象？请你和你的同桌说一说。

学生汇报：

规律：花的颜色、花瓣的形状、树叶的形状、石头上的颜色……

分类：植物、动物、石头、云朵……

下面就让我们来看看作者发现了哪些规律吧！

（1）雨滴的规律

阅读绘本：

如果雨点不是随意从天空飘落，而是有着节奏和重音，就像乐章，那会是怎样的旋律？

你发现了雨点的规律了吗？谁来说一说。

以一个大绿色的大雨滴、一个白色的小雨滴、两个蓝色的小雨滴为一组不停重复的。

活动：能为小雨滴编一个节奏吗？请你用手拍一拍。

（全班交流）

（2）水洼和蚯蚓的规律

阅读绘本：

滴滴答，滴滴答，落雨溅起水花。蚯蚓从泥土中醒来，一扭一扭往外爬。越来越多的雨滴滴答答落下，汇聚成地上有规律的水洼。

谁来说说水洼有什么规律？

在这些有规律的水洼周围，蚯蚓在周围扭啊扭啊。你能找出图中蚯蚓扭动的规律吗？

全班交流，请学生们上来演一演、摆一摆蚯蚓的规律。

（3）草原棒鸡走路声音的规律：

阅读绘本：

草原棒鸡是不是提前做了练习，走路的声音才如此整齐？喔－喔－啪！砰－砰－扑通！

你发现了什么规律吗？谁愿意上来表演一下这个节奏。

（4）胡瓜鱼的规律

阅读绘本：

成群的胡瓜鱼儿游啊游，它们学过排队的规律吗？

你能从队形中找出两种排列的规律吗？

规律一：以一条鱼、两条鱼为一组重复排列的。

规律二：鱼的数量2、4、6、8、10。

请你猜猜下面一组该有几条鱼？

12条。

为什么？你是怎么知道的？

每次都增加2只，10加上2就是12只。

（5）乳蛇的规律

阅读绘本：

四条乳蛇在觅食，它们会不会按照身上图案的顺序吃东西？

第一条蛇：两个空心的五边形、一个实心的绿色五边形。

第二条蛇：两个蓝色菱形、一个白色的菱形、一个橙色的菱形。

第三条蛇：一个粉色的三角、一个黄色的圆形、一个紫色的圆形。

第四条蛇：一个黄色三角形、一个黄色五角星形、一个黄色正方形。

那么每条小蛇的尾巴上的第一个图形对应的蛋是哪个？为什么？

（6）小花的规律

阅读绘本：

花儿难道只能一行一行，按照固定的顺序生长？

请你用喜欢的形式将你发现的规律表示出来。

第一行：AABAABAAB

第二行：ABCABCABC

第三行：ABABABABA

第四行：ABBABBABB

（7）数的比较

阅读绘本：

棉尾兔是不是在抱怨“窝小真遭殃”？难道有一些兔子住的更宽敞？

请你分别数一数每窝中分别有多少只小兔子。

7、3、6、5、2。

哪个窝里有5只以上的兔宝宝？哪个窝里少于5只？哪窝里刚好有5只？

（8）统计

阅读绘本：

如果雨蛙们比赛谁的歌声最美，那么胜出者是不是该开独唱会，其他雨蛙从此静悄悄？

请你用手指数一数，三只雨蛙哪只得的票最多？为什么？你能用自己喜欢的方式表示出来吗？

（全班交流）

（9）条形统计图

阅读绘本：

如果蚊子误解或忽略了这张调查表，那该如何是好？

请你仔细观察这张调查表，你有什么发现吗？

生：蚊子的数量与水量有很大的关系，水越多蚊子越多，水越少蚊子的数量越少，如果没有水就没有蚊子。

下面请你根据这张图表，蚊子应该在哪里产卵？为什么？

生：水多的地方。

（10）早晨与晚上的规律

阅读绘本：

早晨之后是中午，中午之后是晚上。

早晨有哪些特点：太阳升起来了、天是慢慢变亮的、鸟儿都出来觅食了。

下午有什么特点：太阳开始渐渐要落山，天色慢慢变黑了。

如果这个规律发生了变化会怎样？

晚上、中午到早晨？

这可真让人迷茫！我们已习惯阳光照射到地球的规律：早晨、中午、晚上……早晨、中午、晚上。

3. 寻找生活中的规律

阅读完今天的这本绘本你有什么发现？

你还发现在我们的生活中还存在着哪些规律？

4. 拓展活动

看来在我们的身边规律随处可见。请你选择一个你最喜欢的场景，画一画或者用彩纸贴一贴，完成一幅有规律的画。

5. 拓展阅读

同学们，今天老师给大家介绍一套特别好的绘本《大自然中的数学》，这套绘本共由4本图书组成，分别是《奇妙的规律：春》《多样的形状：夏》《好玩的数数：秋》和《有趣的测量：冬》，大家不仅可以通过这些绘本感受四季的魅力，还可以发现、探究自然界中、生活中的数学魅力，大家课下可以找来读一读。

（二）评价与反思

这本绘本是《大自然中的数学》四套中的一本《奇妙的规律：春》，翻开书本，里面的画面很独特，给人一种立体的感觉，学生们也非常喜欢。这本绘本包含规律的知识很多，不仅有图形、统计的规律在里边，更多的是动物、植物在春天的生活和生长习性，以及大自然中一些现象的规律，科普了不少知识，学生也长了不少见识。同时学生们也感受到了规律在生活中的紧密联系，轻松掌握并了解了这些规律。正是有了这些丰富的素材，鲜活的实例，为学生们学习课本上的规律打下了坚实的基础，也是让学生们快乐学习数学的开始。

（三）使用指导与建议

数学绘本包含文字、数学符号、公式、图表等感知和认读，绘本作为一种以图画为主，文字语言为辅的阅读材料，它可以用这些来帮助学生解读文字含义，从而深受低年级学生的喜爱。所以在使用时，让学生通过读绘本，提炼出有关的数学知识，从数学角度去思考，发现。找到有规律的事物，总结出都有哪些规律，学生在操作、展示、交流、评价中体会规律的特征。培养学生发现和欣赏数学美的意识。

附：

课堂观察评价表

评价内容	指标0	指标1	指标2	指标3	指标4	指标5
发现大自然中的规律	没有想到任何符合绘本中描述规律的事物	想到1～2种事物	想到3种事物	想到4～5种事物	想到6～7种	想到7种以上

《奇妙的规律：春》实践活动

活动内容：

自己动手制作一幅有规律的叶画。

活动评价：

评价内容	水平1	水平2	水平3
对规律的理解和应用	学生在头脑中不清楚规律的意义，不能将规律很好地应用到自己的作品中，不能想到生活中任何规律的事物	学生在头脑中清楚规律的意义，能将规律应用到自己的作品中，但只能想到生活中1～3种规律的事物并应用在作品中	学生在头脑中非常清楚规律的意义，能将规律很好地应用到自己的作品中，能想到生活中多种（3种以上）规律的事物并应用在作品中
动手操作能力	可以运用叶子制作成一幅叶画但是叶画中没有任何规律的存在	可以运用叶子贴、画出1～3种规律、有自己的想法，具有一定的创造力	可以运用叶子贴、画出3种以上的规律、有自己的想法、设计新颖、具有很强的创造力
语言表达能力	不能将作品中的规律介绍给同伴	可以简单地将作品中的规律介绍给同伴，不能完整地表述自己的想法。不能将所有的规律都介绍给大家	可以流利地将作品中的所有规律介绍给同伴，能够完整表述

评价方式：小组内互评。每个指标的等级分值分别为2分、3分、5分，小组内介绍互相评分。分享时形象大方，声音洪亮、语言流利，表现突出的可以增加1分。

活动效果：

制作叶画这个实践活动既可以让学生们贴近自然，学生们在制作叶画的过程中理解规律的意义并感受到规律在我们日常生活中的普遍存在。

整个实践活动中，学生们学习兴趣高涨。在愉快的学习中，学生们不仅感受到大自然的美丽，了解到大自然中的奥秘而且通过制作叶画作品的过程中进一步感受规律的神奇以及和生活的紧密联系。在随后的展示环节，学生们需要站在全班面前将自己制作的作品展示给大家并用简短的话进行介绍，在这个环节中还锻炼了学生们语言表达能力，在倾听同学发言的过程中培养了他们的倾听能力以及发现“美”的能力。

（本课执教老师：王月鑫）

活动六：《燕子，你还记得吗？》

教学目标：

（1）通过对自然界存在的各种规律的观察，感受自然的神秘和秩序。

（2）通过发现、探究自然规律的过程，形成数学思维，培养学生分类、有序思考等思想。

（3）培养对日常生活事物的预测和感知。

教学过程：

（一）设计与实施

1. 故事导入，激发兴趣

秋天到了，树叶纷纷落下，明天燕子就要飞往遥远的南方了。大山雀、金翅雀、赤腹山雀、栗耳鹎、乌鸦一起来送别燕子，它们都跟燕子说："燕子，你还记得吗？"同学们猜一猜，它们想让燕子记得什么呢？（学生猜想）

到底发生了些什么事情呢？我们一起来看一看。

2. 寻找大自然中的规律性

（1）发现动物身上有规律的花纹

燕子，你还记得我们两个一起看到了蛇吗？我们在桂花树下看到一条蛇无声无息地爬过来吃掉了坐在岩石上的青蛙。你说："条纹蛇吃了斑点蛙。"我不禁赞叹你的观察力可真强，原来条纹蛇的名字叫虎斑游蛇，斑点蛙叫青蛙。我这会儿才知道原来世界上有花纹的动物还真不少。

讨论：说一说你看到过得花纹动物。

欣赏：斑马、豹子、长颈鹿、老虎、松鼠图片。你有什么发现？

预设：不同的动物有不同的花纹，有的花纹是按照规律排列的。

（2）发现花瓣的规律

燕子，还记得我在田野里唱歌的那个夏日吗？田野里开满了鲜花，我心情很好就唱起了歌。你边鼓掌边夸赞我的歌喉。我们一起赏花，你说："5个花瓣的花真多呀！"从那天起，我更仔细地观察花瓣。

欣赏：一幅鲜花图。对他们进行分类。全班交流。

预设：按照花瓣个数分类。

观察花瓣的规律：每片花瓣都一样。

（3）发现台风的规律

燕子，你还记得那个刮台风的阴森的夜晚吗？我独自在家有点害怕，这时你来陪伴我。台风来了，你不但不害怕，还说："台风是螺旋状吹的。"我并不明白你的意思。

师：谁能为大山雀解答这个困惑？什么是螺旋状？

你还能举例说明吗？生活中哪些也是螺旋状的？

欣赏：生活中螺旋状的事物，海螺、喇叭花藤、蜗牛等。

（4）发现部分和整体的关系

燕子，还记得大山雀在栎树上迷路的那天吗？你们飞到栎树上要玩捉迷藏。后来传来大山雀的哭声，说不认识自己所在的地方。你就来焦急地请我帮忙找找。我们一边找你一边说："难怪大山雀丢了，这里到处是一样的。"真的是这样吗？

师：同学们观察一下，看看是不是这样？你还有什么发现？

预设1：每棵树从哪个角度看都很像。

预设2：每棵树的部分和整体来看都是一样的。

除了栎树，其他植物也有这样的特点，我们一起来看一看。

就在这时，燕子来了，朋友们一起为燕子唱起了歌："亲爱的朋友，明天你就要远行，身体健康，请多保重，下次再见。"

（5）发现雪花的规律

燕子非常感动，乌鸦拿出了她的礼物——一条雪花花纹项链。"雪花原来这么漂亮吗？"燕子吃惊地问。用放大镜可以看到雪的形状。

观察放大的雪花，发现雪花的规律——都有六条边。

猜一猜，为什么乌鸦要送燕子这个礼物？

秋天到了燕子就要离开，燕子离开了就到了冬天，冬天过了就是春天，春天燕子回来了！朋友们都期盼着燕子的归来。

3. 总结收获

为什么大家都盼着燕子归来呢？你觉得燕子是一个什么样的动物？你们从燕子那知道了什么？

在大自然中，你还发现了什么规律吗？

（二）评析与反思

《燕子，你还记得吗？》这本绘本主要讲述了燕子要飞到南方过冬，小动物们来送别它的故事。他们回忆了很多有规律的事情。这本绘本，故事情节很吸引学生，绘本图画精美，色彩丰富，学生能从身边的事物来了解美妙的大自然。从中寻找并发现大自然中的规律，并提炼出数学知识，引领学生探索数学问题。绘本中通过燕子，小动物们纷纷发现了规律，并从不同的事物中总结了规律，可以让学生体会到规律在自然中的广泛性，同时感受到在生活中要做一个善于观察和发现的有心人，这样才能领悟到大自然中更多的神奇和美好事物。

全文虽然在讲大自然的规律，但是从情感体验来说，燕子和小动物们之间相处的方式才是串联全文的主线，学生在整个课堂上有着丰富的情感体验，让他们感受到了乐于助人，为人友善等品质的可贵。

（三）使用指导建议

《燕子，你还记得吗？》这本绘本里面充满了大自然的气息，有我们不常见的蛇、长颈鹿、斑马等野生动物，有我们常常忽略的花瓣的片数和木对的生长形状，还有我们生活在北方都市中不容易接触到的台风等自然现象，这些事物都是有规律的，可是这些也恰是学生在生活中忽略的。所以在教学中要培养学生善于观察和发现的意识。同时在寻找动物规律的时候，建议让学生通过圈一圈画一画等方式去加强对规律重复性的理解；通过对不同花瓣个数的花分类，让学生体会同一类的事物也代表一种规律；在观察栎树的规律时，要让学生发现有些事物的每个部分都是有规律的，而合为一个整体的时候依然有规律。让学生通过不同的事物，从多种角度去理解规律的意义。

在教学过程中，建议教师在小动物回忆燕子的每个故事中都引导学生去表达燕子是一个怎样的小动物，最后归纳总结出燕子的优点和值得学习的地方，让学生感受到爱是相互的，只有自己友善、爱帮助别人，别人才会喜欢你，愿意和你交朋友，也愿意帮助你。并且这样的小朋友会得到大家的认可，像燕子一样收获更多的友谊。

《燕子，你还记得吗？》实践活动

活动内容：

课下收集花瓣，数出花瓣的个数，做一个漂亮的书签。

活动评价：

评价内容	水平1	水平2	水平3
对规律的理解和应用	学生在头脑中不清楚规律的意义，不能将规律很好地应用到自己的作品中，不能想到生活任何规律的事物	学生在头脑中清楚规律的意义，能将规律应用到自己的作品中，但只能想到生活中1～3种规律的事物并应用在作品中	学生在头脑中非常清楚规律的意义，能将规律很好地应用到自己的作品中，能想到生活中多种（3种以上）规律的事物并应用在作品中
艺术表达能力	只找到1至2种花瓣，没有进行有规律的设计	做出有规律的花瓣书签，并进行美化加工	做出有规律花瓣书签，并进行美化加工，还配上一首古诗或者与情景有关的文字
语言表达能力	只对作品进行描述，没有将作品中的规律介绍给同伴	简单地将作品中的规律介绍给同伴，不能完整地表述自己的想法，不能将所有的规律都介绍给大家	可以流利地将作品中的所有规律介绍给同伴，能够完整表述自己的设计

评价方式：

小组内互评。每个指标的等级分值分别为2分、3分、5分，小组内介绍互相评分。分享时形象大方，声音洪亮、语言流利，表现突出的可以增加1分。

活动效果：

学生通过制作小书签，从大自然中找到了很多有规律的事物，培养了学生善于观察的能力，激发了学生对大自然的热爱之情，在制作书签的过程中也培养了学生的艺术表达能力以及和同伴的合作意识。此外，很多学生根据花瓣的形状和颜色，不是单一地把它们摆放在纸上，而是有所设计出美丽的画面，并配上一首合适的故事，语文、数学、美术多个学科内容相融合，展现了学生的审美情趣以及丰富的知识储备量。

（本课执教老师：王瑜）

活动七：《季节是怎么形成的》

教学目标：

（1）联系生活的小实验了解季节形成的原因。

（2）通过生动有趣的故事介绍了基础自然科学概念，满足孩子对科学世界的好奇心。

（3）结合数学教学，感受地球与太阳之间的距离，了解地球上产生了季节的变化的其他因素。

教学过程：

（一）设计与实施

1. 观察封面

（1）从封面上你能看出什么？你有什么想说的吗？

（2）你们喜欢哪个季节？

2. 介绍绘本

（1）关于季节你想了解什么？（学生猜想）

（2）介绍季节。

（3）四季的形成。

中国四季的划分，古代以立春、立夏、立秋、立冬为四季的开始；天文上以春分、夏至、秋分、冬至为四季的开始。现在一般以3月至5月为春季、6月至8月为夏季、9月至11月为秋季、12月到翌年2月为冬季。我国在气候上常以候温为划分四季的标准：候平均气温22℃为夏，小于10℃为冬，介于10～20℃为春、秋。各地气候不同，故四季长短不一。

地球的自转轴与地球绕太阳公转面（黄道面）之间有一个夹角（23°26′），因此，当地球绕太阳公转时，太阳直射到地球的位置就会发生变化，从南纬23°26′（南回归线）到北纬23°26′（北回归线）。太阳直射时，地球表面获得的热量高，气温高，为夏季；反之，太阳斜射时，地球表面获得的热量低，为冬季。当太阳直射到北半球时，北半球为夏季，南半球为冬季；反之，当太阳直射到南半球时，南半球为夏季，北半球为冬季。太阳直射到南、北回归线时，分别为冬至（12月22日前后）和夏至（6月22日前后）；太阳直射到赤道时，分别为春分（3月21日前后）和秋分（9月21日前后）。

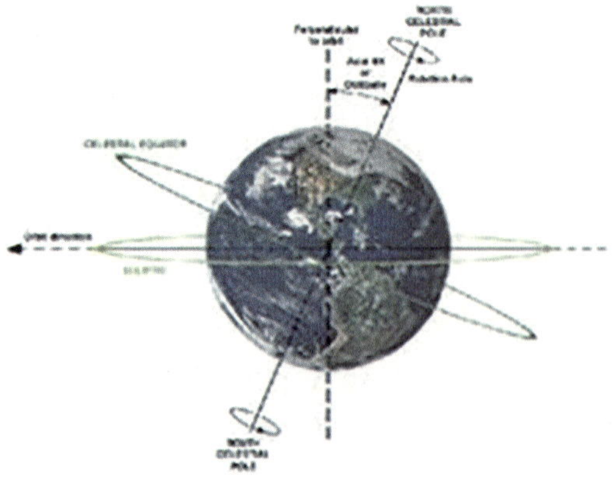

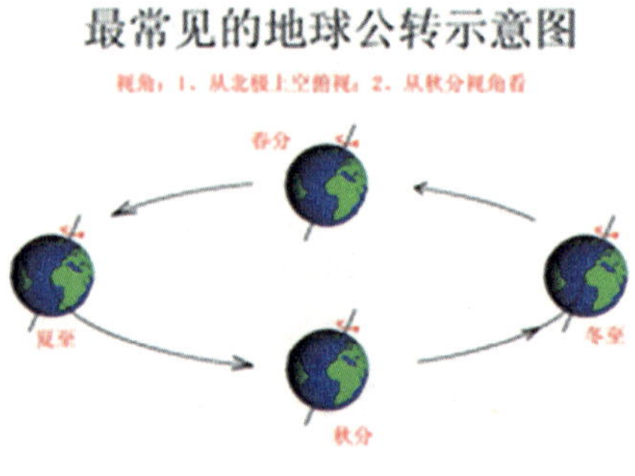

（4）你能看懂这个图吗？听听专家是怎么说的吧！

3. 阅读绘本

（1）你读到了哪些信息？

（2）你找到季节的特点了吗？

4. 做实验

一整年中，地球每24小时自转一圈，产生了白天和黑夜。一整年中，黑夜和白天的时长不断改变，季节也随着变化。

具体做法是：拿一个橘子当地球，同时要一支笔和一个手电筒。首先用铅笔从上到下穿过橘子。上面当成北极，用记号笔标明“北”；下面当成南极，标明“南”。在两极的中间画一条线，当成赤道。在北极和赤道间插一根大头针，想象那里是你居住的地方。把铅笔当成橘子的轴，转动铅笔和橘子。地球也有一个轴，但并不像穿过橘子的笔那样真实存在，只是我们假想地轴像铅笔一样从北极穿到南极。地球绕着这个假想轴自转。

做好后，在黑暗的房间里，你垂直拿着橘子的轴，请另外一个人拿手电筒照橘子。灯光好比阳光，照到橘子的半边，那里是白天，另一半是黑夜。灯光能照到北极和南极，就算转动橘子时也是一样。保持轴的倾斜角度。你绕着手电筒不论走到哪里，橘子的两极之间都有灯光。这样一来，每一年，每一天，白天和黑夜的时长都是一样的，就不会产生季节的变化。

5. 课后总结

通过今天的学习，你有什么收获吗？

感兴趣的同学可以自己阅读相关资料了解赤道、南极和北极的相关知识。

（二）评析与反思

人人都知道一年有四季，但四季是怎么形成的，太阳真的是我们说的东升西落吗？如果仅仅依靠简单的阅读，并不能够真正让学生体会四季的形成和变化，因此在设计这节课时加入了体验的环节，让学生在了解相关的科学知识的基础上，通过小实验的方式理解变化的过程，帮助学生找到其蕴含的规律，体会白天黑夜时长有规律的变化，从而产生四季。整节课堂探索味浓厚，不仅提高了学生的兴趣，还让学生对四季有了更深刻的认识。

（三）使用指导建议

对于学生来说，在理解地球每时每刻在自转，并绕着太阳公转等相关问题是有难度的，更何况除了太阳本身，以及地球与太阳之间的距离，还有其他因素令地球上产生了季节的变化，这对学生来说比较容易混淆不清楚。而这本绘本恰好搭建了一个好的桥梁，绘本中的图例很直观地展示出了地球自转与公转的过程和产生四季的原因，在内容上也给了学生更科学的解释。

其次让学生通过实验更直观地理解季节是怎么形成的，在动手操作的过程中发现问题，解决问题，因此建议教师在教学时让每个孩子都能参与其中，以小组合作的形式交流发现白天和黑夜时长与季节变化之间的关系，体会季节变换是有规律的。在实验探究的浓厚气氛中，激发了学生的求知欲，让学生感受大自然的奇妙，发展学生的世界观、科学观，培养学生的探究意识。

（本课执教老师：侯海鸥）

《季节是怎么形成的》实践活动

活动内容：

绘本中哪些现象是有规律的，思维导图的形式呈现出来。

活动评价：

评价内容	水平1	水平2	水平3
理解规律	能够至少描述2个书中介绍的规律	能够至少描述4个书中介绍的规律	能够至少描述6个书中介绍的规律
信息的收集	对内容进行简单罗列	信息之间建立相互联系	运用图像将信息之间的联系进行表达

活动效果：

四季的形成涉及很多知识，对于一些概念学生只是知道但是并不了解，通过阅读查找资料，运用思维导图的形式，可以帮助学生整理收集到的资料，不仅能够锻炼学生通过多种渠道获取信息的能力，还能丰富对相关知识的了解。

活动八：《很特别的音乐故事》

教学目标：

（1）初步掌握简单的音乐常识，让学生尝试从中找到规律现象。

（2）通过对比、体验，学会有规律的思考问题。

（3）尝试从音乐旋律、节奏中发现和提出问题，并将这些问题抽象成数学问题。

活动准备：

多媒体、钢琴、学习单、2个相同的水杯。

实施过程：

（一）设计与实施

1. 呈现生活场景，引起学生关注

播放一段无声的小狗追尾巴玩的视频，再播一段同样的视频，但加上了有趣的音乐。

看完了两段视频，你们有什么不同的感受呢？

2. 解读封面，聚焦核心词

今天老师和大家一起来读一个有趣的故事，瞧，这就是今天要读的这本书。（课件出示绘本封面）

你们能说一说你最关注的是哪个词语吗？

预设学生提出：特别、音乐。（教师板书）

你们理解的“特别”是什么意思？猜一猜这本书的“特别”之处会是什么呢？接下来让我们带着这样的疑问来开始今天的奇妙之旅吧！

3. 阅读，找寻音乐与数学之间的规律

（1）结合绘本，解读旋律

你能用什么样的声音来形容一下小声说话呢？什么声音能形容风声、水声等等？

（2）辨析音乐与声音

声音只是发出响声，而音乐则是由有规律的旋律组合而成的，音乐与声音不同之处在于音乐是有高低规律的。（教师弹奏音节，学生边听边观察绘本中记录音符的图像）

五线谱是怎样记录不同音高的？（教师将绘本中的音符弹奏出来）

结合绘本中的图片简单解读音符的音长，学生结合绘本中的例子，尝试用自己的语言解释一下，人们可以怎样表达音符的长短。

这种表达音长的方法用到的是哪个数学知识？（平均分）你还能再举个例子吗？（练习）（教师进行不同音长的演奏）

（3）用自己喜欢的方式表示音符的长短

以两人为一组，可以画一画、唱一唱、拍一拍。

其实在一段乐曲中，不光只有音符，如果想要产生不同的音响效果，还需要加入不同的休止符来进一步让创作出的音乐完美。

（4）介绍休止符的作用，在绘本中找休止符规律特点

请你试着用学到的音符和休止符来创作一段节奏，可以进行演奏或哼唱，也可以只拍节奏，体验一下音乐的旋律和节奏带给大家不一样的感受吧。

（5）试唱绘本中的歌曲

跟着老师的琴来唱一唱书里的这首儿歌，并试着用你学到的规律知识找出藏在这首儿歌里的规律吗？

（6）解读和声的奥妙

世界上最美妙的就是音乐，而音乐中最有特点的是和声。和声是必须按照一定的规律同时发出的声音，才能形成最优美的效果。（教师简单介绍协和音程知识）让我们来一起听一段和声歌曲，感受和声的奇妙吧

（播放音乐，学生听，听后可以让学生说一说体会。）

4．走进音乐，解读暗藏的数学规律

（1）数学与音乐的神奇联系

用实例解读黄金比例在音乐中的大量运用，课件出示世界上著名的数学家和科学家对音乐和数学之间关系的阐述。

（2）动手操作

教师操作其中一个水杯，通过敲击发出不同的声音，让学生听一听相同的水杯发出的声音高低，然后在另外一个杯子中倒上水，再听音的高低变化。

引导学生回家完成“特别的任务单”上的实际操作题，自己探究为什么相同的水杯中不同的水的高度会产生不同音高？创作属于自己的小乐曲，可以将自己创作的乐曲和老师分享。

（二）评价与反思

在这节课的教学中教师设计的第一个“特别”环节是出示一段经过剪辑的无声的小狗追尾巴的视频，视频中的小狗在无限循环的转圈追自己的尾巴，学生们觉得很新奇。这时教师适时提问，在这段视频中，你觉得缺少什么呢？学生都觉得没有声音的画面很奇怪，提出想要为视频配上一段合适的音乐。再次播放视频时同步加入了波兰音乐家肖邦的“小狗圆舞曲”这首有趣的音乐作品，作品旋律中出现了大量的无限循环的声响效果，让学生从听觉中感知，在有规律的小狗转圈行为中还可以用音乐这种奇特的方式表达出来，而循环这个概念正是数学学科中一个重要的知识点，用音乐这种形式呈现给学生，让他们从最基本的听觉感官上更好地理解了“循环”这个数学要素的基本特点。从学生的认知需求角度入手，探索生活中存在的数学与音乐的规律，激发学生学习的好奇心，带着这份好奇心引出了这节课的课题《很特别的音乐故事》，也为接下来的探索打开了广阔的思维空间。

第二个“特别”环节设计是让学生们从绘本故事中尝试着用数学的思维读懂音乐中的音高、音长。教师将这个环节的重点内容制作成“特别的学习单”，放手让

学生们自学。学生们通过自己读绘本、提炼归纳发现的规律，动手在自己学习单上用喜欢的方式表达出找到的规律，完成学习任务，并用自己的语言来描述发现的规律，让其他的同学与自己产生共鸣。例如：绘本中用来表达全音符、四分音符、二分音符、八分音符、十六分音符的长度关系是用表格出示的，而从学生的反馈中发现，有用线段来表示两个音符之间倍数关系的；有用圆形进行分割，来表示两个音符之间相对时值关系比的；也有用刚刚学习的乘法算式来表示的；还有的学生居然用到了高年级才提出的分数墙概念来进行解读音符时值的。这些精彩的课堂学习过程的呈现就是学生自主探索，总结归纳学习成果的最好展现，多种丰富的表现形式体现在学生平时学习时的思考方式，教师适时创造机会让他们在这个环节中充分调用了已有的数学知识经验，来解决当前实际的音乐问题，完美地体现了音乐与数学学科之间的融合渗透，同时也体现出自主学习的重要价值。

最后在体验了“音的长短与高低”之后，教师设计了一个有趣的课后拓展的音乐小实验。请学生回家后找几个相同的水杯，敲一敲听一听分辨出音的高低，然后再往每个水杯中加入不同高度的水再敲一敲听一听分辨音的高低，体会第二次加入水以后音的高低与什么有关？并将你们发现的音高规律请爸爸妈妈录成小视频发给教师，课后孩子们兴趣浓厚参与度很高。

我们的育人目标中反复提出要培养学生的“科学精神”，而这一个课后环节的设计恰恰是这个目标最好的体现。将美育课程融入严肃的数学课程中解放了学生的思维空间，提升了创新实践的能力。同时，我也希望借助《很特别的音乐故事》这本绘本图书，让数学学科与音乐学科多元对话，让我们的学生了解到音乐中的数学关系，数学中的艺术表达。

（三）使用指导建议

《很特别的音乐故事》选自《规律性与数学应用》数学绘本系列丛书。这一系列绘本既引导孩子们探索自然界中存在的规律性，又带领他们寻找隐藏在美术、建筑、音乐当中的数学概念。

《很特别的音乐故事》画面古朴浪漫，行文叮咚有趣，数学和音乐的美妙结合，这就是艺术的魅力。它的画面有的暖洋洋，有的栩栩如生，有的惟妙惟肖，有的穿越时空直抵心灵。即使只看图也能让幼小的心灵感悟到规律世界的缤纷和美丽。整本书巧妙地将简单的音乐知识和数学规律进行融合，将枯燥的乐理知识贯穿在有趣的生活现象中，娓娓道来令人动容，让娇嫩的心灵领略到世界的盈和美丽。这本绘本更大魔力在于，它讲的是世界万物的道理，讲的是世界万物的规律，讲的是孩子能懂秩序和方法，它讲的是数学。数学老师们和年轻的妈妈们一定困惑：怎么给孩子讲音乐呢？怎么让孩子知道音乐规律和数学规律的联系呢？还有收集和整理、分类和排序、整体和部分这些充弥在生活的方方面面、初的浅的玩的以及实用的数学知识和数学概念。其实这些都完美地蕴藏在美妙而又特别的音乐故事里，让孩子在欣赏动人音乐故事的同时也打开了探索数学规律的心智，有美有暖有智慧地陪伴童年。

（本课执教老师：**蒋俊杰**）

《很特别的音乐故事》实践活动

活动内容：

在体验了“音的长短与高低”环节之后，教师设计了一个有趣的课后拓展的音乐小实验。让学生自己探究如何在相同的水杯中注水才能敲击出不同音高？创作出属于自己的小乐曲并发给老师。

活动评价：

评价内容	水平1	水平2	水平3
对规律的理解和应用	上交的视频作品中只能找出水杯中装不同高度的水敲击后有声音音高的变化	上交的视频作品中能够简单描述出音高与水杯中水的高度相关的规律，并能通过敲击演示出自己发现的规律	上交的视频作品中能够准确描述出音高与水杯中水的高度相关的规律，并且能够简单敲击出1～2个乐句
音乐表达能力	把自己发现的音高规律基本表述清楚	能够把音高规律的叙述较完整，并能叙述创作过程	能够音高规律的叙述完整，并能完整清楚的叙述创作过程

活动效果：

通过学生们上交上来的视频作品可以发现，大部分的学生是能够找出音高与水杯中水的高度之间的关系的，处于水平1的学生数量很少，这样我们可以分析出学生对于课上所学习到的音高规律掌握还是比较理想的。根据学生交上来的视频作品

大致分为了3类：5%左右的学生在视频中可以发现在水杯中倒入不同高度的水后，敲击出来的声音是不一样的，基本能够体会到声音是有高低规律的。65%左右的学生在视频中除了发现音高和水杯中水的高度有关系之外，还能够发现水杯中的水倒得越多敲击出来的声音就越高，水杯中的水倒得越少敲击出来的声音就越低。30%左右的学生能够准确分辨出音高变化和水杯中水的高度之间的规律，进行水杯之间音高的排列摆放，能够用简洁的语言描述发现的规律，再敲击自己创作出的简单的乐句。

我们的育人目标中反复提出要培养学生的“科学精神”，而这一个课后实践活动的设计恰恰是这个目标最好的体现。融合课程绝不是简单形式上的“融合”，而要真正的做到提升学生综合素养的融合，学会“从不同的学科角度，对科学现象进行客观的分析研究”，同时也提升了学生对自然规律更深层的认识。

活动九：《雪花的故事》

教学目标：

（1）通过分类活动，让学生体会有序思考；通过剪雪花活动，让学生感知轴对称现象。

（2）培养学生阅读能力和动手操作能力，发展学生的创新思维。

（3）体会各学科间知识的联系，让学生在数学学习活动的过程中发现美、感悟美、欣赏美和创造美，感受到数学的魅力，感知大自然规律的神奇。

实施过程：

（一）设计与实施

1. 谈话导入

师：同学们，你们喜欢冬天吗？你们都喜欢在冬天里做些什么呢？刚才听到的都是跟雪有关的运动项目，那你还记得雪花是什么样子的吗？看来呀，大家对于雪花还是有一些了解的。那这节课就让我们一起走近雪花，从数学的角度了解雪花吧！先让我们来欣赏一些美丽的雪花（出示雪花图片），关于雪花，你都想了解什么呢？（预设：雪花的形态、雪花是怎样形成的？）（老师板书学生提出的问题）

今天我们这节课就来讲讲这本绘本——雪花的故事（出示课题），看看能不能解决这些问题。

2. 绘本阅读

（1）阅读封面

在讲这本绘本前，请你先仔细观察这个封面，你看到了什么？（雪花、snow、

一只手拿着放大镜），有什么想说的？为什么要拿着放大镜呢？（预设：因为雪花太小了）

现在就让我们透过放大镜去探索雪花的秘密吧！

（2）雪花的形成：雪花始于尘埃（视频讲解）

课件展示绘本中《“尘埃”是雪花的中心》这页绘本。

（3）雪花分类

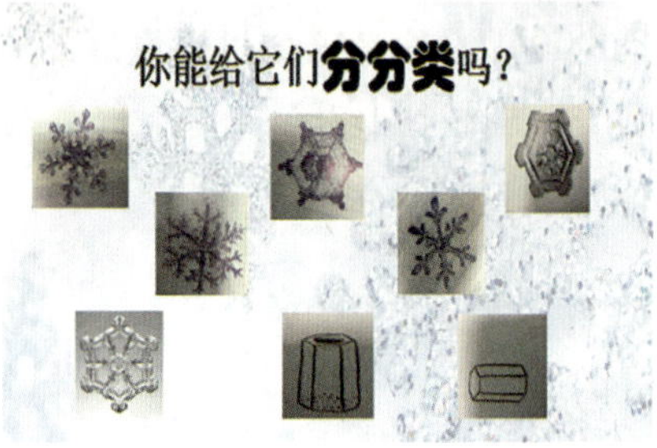

雪花分类：自然界多么神奇呀，由一粒小小的尘埃就演变成了一朵美丽的雪花。（出示各种雪花图片）你看！飘飘落落的雪花特别漂亮，老师也给大家准备了一些美丽的雪花，请你仔细观察这些雪花，根据它们的形状，给它们分分类？

小组交流：已经有想法的同学跟你的同桌交流一下。

汇报展示：谁愿意在黑板上汇报你的想法？你们跟他分的一样吗？为什么这样分呢？

为雪花命名：你们跟科学家们想到一块儿去了，像这样的跟星星似的叫作星形雪花，像盘子一样的叫作盘状雪花，这种立体的像个小柱子似的叫作柱状雪花。

（4）独立阅读

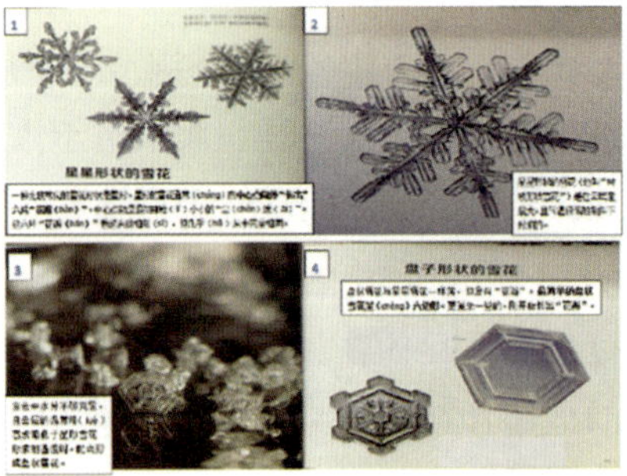

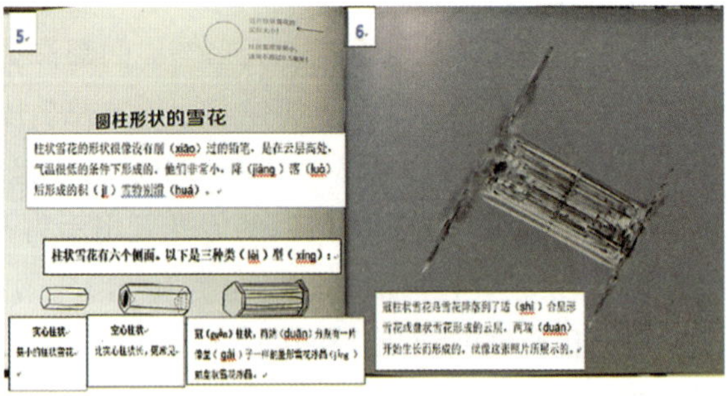

提取信息：老师在课前也给同学们准备了2页绘本，请你仔细阅读，看看你能收集到哪些信息？

寻找共同点：虽然这些雪花形成的条件不同，形态也不同，但是他们有没有什么共同的特点呀？

（在学生说的过程中带着学生数一数雪花的瓣数）

师：看来6是一个神秘数字，为什么都跟6有关呢？

你们听明白了吗？确实杨老师也不太明白，但是杨老师特别爱想办法，所以杨老师请了一个知识渊博的人来帮帮我，你们猜猜是谁呀？原来是咱们的科学老师。（科学老师介绍雪花为什么是6瓣的）

（5）雪花瓣数与乘法口诀的规律

但是自然界中还有一些这样的雪花呢？你们看！它是6瓣的吗？快来数数它是几瓣？（12瓣）

追问：为什么它会是12瓣呢？

预设：是2片雪花重合在一起了。

问：那如果是3片雪花重合在一起，会有多少瓣呢？18瓣，为什么呀？

预设：利用我们的乘法口诀，三六十八。

师：你们真棒！可以把我们的数学知识用到生活中了。

（6）剪雪花

折纸。

师：这么漂亮的雪花一落到地上就消失不见了，那可怎么办呢？你想不想得到一片漂亮的雪花？老师教大家一个好办法，我们可以自己动手剪一朵雪花。

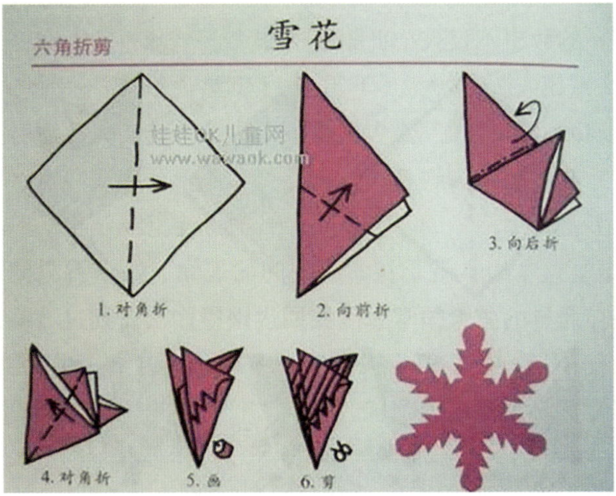

师：先不要着急动手，我们一起说一说你想怎么剪呢？为什么要对折呢？老师给大家准备了一些小锦囊，这是一组剪雪花的步骤图，你能看懂吗？这个线是向里折，这个线是向外折（动手模拟），平均分成那个三份怎么分呢？

画。

师：折好了，我们该画了，为了让大家剪出更漂亮的雪花，杨老师为大家请来一个好帮手（美术老师介绍雪花的制作方法）。

剪。学生动手剪雪花，注意提醒学生安全使用剪刀。

展示作品。

（7）生活中的雪花形状

刚刚看到的都是理想中的完美的雪花，但是在我们的生活中，这样完美的雪花留存下来是很困难的，几乎是不存在的，我们看到的雪花大多是这样的：孪生雪花、凹凸不平的雪花、雪片（学生读“不完美”的雪花）。

（8）没有完全相同的两片雪花

师：同学们，那你们觉得世界上存在完全相同的两片雪花吗？世界上没有完全相同的两片树叶、两朵花和两个人，雪花也像我们人一样，虽然各有不同，但也有许多共性。

3. 倡导自主探究自然科学的规律

这节课，我们跟随放大镜一起了解了雪花的形成，剪出了漂亮的雪花，解决了黑板上的这些问题，还有许多问题也等待着你们去研究。雪花的故事还在继续，期待着大家继续探索。

4. 拓展阅读

同学们，雪花的故事不仅仅如此，还有很多，老师也给大家介绍一些跟雪花有关的绘本，如：《雪花人》《雪人》《下雪了》《下雪天》《雪地里的脚印》《松鼠先生和第一场雪》《动物小镇下雪了》。大家课下可以找来读一读，看看这些绘本中又隐藏着什么样的“雪花的故事”。

（二）评析与反思

《雪花的故事》这本绘本就是探索雪花间的规律、揭示雪花秘密的自然科学绘本。其实，雪花在北方的冬天很常见。我们也许很多次看到过雪花，却很少能看到它们完美、真实的模样，甚至很少去观察过雪花，这就给学生提供了探究的方向，也成了学生们非常喜欢去探究的领域。

在上这节绘本课时，涉及的数学知识并不难，是对学生已有知识的复习和运用，也希望让学生能够感受到数学与其他学科的联系，从而认识学习数学的重要性，同时也希望本节课的教学可以激发学生对自然科学领域探究的欲望。仔细阅读完这本绘本后，我发现里面蕴含着大量的关于自然科学的专业性知识，虽然这是一节数学绘本课，但是我们必须要保证传授给学生的知识的准确性，所以在上这节课前，我做了大量的前期知识储备，上网搜集各种雪花的知识，与科学老师交流想法，并让其给予指导，有了这样的准备后，对于学生提出的五花八门的问题，我才能得心应手地解决。这节课后，学生们确实对雪花等自然科学产生了兴趣，还自己寻找了一些类似的绘本跟我分享。

（三）使用指导建议

《雪花的故事》这本绘本是放在课后进行教学的，学生在学习完“分类”“乘法口诀”“图形的变化（初步感知轴对称和平移）”这些知识后，有了一定的基础和经验，进行探究、学习的，建议老师们在教学中加入这些知识的学习，一方面可以帮助学生巩固以前所学到旧知识，另一方面也可以让学生体会到数学与生活的联系。

在本书的学习中，可以先让学生阅读封面，根据从封面上看到的去推测讲的是什么故事，可能发生了什么事情，为学生提供想象的空间。而后在阅读的过程中也要注意挖掘图画中的信息，选择最富想象力的部分，让学生插上想象的翅膀，在这个过程中，培养学生的思维能力、想象能力以及语言表达能力。在制作雪花的环节中，老师也可以大胆地放手让学生自己去研究、去想象、去创造雪花的样子，进一步加深学生对雪花的认识。

（本课执教老师：**杨然**）

《雪花的故事》实践活动

活动内容：

开动你的小脑筋，发挥你的想象力，自己动手制作一朵漂亮的雪花。

活动评价：

评价内容	水平1	水平2	水平3
空间观念	知道完美的雪花是6瓣的，并且知道同一片完美的雪花的每一瓣都相同	知道完美的雪花是6瓣的，同一片完美的雪花的每一瓣都相同。并且能够感知到雪花是轴对称图形	能够比较准确地了解轴对称图形的特征，并准确判断一个图形是否是轴对称图形
动手操作能力	知道用对折的方法可以剪出雪花，但是只会对折一次，画3个大小不同的花瓣	知道要经过多次对折，然后只需要画出一瓣雪花中的一半，但是不能准确地折好纸。或是对折一次，但是画出了3个大小相等图案相同的花瓣	知道并能够经过多次对折，然后画出一瓣雪花中的一半，最终得到一朵漂亮的6瓣雪花

续表

评价内容	水平1	水平2	水平3
想象能力	雪花的花瓣很简单，形状单一	雪花的花瓣有简单的弯曲，能够看出学生的小设计	雪花的花瓣比较复杂、多样，能够剪出比较漂亮的雪花

活动效果：

剪雪花这个实践活动是学生们非常喜欢，非常感兴趣的，通过学习，大部分学生已经了解了雪花是有6瓣的，而且初步知道了雪花是轴对称图形，而剪雪花就是帮助学生进一步认识雪花，以及进一步感知轴对称图形的特点。

在活动中，学生出现问题最多的两个点是在折和画的过程中，首先，学生需要把一张正方形的纸沿对角线对折，然后再进行三等分折，学生不能灵活地进行三等分，很多学生分出来的三份，有大有小，需要别人的帮助才能折好，其中还有一部分学生也是不能准确进行三等分折，但是比较善于想办法，他也了解了轴对称图形的特点，所以只进行了一次对折，然后画出3瓣几乎完全一样的花瓣后，再剪，也能得到一朵6瓣雪花。另外一个难点就是三等分折后要在折好的纸上画一瓣花瓣的一半，有些学生画的是一整瓣，还有些学生画的位置不对，画在了开口那边，导致剪出的作品不成形，是散的。在通过重新调成和制作后，学生基本上能够独立剪出漂亮的雪花，在调整的过程中也再一次体会了轴对称图形的特点。

“时间”主题综合实践课程

朱　立　杨　然　王　瑜　王月鑫

一、“时间主题”课程目标

（1）结合绘本情境，借助绘本，使学生们感受到时间具有循环的、固定的特性。通过动手操作、思考、讨论等活动，使学生感受到1秒、1分、1时的长短。初步感知1分=60秒、1时=60分，进一步理解时间单位间的进率关系。

（2）在思考、解读主人公想法的时候，帮助学生积累时间在现实生活中的活动经验，同时培养学生的数学思维。可以用时、分、秒描述一些生活现象，体会时间与生活的密切联系。

（3）感受绘本中人物的经历，体会到时间与生活的密切联系，发展时间观念，培养学生珍惜时间的意识，逐步形成遵守作息时间的好习惯。

（4）经历与他人合作交流，借鉴他人想法的过程，彼此配合解决数学问题。

二、“时间主题”课程总体思路

绘本名称	绘本使用方式及主要学生活动	拓展活动	课程评价内容
《我的一天》	绘本故事讲读与自主阅读	制作绘本书《我的一天》	对时间概念的理解 构图与色彩 语言表达
《怪物王国的难题》	绘本故事讲读、分角色朗读	数学报《一分钟能干什么》	（1）对时间概念的理解 （2）构图与色彩 （3）语言表达
《到点啦，麦克斯！》	绘本故事讲读	设计并制作时间游戏卡片	（1）对时间概念的理解 （2）构图与色彩 （3）语言表达
《时间的故事》	绘本故事讲读	数学周记——时间的循环	（1）对时间概念中规律的理解 （2）构图与色彩 （3）语言表达

三、课程实施

时间主题	课程	拓展活动
时间主题	我的一天	拓展活动：制作绘本书《我的一天》
	怪物王国的难题	拓展活动：数学报《一分钟能干什么》
	到点啦，麦克斯	拓展活动：制作时间游戏卡
	时间的故事	拓展活动：数学周记——时间的循环

四、活动设计

活动一：《我的一天》（本课改编自数学绘本《我的一天》，由于教学需要，将书中的部分时刻进行了替换）

教学目标：

（1）在学生初步认识钟表上的整时、半时的基础上，进一步认识钟表上的时、分，知道1时=60分，会认读钟面上的时间，特别是能正确读写非整时时刻。

（2）在绘本故事中寻找非整时和半时的时刻，认一认、拨一拨、说一说这些时刻，培养学生的观察、分析能力和有根据的说理能力。

（3）通过绘本故事让学生知道可以按时间顺序记录事件的发生过程。

（4）读故事看图画体会救助人员工作的艰辛。

教学过程：

（一）设计与实施

1．观察封面，简单了解故事内容

今天我们一起看这个绘本（PPT），请大家齐读书名《我的一天》。

师：请大家仔细看封面，通过封面你都知道了什么内容？（有救护车，有消防车，有人爬山，有警察）

师：关于这本书你还有什么想知道的吗？（车祸是怎么发生的，上山的人干什么去了，和时间有什么关系，是封面这个阿姨的故事吗？）

师：这些答案在哪里呢？让我们快快打开这个绘本吧。

2．阅读绘本，回顾旧知

了解“交班”，回忆整点时刻

教师导读：我们消防救助队员，一般工作24小时后才能休息，上一拨队友刚刚拖着疲惫的身子结束了自己工作，现在正是我们交班的时间。（出示绘本PPT）

师：你知道什么叫交班吗？你能从图中看出哪些人员是交接后需要休息的队员吗？

他们每天在什么时刻交班，你是怎么看出来的（9时整，时针指着9，分针指着12）

教师导读：刚刚整理完资料，119的状况室打来紧急电话，有一个清洁员被困在了8楼的外侧，快去营救。救援队立刻出动，玻璃清洁员终于被安全地送到了地面。这次救援发生在什么时刻？你是怎么看出来的？（9时半，时针指着9，分针指着6）

3．寻找时刻，学习新知

教师请学生自主阅读后面的绘本，阅读后回答“绘本中又发生了什么事？”

（在游乐场帮助小朋友、吃午饭、救车祸司机。）

教师引导学生聚焦发生这三件事时的时刻。

（1）游乐场帮助小朋友时刻，认读10时10分

辨析：时针指着10，分针指着2，为什么是10时10分？

请学生到黑板前指一指，自己是怎么看出是10分钟？

（1个小格1个小格的数，数大格即5个小格一起数）

学生再说，自己是怎么看出10时10分的，这时，有的学生会质疑，时针这时候并没有正好指着10。

先请学生说理由，然后让全班学生拿者手中的钟表拨一拨，进行验证。

教师进行演示，（让钟表的分针从10继续转完一圈）

让学生说自己的发现并板书：1时=60分。

我们接着看故事。

（2）吃午饭的时刻，认读12：28

生：时针过12没到1，所以过了12时，然后先5个5个的数，再1个1个的数，数到是28分。

生2：也可以想12时半分针指在6，是30分，还差2个小格，所以是30–2=28分，所以是12时28分。

（3）救车祸司机，认读12：55

学生解释这个时刻的时候教师追问：你们看现在时针离1多近呀，为什么不是

1时55分？

师：大家通过阅读绘本，又认识了三个时刻，如果把这些时刻换成“上午”“中午”“下午”你觉得可以吗？（生结合自己对绘本情节的理解进行解释）

4. 自主阅读，拓展延伸

师：看到这些时刻发生的这些事件，如果此刻消防救助队员就站在你面前，你会对他们说什么？如果消防救助队员遇到困难你们愿意帮助他吗？

教师导读：救完司机后，没多久我们又接到了求救的电话，有游客上山避雨，被堵在了路上，上山救游客时因为路滑，救助队员滑了一跤，手表坏了，根据时针指的位置，你觉得当时针大概在什么位置？

请学生把此刻表针正确的位置画在表盘上。（全班交流）

假如你就是被救游客中的一员，此刻，你想对消防救助队员说些什么？

5. 自创绘本，课后延伸

师：阅读的时间总是过得飞快，下课的时间就要到了，后面又发生这些事情，老师把这本书后面的部分发给大家，你们可以在课下继续看，认一认发生这些事的时刻，你还可以在钟表拨一拨书上的时刻。

（二）评析与反思

对于低年级学生来说，相对于其他度量单位，时间这个度量单位是他们“熟悉的陌生人”，访谈中发现，学生的家里虽然有钟表，但学生很少系统地研究过时间，缺少持续感性的对时间的认知，学生对时间的认知经验积累较少，对于时间在现实生活中的意义，也不是很了解。通过阅读绘本，在情境中认识时刻，让学习自然而然的发生。接班和第一次救援帮助学生回顾旧知的同时，让学生知道就像我们准时上课一样，大人也一样有要遵守的时间。在后续的故事中出现的三个时刻分别是本课知识上的重点和难点，因为有了情境的烘托，学生自然地分享了自己认识钟表的经验，并在相互交流和动手实践中进行方法的总结与凝练。这个环节结束后，教师问学生，如果将这些时刻换成上午，中午和下午行不行？一方面是帮助学生理解时刻能够更加精准的刻画时间，同时，学生会发现有了时刻的事件更能够表现消防救助队员工作的繁忙。最后，教师利用上山救人的情境安排了练习，了解学生的学习水平，没结束的故事更加吸引学生的阅读兴趣和对时刻的关注。

（三）使用指导建议

本课在设计中选取了数学绘本《我的一天》的故事内容，在数学学习方面使用了教材中的时刻，学生在阅读的过程中发现不同的时刻，既复习了整时和半时，又发现和探究了其他时刻，结合情境去理解不同时刻，培养学生的时间观念；观察、分析不同时刻时针与分针之间的位置关系。

本课在实施的过程中基本保持了原有故事的完整性，学生边学习边阅读，感受时间的重要作用，体会消防救助队员崇高的职业道德，激发学生感谢身边为社会辛勤工作的劳动者。

因受上课时间限制，本课结束的时候并没有把数学绘本全部讲完，而是让学生带着想探究故事结果的好奇心继续在课下阅读，通过这个数学绘本，激发学生阅读更多关于时间的书籍。教师可以根据需要将本节课上成大课，让学生把后面的绘本看完，再交流感受，思考如果没有这些时刻行吗？教师还可以把教材中奥运的素材进行补充，既能巩固学生认识时刻的方法又能更能加深学生对时刻作用的理解。

（本课执教老师：朱立）

《我的一天》实践活动

活动内容：创编绘本《我的一天》。

活动评价：

评价内容	水平1	水平2	水平3
对时间概念的理解	没有时刻概念，用上午、中午、下午等表示范围的词语描述时间	全部使用整时或半时的时刻记录	出现非整时或半时的时刻
构图与色彩	只有一页绘本； 无封面；构图空旷，没有颜色	绘本的页数1～5页；有简单的封面；有简单的色彩，构图略空旷，有1、2种以上颜色	绘本的页数在5页以上；有精美的封面；构图饱满，色彩丰富，有三种以上颜色，图画中点线面相结合
语言表达	无文字说明	文字叙述与绘本内容比较相符，每个事件有1～2句文字说明；绘本故事无逻辑性，不连贯；字迹杂乱，有3个以上的错别字	文字叙述与绘本内容相符，每个事件有整段文字说明；绘本故事有逻辑性，故事连贯，内容表达清晰；字迹工整，有3个以内的错别字

评价方式：

小组内互评。每个指标的等级分值分别为2分、3分、5分，小组内介绍互相评分。分享时形象大方，声音洪亮、语言流利，表现突出的可以增加1分。

活动二：《怪物王国的难题》

教学目标：

（1）通过让学生动手写一写、画一画等活动，帮助学生更深刻的理解时间的概念。

（2）在思考、解读主人公想法的时候，帮助学生积累活动经验，培养数学思维。

（3）在画图、读图中，进一步理解时间单位间的进率关系。

教学过程：

（一）设计与实施

1. 观察封面

今天老师给大家带来了一本非常有趣的绘本，我们一起来看一看，从这个封皮中，你看到了什么，你觉得它可能讲了一个什么故事？猜一猜他可能遇到了什么难题？

那我们就带着这个问题一起去绘本中看一看吧！

2. 绘本阅读

（本课由学生分角色朗读，一名学生扮演车多利，一名学生扮演巨毛怪）

车多利：大家好，我是你们的好朋友——车多利，我遇到了一个难题，你们愿意帮帮我吗？一天，在森林里迷路的我，被怪物王国里的一头可怕的巨毛怪抓了起来。

巨毛怪：如果你能够解决三个问题，我就放你回家。

（1）第一个问题“带来一天”

巨毛怪：第一个问题“你必须为我带来一天。”

师：听到这里你有什么想说的？

生：一天怎么带呀，是带个钟表吗……

师：车多利也跟我们同学一样困惑，听听他怎么说。

车多利：我的天哪，竟然要我给他带去一天！太阳升起又落下、月亮升起又落下，这不就是一天吗？这样的一天怎么能够随便带来带去呢？

师：你觉得这样的一天能够随随便便地带来带去吗？

车多利：顾不了这么多，我只好硬着头皮上路。一天？一天？我到哪里去把一天找到？

迷迷糊糊中，一个声音在车多利的耳边轻轻地说：“车多利！醒醒！前面有一片竹林，进去后，你能看到一条均匀流淌的水流。在那里，你可以找到你想要的答案。"

师：猜一猜，这个悦耳的声音可能是谁的？（小鸟）

车多利：我朝四周看了看，没人呀！难道是我的冥思苦想感动了这林子里的仙女，不一会儿，便听到了一阵潺潺的流水声。清水正顺着竹子搭建的管道缓缓地流淌着。"难道这里有我要找的答案？"

"先润润嗓子再说吧！"车多利用双手接起水来。一滴、两滴、三滴、四滴……等了好一会儿，两只手终于接满了清水。

师：你们觉得这个水里有他要找的答案吗？

师：我们一起看看车多利发现了什么？

车多利：如果只接一小会儿，就只有一点水；如果接更长的时间，水就会积很多；如果我用一天的时间接水，水桶里便会装满一天的水。

（学生看图描述水的体积）

在太阳升起的时候开始接水，一上午，水只接了一小部分；月亮升起的时候，水装了水桶的一半；到了半夜，水已经很多了。太阳重新升起的时候，水已经装了满满的一桶，这些水就是整整一天接的水。

师：找到了"一天"，车多利高兴地提着满满一桶的水来到了巨毛怪的面前，接过水桶的巨毛怪感到十分惊讶。

巨毛怪：为什么说这些水就是一天呢？

师：同学们，你能帮助车多利解决这个问题了吗？（学生叙述）

车多利：因为这是用一整天的时间接到的均匀流水，这些水就代表一天。

巨毛怪：啊哈！你解决了第一个问题（车多利松了一大口气），接下来给你出个更难的问题。

车多利：啊！更难！我突然有些担心起来。

（2）第二个问题：如何在一天内，让24名士兵站岗时间相同？

①小组合作想办法。

师：看，城堡下的士兵每天都在争吵！谁来说说他们在吵些什么？

生："我都站了很长时间了。腿都疼得站不稳了。""什么？你这么快就要回去了？偷懒的家伙。"就这样互相指责对方站岗时间短，而自己站岗的时间长。

师：如果想让一天内，24名士兵的站岗时间都相同，应该怎么办才好呢？你能借助上一个办法帮帮车多利吗？

学生小组合作交流，在纸上写一写、画一画，表示自己的想法，然后挑选小组汇报。

师：同学们都很想法。走！看看车多利是怎么想的，他能不能顺利的解决第二个难题。

②看图读懂车多利的想法。

（出示车多利的想法图）

师：看看谁能读懂他的想法，跟我们大家交流一下。

生：在一天内，也就是装满一桶水的时间里，让24名士兵站岗的时间相同？想了想，他把水桶里的水平均分成了24格，然后根据水的多少，制作出正好可以装满一格水的杯子。凑齐24杯，就是一桶水。用这个杯子接水就可以了。比如：第一个士兵开始站岗时就拿这个杯子开始接水，当这个杯子慢慢地接满后，第一个士兵就休息，轮到第二个个士兵站岗。在这里，积满一杯水所需的时间称为1小时。士兵们只要每1小时轮流换岗，那么一天中24名士兵站岗的时间就相同了。

师：你解释的真到位，车多利确实是真样想的。现在，没有士兵觉得不公平了。嘿嘿，这个问题可真难不倒聪明的车多利！

我们看看接下来车多利还要迎接什么样的挑战。

（3）第三个问题：如何让士兵们在一个小时内削好60支箭？

巨毛怪："现在只剩下最后一个问题了，士兵们将树枝削成箭的时候，总会有很多抱怨。比如，谁谁谁比我削得少，我又比谁谁谁削得多之类的。"所以，我的第三个问题来了，"怎样才能让士兵们在1小时内削好60支箭呢？也就是说当一杯水装满的时候，需要削好60支箭。"

（同桌合作）

活动要求：请同学们同桌两人合作，依照第二个问题的解决思路，思考第三个问题，并把你的想法记录在纸上。

（解读车多利的想法）

把杯子里的水平均分成60个小格。然后制作出一只正好装下1小格水的勺子。凑齐60只勺子的水，便相当于1杯。只需用勺子接水就可以了。于是当士兵开始削箭，就拿勺子接水，这个勺子接满了就换下一个士兵开始削箭，这样：水填满1只勺子所用的时间称为1分钟。如果士兵1分钟削出一支箭，那么在1个小时内就能削满60支箭。这样不就解决了吗？

用了这个方法后，士兵们再也不抱怨了，都认认真真地削起箭来。

（4）最后一个难题：怎样才能让士兵在1分钟内插完60个箭镞。

车多利：按照约定，我已经为你解决了三个问题，现在你可以放我回家了吧？

巨毛怪：车多利，我知道可能这样的要求有些过分，但是你能不能在帮我解决一个难题呢？

师：为什么说有些“过分”，你觉得车多利要不要帮助他。（学生自由交流）

善良的车多利看着巨毛怪可怜巴巴的神情决定再帮助他一次。

巨毛怪：怎样才能让士兵在1分钟内插完60个箭镞。也就是说，当一勺子水装满的时候，需要插好60个箭镞。

师：快跟你的同桌一起说说车多利想到了什么办法。

生：把一只勺子平均分成60个小格，然后制作出一只正好装下1小格水的小小勺，凑齐60只小小勺的水，就相当于一只勺子所盛的水，只要用小小勺接水就可以了。将水填满1只小小勺所需要的时间称为1秒。士兵每一秒插好一个箭镞，1分钟就插好60个箭镞。

3. 总结与收获

（1）认识时间单位

师：现在，怪物王国的怪物们开始使用天、小时、分钟、秒来计算时间。

“天”是装满一桶水所需要的时间。

“小时”是装满一杯水所需要的时间。

“分钟”是装满一勺子水所需要的时间。

“秒”是装满一小小勺水所需要的时间。

（2）时间的应用

戴太阳眼镜的巨毛怪：日光浴最好持续30分钟。

戴眼镜的巨毛怪：我整整1小时都在玩水。

灰绿色的巨毛怪：我一整天都在等你回来。

吃饼干的巨毛怪：知道吗？那个家伙在1分钟内逃跑了。

师：同学们，你能用这些时间造个句子吗？（学生自由交流）

不过，还没有完全理解时间的怪物偶尔也会闹出笑话。“你这家伙，让你吃30分钟的饭，你怎么吃了30勺的饭？”饱得不能再吃了，30勺米饭太多了。“30分钟和30勺不是相等的吗？所以我吃了30勺的饭。怎么啦？”

师：你能告诉他怎么了吗？

（3）整理时间单位模型，认识时间单位进率

1天=24小时　　1小时=60分　　1分=60秒

这下，怪物们都能很好地理解时间的概念了。巨毛怪为了答谢我，特地为我举办了一场宫廷宴会。巨毛怪说：来，别客气，多吃点！可口的草莓奶油蛋糕，所有怪物图像的“怪物饼干”，还有那些可爱搞笑的小怪物们，热乎乎的怪物饼干出炉

了，最近变得越来越胖，真叫人担心啊！心情真好！我们一起来跳舞吧！嘻嘻，这难道不是传说中的“森林里的奇遇”吗？

（二）评析与反思

时间这个概念对于学生们来说是非常抽象难懂的，而低年级的学生主要以形象思维为主，这本绘本就是巧妙地运用各种具体的事物把“天、小时、分钟、秒”这些概念形象化，便于学生的理解。本节课在开始时就让学生以分角色朗读的形式带领大家走进绘本故事，在增加趣味性的同时，也丰富了学生们的情感，增强了语言表达能力。

在阅读这本绘本前，有些学生对时间是有初步了解的，但是当读到第一个难题“让把一天带来”的时候，很多学生是迷茫的，不知道时间是什么样子，该怎么带来，但是看到了车多利的想法，很多孩子恍然大悟，一下子就给他们带来了启发，拓宽了他们的思维，以至于后面在解决第二个问题的时候，孩子们的想法五花八门，很有意思。所以在绘本阅读时，要给学生留有思考的空间，给他们的思维多创造一些启迪。

（三）使用指导建议

这本绘本讲的是车多利被怪物王国的国王巨毛怪抓住了，必须要解决国王提出的三个关于时间的难题才能回家。而这三个难题的解决过程可以把时间这个抽象的概念具体形象化，帮助学生更好地理解和认识时间，同时在由“1桶–1杯–1勺–1小小勺”的变化中，认识和体会时间单位间的进率关系，进而更加深刻地理解时间。

在教学中，要关注三个难题的出现以及解决方法，鼓励学生发挥自己的想象力，自己思考问题。其实第一个难题的出现给一部分学生的认知带来了一定的冲突，很多学生知道什么是一天，但是说“带来一天”就困惑了。正如我们认为的“具体形象的东西才能带来，而时间是抽象的，带不来”，孩子们也是这样认为的，但是当车多利给出方法后，学生们恍然大悟，原来时间是可以用具体的事物来代表的，于是在第二个难题出现时，一定要给学生思考交流的空间，一部分学生们可以顺着这个思路去寻找一些具体的事物来表示，也有一小部分学生和车多利一样想到了换成小的容器去盛水。有了前两次的经验，学生们解决第三个问题就轻而易举了，所以采用同桌交流的形式，给每个孩子发言的机会。

最后的总结环节也是非常有必要的，帮助学生回顾本节课所学内容，也帮助学生梳理、抽象出时间单位间的进率关系。

（本课执教老师：杨然）

《怪物王国的难题》实践活动

活动内容：

每个同学在课下自己或结伴体验一分钟有多长，并根据一分钟能做的事情，制作一张数学报。

活动评价：

评价内容	水平1	水平2	水平3
对时间概念的理解	体验种类只有1～2种	体验种类只有3~4种	体验种类在5种以上
构图与色彩	只有一页绘本；无封面；构图空旷，没有颜色	绘本的页数1～5页；有简单的封面；有简单的色彩，构图略空旷，有1、2种以上颜色	绘本的页数在5页以上；有精美的封面；构图饱满，色彩丰富，有三种以上颜色，图画中点线面相结合
语言表达	无文字说明	文字叙述与绘本内容比较相符，每个事件有1～2句文字说明；绘本故事无逻辑性，不连贯；字迹杂乱，有3个以上的错别字	文字叙述与绘本内容相符，每个事件有整段文字说明；绘本故事有逻辑性，故事连贯，内容表达清晰；字迹工整，有3个以内的错别字

评价方式：

小组内互评。每个指标的等级分值分别为2分、3分、5分，小组内介绍互相评分。分享时形象大方，声音洪亮、语言流利，表现突出的可以增加1分。

活动三：《到点了，麦克斯》

教学目标：

（1）结合绘本情境，让学生认识时刻，能认读出非整时时刻。

（2）通过说一说、画一画等具体操作，会用图示或语言表述出时刻。

（3）经历绘本中麦克斯的经历，发展时间观念，逐步形成遵守作息时间的好习惯。

（4）可以用时、分、秒描述一些生活现象，体会时间与生活的密切联系。

教学过程：

（一）设计与实施

1. 故事引入，创设情境

（1）读封面

今天老师带来了一个绘本故事，我们一起来读一读封面，你有什么想知道的？

（2）读故事

“该起床啦，麦克斯！”妈妈在叫我。我打着哈欠看了一眼手表，7：00，每天早上我都在这个时候起床，然后在8：05赶上校车前把所有该做的事情全部做好。我从来没有迟到过。7：05～7：15洗澡，7：15～7：20刷牙，7：20～7：30穿衣服，7：30～7：45吃早饭，7：45～7：55去遛狗，然后我去等校车，校车会在8：05到站，司机邓恩太太每天都很准时，跟我一样。

师：根据麦克斯的描述，我们来做一个游戏，把麦克斯早晨的时间和对应的图片连起来，大家来试一试。

2. 探究新知

教师导读：好吧，好吧，我得承认，有一阵子我也会迟到，事情是这样的……

学生自主阅读。（麦克斯丢了数字手表，没有办法看时间，姐姐借给他指针手表，他不会看）

提问：麦克斯为什么会迟到？

生：他的手表不见了。可是又不认识指针手表。

追问：那该怎么办，麦克斯怎么才能知道时间？

生：学习看指针手表。

（1）复习旧知，读半时时刻

教师导读：第二天是星期六。我相当兴奋，因为下午我要参加我的首次“惊喜派对”。

爸爸会开车送我过去。他一直在打瞌睡。“万一我睡过了头，记得要在5：30叫醒我。”他说。

师：可是麦克斯并不会看时间，他该怎么办呢？谁能帮帮他。

生：时针指向5和6中间，分针指6。

麦克斯按照大家教的方法，把爸爸叫醒，爸爸看了眼时间非常不高兴，“麦克斯，我让你5：30叫我，可现在都6：25了。”原来麦克斯把长短针搞混了，错过了最精彩的环节，麦克斯直呼真倒霉啊！

教师导读：第二天我和妈妈去看电影，我们到的有些早，于是我去了漫画书店妈去了音像店，我们约好3点1刻在这会合。

“麦克斯，我都等你10分钟了！”妈妈说，“电影已经开演了！”

“可我挺准时的啊，”我说，“3点1刻，一刻钟是25分，现在就是3：25啊！”

“不对，一小时是60分，一刻钟是15分钟，3点1刻是3：15。”妈妈说。

就这样，我们错过了电影，我感觉糟透了。

师：故事看到这，你有什么想说的？

生：麦克斯应该学习认识时间，不然耽误很多事情。

（2）探究新知，认读时刻

教师导读：那天晚上，我们全家人坐在客厅。“麦克斯，”妈妈说，“我们必须得关注下你不会认表这件事情。”“别紧张，我们会一起来帮你。”爸爸说。

师：我们一起来跟着麦克斯认识时间吧。

长针是分针，短针是时针。每5分钟计一格，一个小时是60分钟，半个小时是30分钟，一刻钟是15分钟。

第一张任务卡：读时间（7：00），读卡找出第一条线索，每天的这个时间你会在哪里呢？

生：他在起床，在床上。

师：果然，下一张任务卡就在床上。

第二张任务卡：读时间（7：05）

生：时针指向7，分针指向1，一格是5分钟，所以现在是7：05。

追问：这个时候麦克斯在干什么？（洗澡）

师：没错，麦克斯在浴室发现了下一张任务卡：读时间（7：15）

生：时针指向7，分钟指向3，3个大格是15分，所以是7：15，在刷牙！

第四张任务卡：读时间（7：30）一起说，在吃早饭。

第五张任务卡：7：45。请学生认读并说出要干吗？（遛狗）

教师导读：“僵尸”我喊道，“7：45我要遛狗！”爸爸妈妈喊道：“祝贺你。”我看僵尸嘴里叼着个信封，里面竟然是去看怪物电影马拉松的票。“太好啦。”我说。

我的数字式手表还是没有找到，但这已经不重要了，现在不管什么样的钟表我能看懂，而且我再也没迟到过！

3. 总结收获，谈感受

看了麦克斯的故事你有什么想说的？

这节课你和麦克斯一起学到了什么？

（二）评析与反思

本节课主要让学生学会认读非整时时刻，感受时间与生活的密切联系，发展利用拨、数、画图等多种策略解决问题的能力。我们借助麦克斯因为不认识表，上学和参加活动迟到这个有趣的情境，让学生们提取信息，认识时刻，把学到的知识真正地运用到实际生活中，体会数学与生活的联系，培养学生提出和解决问题的能力。

通过完成任务卡闯关这种低年级小朋友喜欢的方式，轻松愉悦的氛围中和麦克斯一起认识时间。调动他们参与课堂的积极性，增强游戏体验感。

在这节课结束后，学生不仅在知识上有了更深的认知，还在情感方面有了更加深刻的体验。学生认识到了做事要有计划有安排，重要的是有时间观念。并且有的学生还表示做事情要留出机动时间，这样一旦出现什么问题还有弥补的机会。可以看出学生对时间和生活都有了更深层的认识，这些经验也会为他们今后的学习和工作带来更多的益处。

（三）使用指导建议

这个绘本中的时刻与教材《奥运开幕》的契合度很好，是对教材内容有益的补充。故事情境积极向上、生动有趣，构图和色彩适合低年级孩子，故事情节和人物关系简单，贴近学生的生活实际。能够加深学生对时间概念的理解，促进学生对知识的灵活运用，提升实践能力，发展创新精神。还能够使学生理解时间的真正意义，从而懂得珍惜时间的道理。

设计游戏卡不仅关注了学生对数学概念的理解，还关注了了美术、语文这两个学科的核心概念。从学生对时间概念的理解、构图与色彩、语言表达这三个维度进行评价。

（本课执教老师：王瑜）

《到点了，麦克斯》实践活动

活动内容：

设计并制作时间游戏卡片，在每张卡片上记录1个时刻，并画出相应的事情，如早餐时间、玩耍时间、午餐时间、午睡时间、洗澡时间、睡觉时间等，设计好时间游戏卡后自己制定游戏规则，邀请同学玩一玩。

活动评价：

评价内容	水平1	水平2	水平3
对时间概念的理解	只能在钟表上看时间；游戏卡数量在3张以下	记录不同事件的时刻；游戏卡数量4～6张	用不同的时刻记录同一事情的发展，能够以时间为主线创作跟时间有关的连贯故事；游戏卡数量6张以上
构图与色彩	（1）无色彩 （2）图画粗糙 （3）无文字或词语说明	（1）有色彩 （2）图画简单 （3）无文字或词语说明	（1）色彩丰富 （2）图画精美 （3）有简短文字或词语说明

续表

评价内容	水平1	水平2	水平3
语言表达	游戏规则制定不清晰，有歧义	能够制定出合理的游戏规则，表达不够清晰	制定合理的游戏规则并能够清晰向游戏者解读，参与游戏者能听懂并能够按规则执行

评价方式：

小组内互评。每个指标的等级分值分别为2分、3分、5分，小组内介绍互相评分。分享时形象大方，声音洪亮、语言流利，表现突出的可以增加1分。

活动四：《时间的故事》

教学目标：

（1）借助绘本，使学生们感受到时间的特性（循环的、固定的）。

（2）通过操作、思考、讨论等活动，使学生感受到1秒、1分、1时的长短。初步感知1分=60秒、1时=60分。

（3）让学生们体会到时间与生活的密切联系，培养学生珍惜时间的好习惯。

教学过程：

（一）设计与实施

1. 情境引入，初步感知时间

出示绘本封面《时间的故事》，猜测故事内容。

师：通过封面、你看到了什么？

你知道什么有关时间的知识？

你还想知道有关时间的什么知识？

这节课，我们就一起来探索时间的奥秘。

2. 探究新知，认识时间

（1）认识时间的循环性

（出示绘本）请同学们仔细观察，你发现了什么？

①一天的时间是早晨、中午、晚上，过了早晨、中午、晚上要再过早晨、中午、晚上，每天都是这样重复的。

②一年有四季（春夏秋冬），过了春夏秋冬，要再过春夏秋冬也是不停重复的。

小结：你们观察的真仔细，时间是一去不复返的，只是因为太阳每天升起，而这种自然的反复特性，使我们感到时间是“循环的”。

（2）认识时间的固定性

时间是淘气鬼，任性地一会儿长，一会儿短。

谁来说说你觉得什么时候时间过得很快？

（玩游戏的时候、画画的时候、读书的时候、做自己喜欢的事情的时候）

你觉得什么时候时间过得又很慢呢？

（等人的时候、无聊的时候）

那么时间真的是这样的吗？玩得开心时“唰”地很快过去，无聊时无论怎样都不肯走，一会儿长一会儿短呢？

小结：虽然我们在玩得开心时感觉时间很快就过去了，无聊时觉得时间过得很慢。但实际上时间的长度是固定的，因为我们的主观感受感觉有时长、有时短。

（3）认识时间的控制性

同学们瞧，这些都是什么？（出示绘本）钟表可以告诉我们什么？（时间）

请大家观察钟表，你都观察到了什么？（认识钟面）

12个数、时针、分针、格子。

小结：大家观察的真仔细，也正如大家说的那样人们发明了钟，让时间不能随着性子变长变短。而随后我们也会在数学课上学习这些钟表上的数字、指针、格子的作用和意义，探索更多的时间的故事。

人们为什么发明钟表呢？

小结：钟是头头儿，它完全会控制我们，早晨7点起床，8点去幼儿园，晚上9点进入梦乡，爸爸也拿它没办法，晚到公司一分钟就是迟到，时间是绝对的头头儿。

（4）感受时间的长短

①初步感受1秒的长短。

我们看了这么久的绘本，现在休息一下也放松一下我们的眼睛。现在请同学们闭眼，再慢慢睁开眼睛。

谁来说说刚刚我们睁眼再闭眼用了多少时间？

1秒给你带来什么感觉？在我们生活中1秒钟又能做哪些事情呢？

②初步感受1秒的长短。

现在请同学们闭眼，再慢慢睁开眼睛。重复这样的60次。

刚刚我们睁眼再闭眼60次又用了多少时间？

1分给你带来什么感觉？在我们生活中1分又能做哪些事情呢？

小组活动：通过读、写、算、数等活动，亲身体验1分钟的时间观念。

一分钟读多少字？（统一读一篇课文）

一分钟写多少字？（统一抄写字）

一分钟做多少口算？（预先印好题）

一分钟数多少个数？

③初步感受1时的长短。

1小时又是多长呢？

60个眨眼60次的时间，60个1分钟就是1小时。

④初步感受1天的长短。

谁来说说什么1天？1天又有多长呢？

小结：1天是太阳公公伸个懒腰起床，爬过西山睡个觉，到他再起床的时间。1小时、2小时、3小时……这样过了24个小时就是1天。

⑤初步感受1年的长短。

那么1年又有多长呢？

一天是地球自转一周所花费的时间，而一年是地球围绕太阳转一圈的时间。一年有365天，有的时候也会是366天。

3. 感知时间在生活中的重要性

同学们，我们刚刚一起走进了时间的故事，了解到了很多有关时间的知识。看来时间在我们的日常生活起着至关重要的作用。我们随着时间的流逝，由1岁、2岁、3岁的小孩子渐渐长成了7岁、8岁的大孩子，随后我们还会长到30岁、40岁的成年人再到60岁、70岁的老年人。那么我们可以让时间停止吗？如果停止了，我们就不会衰老，也可以和爸爸妈妈、爷爷奶奶永远在一起，这样多好啊？

正如大家说的那样，我们不能让时间停下来，我们只能在流淌的时间里生存。既然我们不能让时间停下来，那么你们有什么好办法可以让我们固定的时间过的有意义吗？

珍惜时间。

制定时间表，合理安排时间。

多花一些时间做自己感兴趣的事情。

4. 总结与反思

请你说一说这节课你有哪些收获？

（二）评析与反思

《时间的故事》的图画、文字、内容都十分贴近孩子、贴近生活。学生们在学习本节课的内容时热情十分高涨，在探究有关时间的知识同时也培养了他们珍惜时间的好习惯。本节课后，学生们还需选择任意一周，观察记录自己每天的活动时间及事情并用绘图的方式将找到的规律画出。在展示作品的环节，学生们需要站在全班面前将自己制作的作品展示给大家并用简短的话进行介绍，在这个环节中还锻炼了学生们语言表达能力以及在倾听同学发言的过程中培养了他们的倾听能力以及发现“美”的能力。

（三）使用指导建议

在教学中，本节课应该安排在课前进行。学生们在学习完本课后，还会学习《时、分、秒》《作息时间表》《上学时间》等相关知识。学生们阅读前可能已经掌握了一些有关于时间的知识，对时间有了一定初步地认识，所以在教学过程中，我们借助绘本，让学生们去感受到时间的特性。并通过操作、思考、讨论等活动，使学生感受到1秒、1分、1时、1天、1年的长短。学生们在认识时间的过程中，体会到时间与生活的密切联系，培养了珍惜时间的好习惯。这样一来，不仅可以让学生们增加对时间相关知识的认识，另一方面可以增加学生们学习数学的兴趣，激发他们探究更多知识的欲望。

（本课执教老师：王月鑫）

《时间的故事》实践活动

活动内容：

选择任意一周，观察记录自己每天的活动时间及事情并寻找哪些时间是循环的。用绘图的方式将找到的规律画出来并感受时间是一去不复返的。

评价内容：

评价内容	水平1	水平2	水平3
对时间概念中规律的理解	学生在头脑中不清楚规律的意义，不能将时间的规律很好地应用到自己的作品中	学生在头脑中清楚规律的意义，能将时间的规律应用到自己的作品中，但只能想到一种规律并应用在作品中	学生在头脑中非常清楚规律的意义，能将时间的规律很好地应用到自己的作品中，能想到两种及以上的规律并应用在作品中
构图与色彩	无色彩，想法单一	色彩鲜艳，有自己的想法，具有一定的创造力	色彩鲜艳，有自己的想法、设计新颖、具有很强的创造力
语言表达	不能将作品中的规律介绍给同伴	可以简单地将作品中的规律介绍给同伴，不能完整地表述自己的想法	可以流利地将作品中的所有规律介绍给同伴，能够完整表述

评价方式：

教师评、学生互评评价方式：小组内互评。每个指标的等级分值分别为2分、3分、5分，小组内介绍互相评分。分享时形象大方，声音洪亮、语言流利，表现突出的可以增加1分。

中篇 教学设计

校园趣味运动会

冯乐乐

一、教学背景分析

本节课设计了学校开展趣味运动会的故事情景，有趣的文体活动吸引学生认真参与，绘本里有不同任务的闯关：给小运动员们排队，找钥匙，找线索卡，找冠军外套。学生在学习了10以内的数后，对用数字表示个数已经掌握得非常好，但是用数字表示顺序还需要理解与巩固。学生在学习趣味运动会的过程中，不仅学习了序数的数学知识，还体会到了成功的喜悦。

二、教学目标

（1）通过绘本给小运动员们排队，找钥匙，找线索卡，找冠军外套的闯关活动中，使学生感知序数的意义。

（2）体会序数跟事物的数目和数量无关，会用“第几”来描述事物的位置。

（3）让学生在基数和序数的对比中，加深对序数的理解。

（4）学生通过参与闯关活动，培养学生的思维能力，体会数学学习中的乐趣。

三、教学活动设计

（一）故事引入，激发学生学习兴趣

今天我们一起来分享一个在学校里发生的故事，它的名字叫《校园趣味运动会》。今天小运动员小美要给我们讲讲她和她的朋友们一起去参加“校园趣味运动会”的故事。谁来数一数有多少名小运动员？

同学们，你们想不想和这些小运动员一起来挑战一下呀？今天他们谁能赢得校园趣味运动会呢？我们赶快来看看吧。

【设计意图】引出闯关游戏，调动学生的积极性，提高学生的阅读兴趣和学习兴趣。

（二）闯关游戏，辨别序数

趣味运动会的第一个项目是找到助力柜子！

只有找到了助力柜子，才能继续进行下面的游戏，前往参加终极挑战。我们一定会通过重重考验，最后到达终极考验现场的。

你愿意给他们排排队吗？你想怎么排？

学生1：我想按照力气的大小给他们排队。

学生2：可以让力气小的在前面，力气大的排在后面。

你知道这个同学是怎么排的吗？

最矮的是谁？最高的是谁？

（学生上前来指一指）我们的第一个比赛项目就从个子最矮的同学开始。那么他就是第一个，第二，……学生一起数出第一、第二……小美是第九名。

第一个项目是找到助力柜子的钥匙！听说学校的钥匙藏在图书馆的一本书里。

这本书放在图书馆最大的书架上数第7个栏里。那本装着钥匙的书是在哪呢？

你是从哪个方向开始数的？有4名小运动员和你们一样聪明也找对了。只有找到了助力柜子钥匙的4名运动员可以参加第二个项目。没有找到的小运动员们为我们热情的加油。好，准备第二个项目！还是按照大小个。

第二个项目是找到10张线索卡片！据说线索卡片在助力柜子的下数第3个抽屉里。你是怎么找到的呀？

通过了第二个比赛项目，现在我们一起来看看小美和他的朋友们的比赛怎么样吧。（出示4个小运动员打开柜子的图片）

第1个小运动员找到线索卡片了吗？为什么他找不到呢？第2个小运动员呢？第3个小运动员呢？第4个小运动员呢？

教师总结：所以要想成功找到线索卡片，不仅要数准确，还要找对了方向。

小美找到了吗？

通过第二个比赛项目的只有2名小运动员了。第三个比赛项目是找出挂在助力柜子里小组冠军运动员的外套！据说挂在从左数第10个架子上了。只有赢得了这个小组冠军运动员的外套，才可以晋级，参加终极竞赛！准备第三个比赛项目！你找到冠军运动员的外套了吗？

这次只有小美赢得了这个比赛项目。小美小心翼翼地穿上了第10件运动服外套。两天后，我来到了终极赛场，这些从各个学校晋级而来的小运动员都来到了这个赛场，在赛场的入口，还有一名小运动员跟我打招呼："你好，欢迎来到终极赛场……"在这个赛场里，有各种各样有趣的游戏，转魔方、折魔尺、跳绳、定点投篮等等。"要是有更多的朋友来和我们一起玩耍就更有意思了……"我渐渐开始想念一起参加比赛的朋友们了。"对了，线索卡。"我要送给朋友们从助力柜子中取出的线索卡，和他们一起分享我的喜悦。

【设计意图】学生跟着故事情节学习序数与基数的不同。通过按照大小个顺序参加考试，学生给10个小运动员排队，帮助学生熟悉表示顺序的序数。在趣味运动会竞赛中，学生通过找钥匙、找线索卡、找冠军外套的闯关活动，从大小、方向、数量等方面学习序数，难度逐渐增加，使学生对序数有更深的认识。

（三）联系生活，巩固序数的知识

你们这么多小运动员都过关了，老师要给你们加大难度了，你们敢挑战吗？

（1）小明说好跟妈妈一起去看电影，可是准备好外出的妈妈看起来有点奇怪。好像忘了手机和手表，你知道妈妈的手机和手表放在哪了吗？

（2）我们准备出门了，可是打开门一看，风太大了，我和妈妈回到屋里取帽子和围巾。帽子和围巾在哪呢？

【设计意图】在小明和妈妈去看电影的故事情节中，通过找手机和手表、帽子和围巾，帮助学生巩固序数，学生描述物品的位置时，培养了学生的语言表达。并且通过观察衣柜的摆放，让学生感受到整理房间的好处，培养学生的好习惯，为之后学习《分类》做铺垫，感受基数和序数的不同。

（四）我的收获

通过这节课的学习，你有什么收获？

四、冯老师有话说

本节课建议教师在一年级上册第一单元《生活中的数》学生认识了10以内的数之后学习，使用《校园趣味运动会》帮助学生巩固基数和序数。

一年级的学生认识了10以内的数，学生要能够用数表示事物的个数和顺序。但是一年级学生对序数概念的理解有一定困难，关于序数的学习，课本中只在一些练习中出现了相关知识，但是我发现在练习时，学生不能很好地对序数和基数进行区分，练习中非常容易出现错误，学生容易搞混概念，例如：题目中要求圈出第4个，学生往往圈出前4个。《校园趣味运动会》充分利用游戏的动力性、趣味性，帮助学生理解序数的方向性，帮助学生进步理解序数的意义，强化序数在生活中的应用，和实际的情境结合起来，帮助学生感受几个和第几的意义的区别。

本节课利用校园趣味运动会中的故事情节，充分利用游戏的动力性、趣味性，帮助学生理解序数的方向性，感受序数和基数之间的区别。对于认识10以内的序数，大多数学生都对它有着感性的认识。本节课结合学生的这种感性认识，整个活动以游戏贯穿始终，设计了给小运动员排队，找钥匙，找线索卡，找冠军外套四个项目。在有趣的闯关环节中，学生们有很高的积极性，在学生们发现自己和小美一样，都找到了正确答案时，都非常的高兴，学生获得了学习的成就感。学生始终沉浸在过关游戏情境中，充分体验了数学活动的乐趣，同时实现了教学重难点的逐层递进。

小组合作，共同学习。在找线索卡环节中，学生小组合作，在图片中找一找哪个小运动员找到了线索卡，哪个小运动员找错了？并将图片中找错了的小运动员圈出来。小组讨论小运动员错误的原因。学生非常喜欢这个活动，并且能够说清楚每个小运动员的错误原因，感受标准不同的话顺序也不同。感受到了序数和基数的不同，对二者进行了区分。同时也锻炼了学生小组交流的能力，培养了学生学会倾听的好习惯。

在巩固练习中，设计了另一个有趣的情节，小明要和妈妈一起去看电影，这个故事情节贴近学生的生活。出门时，找到妈妈需要穿戴的手表和手机、帽子和围巾。学生既运用本节课的知识解决了问题，又可以通过描述物品的位置培养学生的语言表达能力。观察衣柜，还可以发现小明家里的衣柜摆放特别整齐有序，找起东西来特别方便，学生体会到整理房间的好处，使数学知识和生活联系起来，为后面学习《分类》做铺垫。

小松鼠金坚果

张功云

一、教学背景分析

《小松鼠金坚果》故事梗概：有一群勤劳的小松鼠住在灌木丛中，它们每天都要去采松子，蹦蹦跳跳，无忧无虑，快乐极了。有一天，两只狐狸闯进了松鼠们的生活，偷走了松鼠们采的松子，松鼠们发现松子没了，非常伤心。松鼠们决定，要选一位最厉害的小松鼠，来守护它们的粮食，于是小松鼠金坚果因为数数好，脱颖而出，担负起守护粮食的重任。

通过多样的数数方法，学生可以清楚地了解数量的含义，特别是隔一个一数是乘法的基础，倒着数是减法的基础，这对学生学习数学会有很大的帮助。另外排列的对象无论从左边数还是从右边、上边、下边开始数都是一样的数字。根据情况的不同，数数的方法也是多种多样的。

二、教学目标

（1）在具体的数数过程中，让学生了解多种数数方法。通过多种数数方法，清楚地了解数量的意义。

（2）掌握多种的数数方法，并能在生活中灵活的应用。

（3）在学习的过程中，体会数学与生活的密切联系。

三、教学活动设计

活动一　解读封面，激发阅读兴趣

教师陈述故事情境：一群勤劳的小松鼠，大汗淋漓地背回来一袋袋松子，为过冬做准备，看着满仓的粮食，松鼠们开心极了，吃饱喝足之后，松鼠们满意地睡着了。狐狸贝塔和狐狸舒克正在角落里偷窥着这一切，趁松鼠们睡着后，悄悄地偷走了松鼠们的松子。松鼠们醒来之后发现松子没了，号啕大哭。松鼠们决定，要选一位最厉害的小松鼠，来守护它们的粮食。

【设计意图】通过观察封面，并根据封面猜故事内容，引发学生想要阅读下去的兴趣，调动学生学习的积极性。

活动二 数松子，复习数数方法

于是，松鼠们聚在一起，大声嚷道“我们要选出最厉害的松鼠来当守护者。”小松鼠胖胖眯着眼睛，胸有成竹地等待着，心想这个守护者非我莫属了，因为胖胖可是它们当中最壮的松鼠了。小松鼠金坚果也在一旁等待着，因为它觉得会数数的小松鼠才能成为守护者，会数数才能保证它们的松子不会少。

师：同学们猜一猜，最后守护者是小松鼠胖胖还是小松鼠金坚果呢？学生中可能会出现两种声音，一种是小松鼠胖胖，一种是小松鼠金坚果。要追问理由。

终于守护者选拔大会召开了，“谁会成为我们守护者呢？”一只小松鼠问，周围的松鼠们异口同声地回答：“肯定是最强壮的松鼠才能成为我们粮食的守护者啊！”于是，松鼠们开始比赛，谁搬的松子最多。

小松鼠金坚果搬两袋松子的工夫，小松鼠嘟嘟已经搬了一堆松子，小松鼠肥肥已经搬了一箱子松子，小松鼠胖胖已经搬了一车松子。松鼠们互相在角逐谁搬得更多。小松鼠金坚果数了数松鼠们各搬了多少袋松子。（小组合作）先让学生分组来数一数，每只小松鼠分别搬了多少袋松子，然后交流方法。每个学生的数数方法可能不一样，目的是复习各种数数方法，使学生参与到故事中来。

“数数，那是什么意思？”小松鼠妞妞问到。实际上松鼠们都不会数数。“就是查出来有多少个。”小松鼠金坚果数了一下松鼠们都搬了多少袋松子。

师追问：小松鼠嘟嘟一共搬了20袋松子，小松鼠肥肥也是一共搬了二十袋松子，小松鼠胖胖也是一共搬了贰拾袋松子。那么三只小松鼠搬的松子的数量一样多吗？学生回答：一样。并追问理由。

“全都是搬了二十袋松子，这可怎么才好？”松鼠们不约而同地叹了一口气。这时故事出现了僵局，如何才能选出最厉害的小松鼠呢？显然学生们都特别想知道答案，有迫切想读下去的欲望。

【设计意图】通过松鼠们角逐谁搬的松子多，复习数数方法，在读故事的过程中对教材中的数学知识进行巩固复习。

活动三　根据故事内容，强化各种数数方法

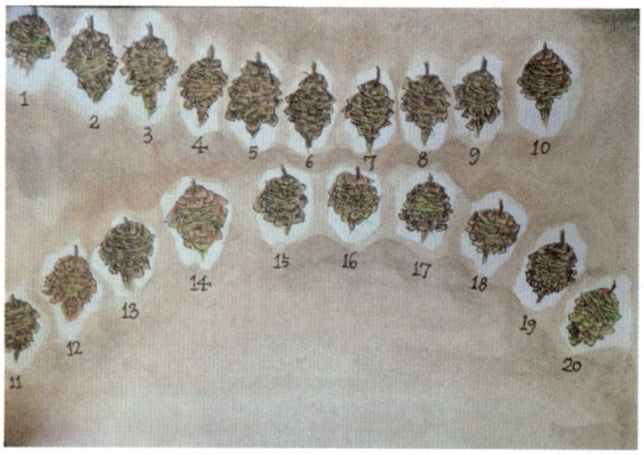

狐狸贝塔和狐狸舒克偷偷地在角落里注视着这一切，趁松鼠们不备把一袋袋的松子都偷走了。松鼠们都慌了，到底丢了多少袋松子啊，它们也不清楚。松鼠们立马赶到了狐狸的家，狐狸贝塔和狐狸舒克高兴地哼着歌，正在把偷回来的松子分一分呢。你一袋，我一袋，你再一袋，我再一袋……狐狸贝塔把等量的松子放到了狐狸舒克的面前。“分成相同的数量，现在我们可以好好地吃一顿了！”

师追问：同学们，听完狐狸贝塔和狐狸舒克分松子的方法，你有什么想说的吗？

有的学生可能会提出质疑：方法可行，但是可能两只狐狸不知道两堆松子具体有多少袋。通过追问，激起学生想要搞清楚到底松鼠们到底丢了多少袋松子的欲望。

这时，小松鼠金坚果跑过来说：“等一下！你们分得真的一样吗？”“查数了吗？”“查数是什么？”狐狸贝塔问小松鼠金坚果，“就是看看有几个，查数可以知道分成的两部分是不是一样的。”狐狸贝塔和狐狸舒克让小松鼠金坚果查一查有多少袋松子。小松鼠金坚果把狐狸贝塔的松子用1、2、3来数，把狐狸舒克的松子用一、二、三来数。学生可以跟随小松鼠金坚果一起数一数。“你是说我的松子是20袋，狐狸贝塔的松子是二十袋吗？”狐狸舒克不知道小松鼠金坚果用不同的词数数，他一下子发火了。

师提问：同学们，谁能用1、2、3这样的方式来帮小松鼠金坚果来数一下狐狸贝塔的松子呢？

再找一位同学用一、二、三数狐狸舒克的松子？

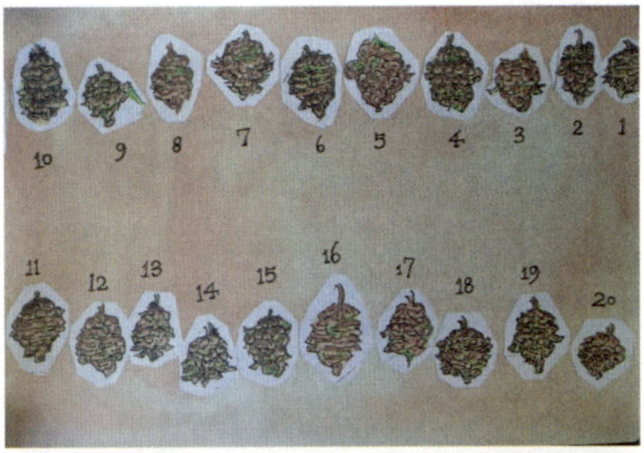

“那么再重新把松子两袋两袋绑在一起快速地数一下吧。”小松鼠金坚果把狐狸贝塔和狐狸舒克的松子两袋两袋绑在一起开始数了。

师：我们一起帮小松鼠金坚果两个两个地数。（2，4，6，8……二，四，六，八……一个是20袋，一个是二十袋）

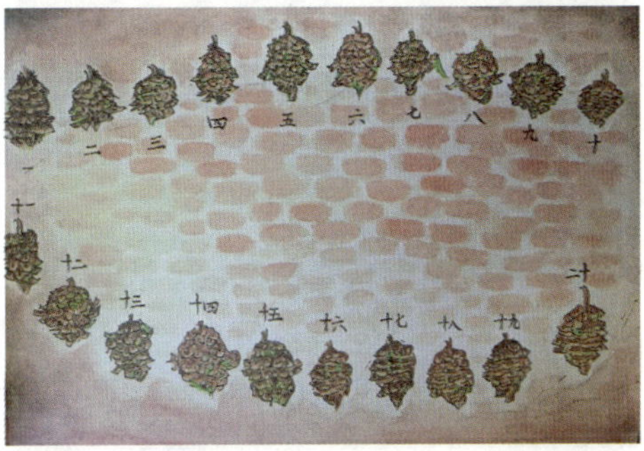

“贝塔，你骗我了吧？”狐狸舒克大发雷霆，跳了起来。“没有，我不知道是怎么回事！”狐狸贝塔也发火了，连耳朵都变红了。小松鼠金坚果这时马上说：“那么这次把松子倒着数一次。”“快点数！”发火的狐狸贝塔和狐狸舒克大声喊道。狐狸贝塔和狐狸舒克越看越生气，最后扭打在了一起。

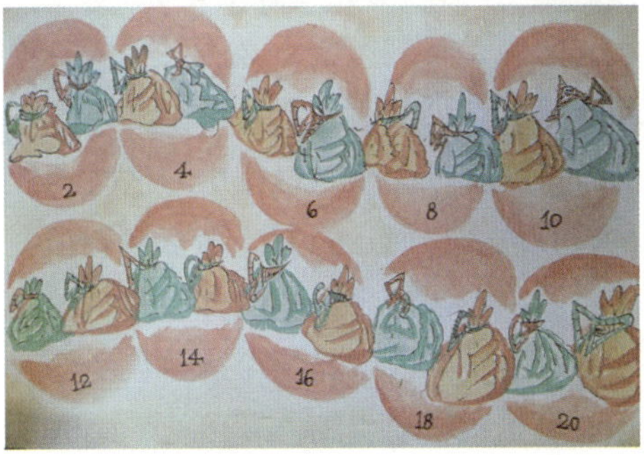

师提问：同学们，倒着数应该怎么数呢，现在你们小组合作，一起来数一数，看看同桌都数的对不对？（请两组同学到讲台上数一数）目的是让学生掌握多种数数方法。

小松鼠金坚果从20开始倒着数。这次狐狸贝塔的松子是从二十开始倒着数，小松鼠金坚果数数的时候，让松鼠们迅速地把松子背回去。倒着数数一结束，小松鼠金坚果也快速地逃离了狐狸的家。学生这时都会笑狐狸贝塔和狐狸舒克不会数数闹出的笑话，强化了学生学习数学的重要性的意识。

松鼠们找回了自己的松子，开心极了。一致推选小松鼠金坚果为松鼠王国的守护者，此时它们觉得会数数的松鼠才是最厉害的松鼠。

【设计意图】小松鼠金坚果运用了多种数数方法，有倒着数，有两个两个数等等，目的是让学生加深对多种数数方法的理解，体会不同的数数方法都能来解决生活当中的实际问题。

活动四　深化知识内容，灵活运用

师：刚才我们帮小松鼠金坚果运用了多种方法来数数，那么我们现在自己来实际操作，数一下吧。先听老师说完要求，拿出你们手里的小棒，摆放在你们的数学书上。然后用你们喜欢的方式数一数你们手里都有多少小棒？待会我请同学们到前边来展示一下。

生1：我是一个一个数的，1，2，3……我有15根小棒。（边数边说）

生2：我是两个两个数的，2，4，6……我有20根小棒。（边数边说）

生3：我是五个五个数的，5，10，15……我有15根小棒。（边数边说）

生4：我根据刚才小松鼠金坚果的方法，倒着一个一个数的，20，19，18……（边数边说）

……

学生可能会有多种数数方法，追问理由，合理即可。

四、教学反思与评析

数数是我们生活中必不可少的一项技能。本节课通过小松鼠金坚果帮松鼠们找回松子的童话故事，激发学生的兴趣，让学生在阅读故事的过程中，巩固多种数数方法。在阅读故事的过程中，适时地让学生动手操作，不仅能够培养小组成员之间的合作能力，而且能够让学生带着强烈的热情，帮助小松鼠金坚果来数数，学生能够在操作中，感受成功的喜悦。

学生在课内已经学习过数数的方法，所以在教学时，对于各种数数方法，基本上能灵活自如地应用。利用教学能够充分调动学生想要学习下去的愿望，同时也充分调动了学生的想象力，加深对知识的理解。学生对于各种数数的方法并不陌生，但是要让学生在数数的过程中掌握关于数学的规律、秩序和方法。帮助学生建立数学知识与生活实际之间的联系，体会数学的意义和价值。通过多样的数数方法，学生可以清楚地了解数量的含义，特别是倒着数是减法的基础，这部分的内容学生运用得不是十分熟练。所以在学习减法知识的过程中，可以运用这样倒着数的方法加深对减法意义的理解。

有多少颗黄豆?

谢林娜

一、教学背景分析

《有多少颗黄豆？》故事梗概：在古代，有一个叫徐一的男孩子，在他10岁的时候，父母就因为生病去世了，他成了孤苦无依的可怜孩子。在邻居们的接济、照看下，他长到了18岁，邻居们都说：徐一长大了，要通过自己勤劳的双手养活自己了。于是，大家帮助徐一在村子附近开垦荒地，种下了一亩黄豆。还手把手地教他怎样能让这些作物长得更好。徐一每天早早起床，尽自己最大的努力育苗、浇水、除草、捉虫，辛勤地劳作，干得特别卖力，他渴望有个好的收成，想通过自己的努力报答邻居们。

可不曾想，有一天早上，他刚到黄豆地，就发现快成熟的黄豆被偷了，徐一很生气，通过想办法，抓到了小偷，可本想教训小偷一顿的，没想到这个孩子比自己还苦，实在饿极了才想到这个办法的，徐一了解了情况后很同情这个孩子，不但没有责怪小偷，还教他数数并送给他一包黄豆种子，还跟他说要一起通过劳动来改变现状。两个人成了好兄弟，一起日出而作、日落而息，无比细心地照看地里的庄稼。到了丰收的季节，他们收获了很多黄豆，就这样，年复一年的辛勤耕种，他们俩都过上了衣食无忧的生活。

本节课的教学对象是一年级的学生，在阅读中，通过帮助鲁宝“数黄豆”的环节，认识“十”这个计数单位，体会当物体比较多时，10个一堆数数的优越性，从一颗一颗地逐个计数到“几个十、几个十”地“按群计数”，发挥“数数”的功能，让学生在数实物的过程中提高观察能力、动手能力和综合思考的能力。

二、教学目标

（1）通过和故事中的主人公一起经历想办法数黄豆的故事，帮助学生感受到数学绘本阅读带来的乐趣，对阅读活动感兴趣。

（2）通过故事的讲读和理解，让学生体会“10个一组”按群数数的好处，进一步感知数的组成，发展学生的数感。

（3）在观察、阅读、交流的过程中，体会主人公勤劳勇敢、善良的品质，让学生懂得遇到困难要乐观面对，并积极努力地想办法战胜困难。

三、教学活动设计

（一）了解故事梗概

同学们，今天我们数学故事的主人公是古代的徐一，一起来看看大屏幕，听老师讲故事。

同学们，通过这段故事，你们说说，徐一身上有什么好的品质？

预设如下。

生1：徐一很苦，但是他很勤劳，特别能干。

生2：邻居们能帮助徐一，真是太好了。

生3：种地特别累，我很佩服小小的徐一。

【设计意图】介绍故事发生的背景，引出故事的主人公——徐一，为后面的故事发展奠定基础，同时也让学生们体会徐一勤劳的好品质，能够在邻居们的帮助下直面困境，通过自己的努力改变命运。

（二）数黄豆，感受10个一组数数的优越性

辛苦种植的豆子被偷了，面对变得一团糟的豆田，如果是你，你会怎么办？

预设如下。

生1：我要是徐一的话，肯定很生气，辛辛苦苦种的黄豆被偷了，我要是抓到小偷的话，一定要让他还回来！

生2：小偷太可恶了，无论如何都不能偷东西，偷东西是不对的。

生3：我想对小偷说：你太不应该了，想吃豆子可以自己去种。

（孩子们说的五花八门，可能涉及用武力等暴力手段的，引导学生“智斗”小偷）

在徐一的“蹲守”的努力下，小偷抓到了，可是面对这样一个可怜的鲁宝，你们的想法还跟刚才一样吗？

预设如下。

生1：鲁宝也挺可怜的，但偷东西还是不对，我们可以原谅他，但他要知错能改。

生2：我们要是能帮助鲁宝就好了。

徐一接下来是怎么说，怎么做的呢？谁来读读徐一说的话？

真是既勤劳又善良的徐一，数数，太容易了吧？咱们都数过东西，数铅笔、数人数、数水果个数等等，你们觉得这个任务有难度吗？

我们来看看实际的情况，鲁宝没上过学，但为了能得到豆子，认认真真地数了起来，可是呢？他还是遇到了困难。

为什么鲁宝老数不好豆子呢？咱们请一名同学到前面来数数试试。

（黄豆圆溜溜的，总是滚来滚去，好不容易数出来的，一碰就乱了，还得重新数，总也数不完。）

预设如下。

生：好不容易数出来的，结果豆子老是滚来滚去，找到了“逃跑”的豆子，刚才数的就忘了，好可惜呀。

那你们觉得，要怎么数好这些黄豆呢？你们也数数准备好的黄豆，看能不能想出好办法帮助鲁宝。

预设如下。

生1：我是五个五个地数的，数完就放回袋子里，黄豆就不乱跑了。

生2：我是10个一堆地数的，我用笔当围栏挡了一下，黄豆也不会乱跑了。

同学们真会想办法！一起来看看鲁宝吧，他数好的黄豆一共是多少啊？

（出示图片：8堆零5颗）

为什么你们一下子就知道了黄豆有多少颗？

生：因为一堆是10颗，有几堆就是几个十，一看就知道。

出示数好的黄豆图片，学生说几个十、几个一。

（三）实践活动：数一数

咱们还有一些其他的东西，也来数一数吧。

温馨提示：

请同学们自己独立数自己带的物品。

数完跟自己的同桌说一说，物品有多少个，是几个十、几个一。

看来，方法很重要啊。这样数简单，不容易忘，最后只需要看有几堆就行了，有几堆就是几个十，真是太方便了！

同学们，除了数起来方便，你们觉得刚才一个一个地数和现在一堆一堆地数有什么不同吗？

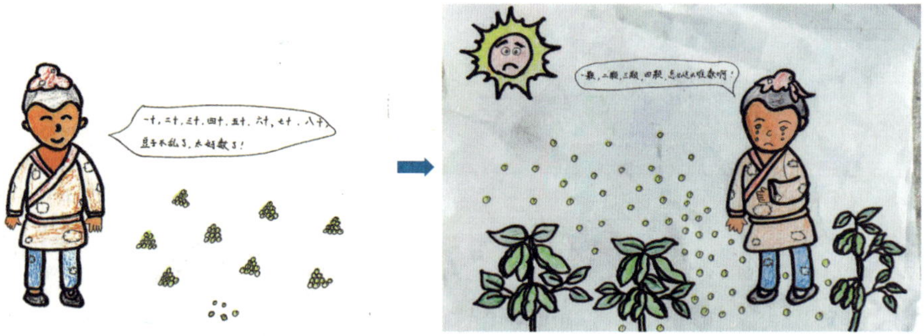

（四）小结收获

小结：同样是数数，两种数法的单位是不同的，一个一个地数，是以“个”为单位的，一堆一堆地数，以“十”为单位，“个”和“十”都是我们数数的单位，将来我们还会学习更大、更多的数数单位。

这节课就要上完了，你有哪些收获呢？

预设如下。

生1：我学会了数数的好方法，原来是两个两个、五个五个地数，现在知道了还可以十个十个地数。

生2：东西有点多的时候，可以一堆一堆地放，10个一堆，最后看总共有几堆还有几个，这样很方便。

【设计意图】学生通过对比，感受数数方法的重要性，这个故事的好处就在于能够通过这个小故事来让学生体会10个一堆数数的优越性，鲁宝从束手无策到胸有成竹，全在于自己坚持不懈地努力思考、尝试，最终掌握了技巧，完成了任务。

（四）尾声

继续听故事，同学们，故事听完了，对你有什么启发呢？

预设如下。

生1：通过听故事，我不但学会了数数，还知道了要帮助别人。

生2：徐一和鲁宝一起劳动养活自己，很了不起，我也要好好学习、多干活。

【设计意图】在讲故事教学的过程中，适时地对学生进行进品德方面地教育也是很重要的，徐一很勤劳，所以种的豆子很好，他还很善良，看到鲁宝很可怜，想要帮助他，一起通过辛勤的劳动改变现状。这些好品质也要通过交流让学生感受到。

四、谢老师有话说

数数，大多数孩子在学前就已经掌握了，但数数的过程还是以一个一个地数居多，不管哪种数法，都可以得到事物的总量，每一种数数的方法学生都要掌握并且熟练。但“10个一组”按群计数的方法还要和其他方法进行一下区分和比较，这个故事通过数黄豆的过程让学生体会10个一堆数数的优越性。学生也可以拿来一些黄豆数一数，一个一个数、两个两个数、三个三个数、五个五个数等，在各种不同的数法体验的过程中，要让学生充分交流感受，切实体会以“十”作为一个单位数数和以“二”“三”“四”“五”等为一组数数的区别，不管用哪种方法数，同样都可以得到黄豆的数量，但当物体比较多的时候，“十个为一组”放成一堆，有几组就是几个十，比较方便观察，不容易数乱，凸显“十个一组”数数的好处。还可以出示一些以10个为一个单位售卖的商品，来让学生观察体会。

除此之外，故事教学对学生进行情感方面的教育也是非常成功的，这个故事有很多的教育点，徐一勤劳勇敢，自己辛苦劳作种黄豆养活自己，当他看到鲁宝也很可怜，不仅没有责怪他，还想方设法去帮助他，凸显了善良的好品质。鲁宝偷东西不对，当面对问题的时候没有退缩、放弃，积极想办法，最终战胜了困难，掌握了数数的方法，这一点也是值得敬佩的。教师要还要引导学生体会到，当生活和学习中遇到困难的时候，不要伤心、气馁，要积极地寻找解决问题的办法。

保罗大叔分比萨

崔晓航

一、教学背景

本课使用的绘本选自《从小爱数学》系列丛书，由李京美主编，湖南少年儿童出版社出版。

故事发生在保罗大叔的比萨店里。比萨是源自意大利的面点美食，它不仅美味可口，还配有其他小食点缀受到小朋友的青睐。而主人公保罗大叔是一位技术娴熟大厨，他做的比萨口味独特，美味诱人，让大家惊叹不已。绘本汇集了5个情境：双胞胎兄弟怀疑比萨分得不公平，因将比萨分得不公平引发四个孩子的不满意识到平均分的重要性，大叔平均分比萨售卖引发的点菜风波引出分数，小孩子点两个四分之一比萨认识分母为4的分数，生日派对认识等值分数。在解决每个情境问题的过程中层层推进，自然引出并揭示分数产生的缘由、各部分的名称、表示的意义，助学生在脑海中初步建立起“平均分”和“分数”的联系，逐步引导学生深入理解“分数”的概念。

二、设计与实施

（一）教学目标

（1）运用绘本情境，让学生经历从日常生活中抽象出分数的过程，通过实物操作理解分数的意义。

（2）能够正确读写出分数，知道各部分的名称。

（二）活动与实施过程

1．分比萨，冲突中回顾“平均分”

读故事引入：我们今天的数学课从这个绘本开始——《保罗大叔分比萨》，先学生独立阅读，教师提问：

问题1：大叔的店里发生了什么事儿？

学生复述故事。

问题2：要想让兄弟两人都满意，这1个比萨该怎么分呢？

预设1：从中间切开……

追问：为什么从中间切？

预设2：平均分。

追问：平均分什么意思？

生：每人分得一样多。

追问：平均分几份呢？

生：2份

学生活动：老师这儿有一个圆片，把它当作比萨怎么平均分成2份呢？

问题3：为什么对折？（重合）借助重合的方法，你把比萨平均分成了2份。

总结：大叔听从你们的建议，他是这样做的，自己轻声读一读。

2. 表示“一半”，突出分数产生的必要性

师：这件事发生后让彼得大叔眼前一亮，决定重新制定菜单，新菜单上如何表示半个比萨呢？如果你是保罗大叔你想怎么表示呢，请你在白纸上写一写、画一画。

学生活动

评价：大家的方法真多，各式各样。

问题1：用画图表示的有这样几种。

（1） 这个能看懂吗？画出半个，可以表示半个，把它贴在黑板上。

（2）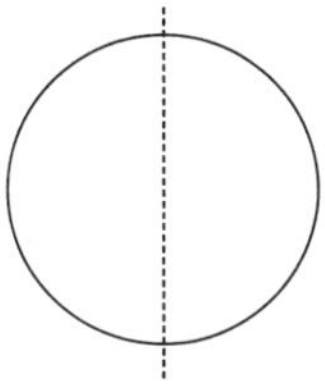 这个呢？它的一半在哪？中间这条线有什么作用？左边是它的一半，那右边呢？

中间的线让我们一看就知道把比萨平均分成了2份。

（3）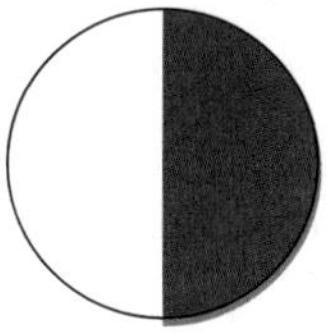 这个图与第二幅图有什么不同？阴影的作用是什么？清楚地表示一半。

（4）0.5：除了用图表示，还有用数字的，0.5也能表示一半吗？谁来解释一下。

（5）1/2：这样也能表示一半吗？它是怎么表示的？谁能结合上面的图来解释

一下。

评价：谁听明白了，再来说一说。

总结：2表示把一个比萨平均分成了2份，1表示其中的一份。

学生活动：同桌两个人指着黑板上的图互相说一说2和1是什么含义。

3. 说一说，认识分数的组成和书写

总结：这样也能表示一半，它就是我们今天要认识的新朋友——分数，谁会读这个分数？读作二分之一，关于分数你有哪些了解？

【板书：1/2和分数】

要想写一个分数，先要用尺子在中间画一条线，它叫分数线，分数线下面的数字叫分母，表示把比萨平均分成2份，分数线上面的数字叫分子，表示平均分2份中的1份，你们猜猜分数线表示什么意思？

母亲在下，孩子在上，就像妈妈托着它的孩子，这样一个分数就写成了，我们一起书空写一个分数。

总结：这个圆形中阴影的部分就是这个圆的1/2，那空白部分呢？（也是这个圆的1/2，让学生把话说完整）

4. 涂一涂，理解1/2的意义

师：保罗大叔的店里还有一只可爱的小老鼠，他建议大叔不仅有圆形比萨，还有正方形、菱形等，最好能推出1/2系列比萨！大叔和店员们共同努力，加班加点完善设计菜单，我们也一起加入吧！

学生活动：涂出这些比萨的1/2。

问题1：关于正方形比萨的1/2，有这么多涂法，他们涂得对吗？他们涂得形状、位置都不同，为什么都对呢？

预设回答：

（1）借助数格子，帮助平均分。如果不说数格子追问：你是怎么做到平均分的？

（2）对折重合。

（3）轴对称图形。

总结：大家说了这么多的理由，都是想把正方形比萨平均分成2份，其中的1份就是这个比萨的1/2。

问题2：如此，接下来结合你们的涂色方案，检查一下他们涂得对不对。

不对，为什么？帮他修改。

总结：看来，平均分对分数很重要，分数需要平均分，所以判断它能不能用分数表示先要确定是不是平均分。

问题3：这么多的1/2比萨，涂色部分的形状、大小不同，为什么涂色部分都是这个图形的1/2呢？

活动：同桌两人、前后桌互相说说。

总结：不管怎么分，只要平均分成2份，每一份都是它的1/2。

问题4：在帮助大叔的过程中，你对1/2有什么新的认识？

评价：概括能力真强，谁能再解释解释。

5. 折一折，深化对分数意义的理解

师：1/2系列比萨的推出，前来光顾的客人越来越多，大叔有了新想法，为使菜单更加丰富，大叔决定向你们征集更多的“分数比萨”。先来认真阅读征集令的内容。

想：创作几分之几比萨

做：折一折，分一分，涂一涂

　　清楚地表达你的想法

说：创作过程和方法

　　分数表示的意义

问题：读完征集令，你有什么要提醒大家的吗？

学生预设：平均分追评，你的提示可真重要，要把比萨平均分才能用分数表示，所以你们要努力做到平均分。

问题：如何能清楚地表示出平均分了几份？

学生预设：把折痕画出来。

问题：大家的交流很热烈，现在请几名同学拿着你的作品和大家分享一下：一你创作的是几分之几比萨，二你具体是怎么做的？

评价：你说得具体完整，像个小老师，相信大叔也明白你的想法，谁还能像他一样介绍一下你的分数比萨。

问题：3/4里面有几个1/4，你是怎么看出来的？

6. 总结提升，激发应用分数的情感

总结：借助分数，保罗比萨的种类又增多了，充分满足了不同顾客的需求，美味的分数比萨飞往城镇各个角落，大叔不禁感叹：分数你可真有用！

问题：大叔为什么这么说？

对于今天的故事，你有哪些想法？对分数有哪些新的认识。

故事天天有，数学处处在，保罗比萨店还发生了哪些和数学有关的精彩故事，感兴趣的同学课下可以继续阅读《保罗大叔分比萨》。

三、教学反思与评析

在对三年级学生前测中发现，很多学生表示没有在生活中见过分数，很少一部分学生在五线谱中见过分数表示拍节。出现这样的现象也不难理解：现实生活中应用小数和百分数描述数量关系更多一些，他们在很多情况下扮演了分数的“角色”，所以不好在现实生活的“衣、食、住、行”中抽象提取出典型的应用分数的情境。而本册绘本从“食”切入设计故事情节，不仅贴近学生的生活，而且美食还可以激发学生的兴趣，也可以很自然地融入吃比萨常常会遇到的问题：分比萨，如何表示比萨分完的结果就成了这个绘本故事的开端，这样就在无形中拉近了学生与数学学习的距离。

数的概念起源于人类的日常活动，从古时的“结绳计数”开始，逐步演变为抽象的数概念。数概念实际上就是人们关于抽象的、独立于具体事物而存在的数的概念。因此，教学中通过让学生动手、动脑、动口多种感官参加学习，因此教学中设计了说一说、涂一涂、折一折等活动让学生深入理解分数概念。

四、教学指导建议

首先，数概念是生活中具体实物的几何抽象物。三年级学生还处于具体形象思维向抽象思维过渡阶段，我们需要从小学生数学学习与发展的实际情况出发，对于数概念的理解需要借助直观的物体。通过精心设计充分、到位的感知活动，精致、自然的抽象过程，积极主动的探究体验，让学生自然地实现由生活经验向数学概念的顺利过渡。所以本课教学的主要任务是帮助学生在情境中，通过问题串，借助直观物体建立分数的概念，利用分数解决问题的过程中深入理解分数的意义，为后续分数再认识做好准备。

“读”是感的基础，“感”是由“读”而生。如果条件允许的情况下，建议让学生每人一本阅读。这样，不仅有老师带着阅读，更有学生独立阅读，更能提升学生的阅读能力。绘本后面的内容涉及分数的再认识，建议学生根据兴趣课下阅读，或者在家长的陪伴下阅读。绘本在最后设计了“我想知道更多”板块，可以结合此模块查找相关资料作为拓展性的学习材料。

共筑城池

刘秋香

一、教学背景分析

《共筑城池》故事梗概：在很久以前有多个原始部落，部落之间总是爆发战争。其中有个很强大的部落叫“桑尼乐”部落，他们的首领“王”要建筑一座坚固的城池来做防守，以免外敌入侵。命令每个部落都要进献20块大而结实的砖瓦，有一天，王召集了所有部落的酋长。酋长们收集的砖瓦数却都不一样。引起了争吵，王看着他们哭笑不得。后来“桑尼乐”部落解决了这个难题。

二、教学目标

（1）通过故事内容和图画清楚感知数字的重要性和必要性。了解古代人计数的方法是什么。

（2）了解最初在计算简单的加减法和数数时用手指计数既简便又快捷。

（3）在学习的过程中感受阅读的乐趣，培养学生积极面对并解决困难的优秀品质。

三、教学活动设计

（一）了解部落最初是怎样用身体各部分来计算简单的数字的

在很久以前有多个原始部落，部落之间总是爆发战争。其中有个很强大的部落叫“桑尼乐”部落，他们的首领“王”要建筑一座坚固的城池来做防守，以免外敌入侵。有一天，王召集了所有部落的酋长，命令每个部落明天都要进献大而结实的砖瓦，边说：“每个部落都要给我交来这

么多的砖瓦，”边伸出了双手和双脚。

同学们，请你们仔细看图片，你看到了什么？你能看懂王表示的数字是多少吗？

（学生们说图片传递的信息，高兴的猜着“王”用身体所表示的数字。）

散会后，大家听完“王”说的要求，都是一头雾水，没有太明白到底需要准备几块砖来献给“王”。各个部落的酋长都去准备了。其中有一位酋长回到了自己的部落对队长们说：“我们有新的任务了，昨天我去开会，为了防御外敌侵略‘王’需要建造坚固的城池，但是需要很多砖瓦，‘王’需要每一个部落贡献出这么多的砖瓦。”说着也像王一样伸出了自己的双手双脚。

请你认真观察右边的图片，你认为这些队长们看明白酋长用身体表示的数字了吗？他表示的到底是几块砖的数量呢？

（学生们纷纷举手说：“队长们根本没有看懂是几块砖，因为酋长自己也不知道‘王’所表示的数字，他只是重复了一下‘王’表示数字的动作”。）

到了交砖的时间了，酋长们纷纷搬运来各种数量的砖。“王”来到大殿外，惊讶地看着大家运来的不同数量的砖瓦。摸摸自己的头想着：酋长们收集的砖瓦数为什么都不一样呢？

有的部落拿来了5块；有的拿来了10块；还有的部落拿来了20块砖瓦等等。

此时，酋长们开始争吵，“你们部落

的砖瓦数量不对，王说的应该是5块”，“你们部落运来的砖瓦的数量也不对，应该是10块”，“你们说的都不对，应该是20块”……“王”看着搬来的砖瓦，听着酋长们的争论，真是哭笑不得啊！

同学们读到这，你们知道是怎么回事吗？他们为何会争吵呢？我们应该怎样帮助他们呢？你有什么好办法吗？

（学生说：“每个部落的酋长对动作的理解不同，所以拿来的砖数量就不同。他们需要统一砖瓦的数量。方便部落之间的交流。”）

原来啊，这些部落都有自己的数数的方法，例如：强大的“桑尼乐”部落每年都要“艾拉”部落进献20只羊，但是“艾拉”部落的人听不懂。他们用“艾拉”表示“1”，“艾拉”“艾拉”表示“2”……

师：你们知道3怎么说呢？4呢？请你动脑筋想一想？

（“艾拉”“艾拉”“艾拉”表示“3”，“艾拉”“艾拉”“艾拉”“艾拉”来表示“4”）

大家想想，“艾拉”部落的人数大数的时候该有多吵啊！”“艾拉”“艾拉”“艾拉”“艾拉”……

因此，聪明的“桑尼乐”部落人决定要想出个好的办法，来解决这个问题。

师：同学们，你们能猜出是什么好办法吗？让学生小组交流，然后自由发言，说出自己的想法。

办法就是用身体部位来表示数字！我们也来看看吧！

全体学生伸出大拇指表示“1”，食指表示“2”，中指表示“3”……，用这个办法，“艾拉”部落的人可以数到20啦。

以后再进献牲畜时，数量就不会错了。

你们觉得这个方法怎么样？还会造成误会吗？

（二）解决问题，体会用身体部位计数的重要性

“王”到底是怎样解决砖瓦的数量问题呢？

“桑尼乐”部落的长老把这个方法告诉了“王”，“王”立刻把这个数数的方法告诉了其他部落的酋长，就这样方法在所有的部落里传开来。再重新进献砖瓦时，数

量都是相同的，都是20块。“王”很快就用这些砖瓦，筑起来一座坚固的城池。

再也没有敌人能够进城入侵了，所有部落的人们都过着安居乐业的生活。同学们，“桑尼乐”部落的这个方法是不是很有用?

随着时间的推移，这些部落越来越需要数字，人们想出了更多表示数字的方法，就连肚子、后背和腿这些部位都用上了!

【设计意图】学生通过对比，感受数数方法的重要性，这个故事的好处就在于引出矛盾，抛出问题，激起学生探索的欲望，让学生思考后积极想办法来解决问题，并明白统一数量的必要性。

(三)拓展活动，回归生活

怎么样，你们觉得这个故事有趣吗?现在大家也试着用自己的身体部位来表示数字吧?我来说数字，同学们指出用哪个部位表示这个数好吗?

你们在读这个故事之前都喜欢怎样数数呢?你认为怎样数比较简便?

【设计意图】学生通过探索、研究、尝试用身体来表示数字，统一数量后给生活带来方便，感受到数字在生活中的重要，生活处处皆数学。

(四)总结与收获

故事读到这里，你能说说从这个故事里，你有什么收获吗?

四、刘老师有话说

通过本节课的学习，使学生切身体验到可以用多种方法表示数字，还复习了数学课上学过的方法数数。让学生了解到一旦记住规则，使用起来就非常方便。

用手指来数数不仅是小朋友的专利，很多大人也会经常用到。计算简单的加减法时，用手指计数既简便又快捷。同时是学生体会到手指还可以用于复杂的计算。

(1)本节课用于数学课一年级上册数与代数领域—第一单元—数的认识一课。在使用本课教学设计时，可以让学生先说说可以用身体的哪些部位来表示数字，都可以表示几?你是怎样想的?为何要这样表示?还可以怎样表示?可以用什么来表示数字?建议教师在讲第一课前使用。目的在于让学生在课前先了解一下，数数的方法。充分调动学生的积极性，教师也能了解学情。这个故事发生在很久很久以前，人们用身体、工具表示数、数数。这是人们还没有发明数字的时候用的方法。通过我们的身体与数字发明的关系，使学生认识到我们的身体所具备的数学价值，更加亲近数学。

(2)如果安排在课中使用应该注意：需要截取与数学课内容相关的片段，引发学生探究，或者开展数数的小组活动。让学生联系生活实际，再次经历从实际数量中抽象出数的过程。

（3）如果安排在课后使用应该注意：这个故事的作用就是拓展学生的视野，让学生了解到除了用实物和图形，还可以可以用身体来表示数字。又一次体会到实物与数的一一对应。

（4）特别需要关注的地方是：绘本故事中涉及了10以上的数字，不要求所有学生都认识这些数字。重点认识6到10各数。

教师要还要引导学生体会到，当生活和学习中遇到困难的时候，不要伤心、气馁，要积极地寻找解决问题的办法。

忙碌的星星工厂

温　蕾

一、教学背景分析

本课使用的数学绘本出自《从小爱数学》奇妙的代数2系列，作者：（韩）郑延京，湖南少年儿童出版社出版。

数位是学生是了解数的组成的基础，也是为读数和写数的学习奠定基础。对于二年级学生而言，虽然已经有了认识100以内数的组成的基础，但是随着数位增加，学生对读数和写数仍会会随着原有基础去理解，没有感知到大数读法和写法有什么不同。这本绘本故事讲述的是星星工厂里故事，星星工厂太忙碌了，星婆婆请来外援帮忙，由于订单太多为了方便记录，两位外援想出了方便快捷方法来记录，这来这样记录方法里蕴含着数位的知识。其中故事中将学生常出现的问题“末尾零的数、写”和“中间零的读写”用生动故事情节讲述，让学生深刻体会到生活中读数写数重要性，加深学生对大数数组成的认识。

二、教学目标

（1）通过绘本故事学习，借助数星星的直观模型，整理星星的过程，理解数位的意义。

（2）通过已学过读、写数经验的基础上，探究学习三位数的读法和写法，感受数位学习的重要性。

（3）感受绘本故事学习的乐趣，加强学生观察能力以及数学表达能力。

三、教学活动设计

1. 赏析封面，预测情节

今天老师给大家讲述一个有趣的绘本故事，题目叫《星星工厂有点忙》。请你先仔细看看这个封面，你有什么想提问的吗？我们带着这些问题赶紧一起去星星工厂里面看一看。教师讲读：这里是星星工厂，专门制造闪闪发光的星星。（出示PPT星星工厂图）星星工厂的董事长星婆婆今天非常高兴，因为齐齐和云朵姐妹来到工厂帮忙。咦，星婆婆遇到什么困难了，你想不想也去帮帮她？

【设计意图】通过让学生观察封面，提出问题，发现问题，调动学生的积极性，提高学生的阅读兴趣，培养学生的观察能力和分析能力。

2. 集体阅读，巩固复习数位的意义以及读数和写数

星婆婆对他们说：“请帮我数一数这里所有的星星，然后把它们整理一下。”（教师带着亲切求助的语气，PPT指着所有星星讲述）。云朵姐妹有些为难：“怎么办？我们只能数到9，这么多的星星该怎么整理呢？（教师阅读时用疑问语气）教师问：同学们，这么多星星，你能帮云朵姐妹想想办法吗？（学生回答）教师继续讲读：星婆婆说：“就像这样，把比9个再多1个星星，也就是和两只手指数一样多的星星，（出示PPT两只小手）装到一个袋子里就可以。”

教师问：请你像星婆婆一样，把你的小手伸出来，比划一下。请你们互相数一数有多少颗星星？教师继续朗读，齐齐装完9个星星后，又装了1星星，凑成1袋。云朵姐妹也装完9个星星后，又装1个星星，凑成1袋。渐渐地，到处分散的星星被装完了。（让学生看PPT已经分完了图片）

“丁零零，丁零零”这里是星星工厂吗？请给嘻嘻哈哈王国送2袋5个星星，请给歪歪扭扭王国送1袋7个星星。”忙着记录订单的星婆婆累得满头大汗。齐齐想有没有更快捷的记录方法呢？教师问：请同学们想一想？（学生回答）（PPT）把字去掉，按顺序写，2写在（十位）（贴），表示袋子数（贴袋子图），5写在（个位）（贴），表示零散的星星数（贴星星图）。多亏了齐齐的好办法，星婆婆记录订单快多了。谁来用这样方法，帮忙记录一下歪歪扭扭王国的订单呢？（学生作答后，教师PPT出示正确结果）教师讲读：星婆婆又问："一袋怎么记录？"齐齐想了想，说道："因为1袋是1袋0个的意思，所以把'袋'和'个'去掉"按顺序记录1和0。也就是"10"。用1~10个手指就可以了。1袋里有10个星星。多亏了齐齐，星婆婆很轻松地记录订单，齐齐把所有预定订单整理好了，装进投递箱里。然后召唤了一只大鸟，大鸟载着齐齐迅速地飞向宇宙。

【设计意图】通过绘本故事，巩固复习已学数位的意义、读写数，为大数的学习奠定基础。

3. 集体阅读，探究学习三位数的组成以及读写

教师讲读：就这样星星工厂变得越来越忙了，因为几天后要举行星座大会。订单越来越多："请送来2箱3袋6个星星""请快点送来3箱5袋7个星星"云朵姐妹问星婆婆一箱是多少呢？教师问：同学们，你们说1箱是多少呢？1箱到底有几颗星星？（拿箱子图）（写成100，板书）你怎么知道的？（学生作答，教师总结，板书贴图（因为1箱里面有10个十）所以，1写在（百位）上（贴），表示箱子的数量是1（贴箱子图）。教师将箱子数写在百位上，提问现在谁来说一说这两个订单分别是多少个星星？学生作答，预设：2箱表示2个百是200，3袋表示3个十是30，6个表示6个一是6，这个订单读作二百三十六。3箱表示3个百是300，5袋表示5个十是50，7个表示7个一，这个订单读作三百五十七。

教师讲读绘本：咯吱，咯吱咯吱！这时，机器突然不听使唤了。大家一边手忙脚乱地修机器，一边又接了很多订单。星婆婆急急忙忙记下了一张订单，把它递给了齐齐。订单上写着：酸酸甜甜王国，31。齐齐把3袋1个星星送到了酸酸甜甜王国。"这是什么？"（朗读语气很生气）酸酸甜甜王国的客人非常生气。"我预定了3箱1个星星。这个不是3袋1个星星吗？""啊，对不起！因为太忙把订单写错了……"齐齐再三向客人赔礼道歉。齐齐回到星星工厂说道："星婆婆，您把订单写错了。""不会吧？因为3箱1个，所以按顺序记录了3和1。怎么会写错了呢？"

同学们，故事听到这里，你认为是星婆婆写错了吗？你是怎么想的？学生作答。教师总结：原来1不是1袋，是1个，应该1写在个位上。3箱表示3个百，0表示0个袋，1表示3个一。（教师总结贴图：3箱1颗星星应该记成301（百位上写3，十位上写0，个位上写1。3和1中间要添个0。这个0为什么不能省略？0起到“占位”的作用。读作：三百零一，全班跟读，互相说一说0的占位作用）。

教师继续朗读：果真“你忘记记录0袋”星婆婆惊讶地说：“0袋”“3箱1个是3箱0袋1个的意思。因此，您应该把它写成301。如果写成31的话，就变成3袋1个的意思。箱、袋和零碎的星星一定按顺序一一地记录下来。”星婆婆这才知道自己错在哪。“真是不好意思啊，只能麻烦你再跑一趟了。”齐齐重新把3箱1个星星送到了酸酸甜甜王国。

教师讲读：今天就要举行星座大会了，到处都是亮晶晶的星星。你瞧，这边是快快乐乐王国预定的星星。星婆婆不懂了：“2箱9袋星星，怎么写数呢？”请你教教星婆婆，迅速在纸上写一写。（学生到黑板写，对答案）教师提问：个位上的0表示什么？能省略不写吗？这个数字怎么读呢？学生作答，教师板书，写作：290 读作：二百九十末尾这个零不读。想想刚才酸酸甜甜王国的订单301颗星星，0什么时候该读写，什么时候不该呢？（小组讨论、交流）教师小结：中间0要读写，直接读零写，末尾0都不读但是必须要写。你可以再举出相应例子教一教大家怎么读和写数吗？

【设计意图】通过绘本故事学习，学生自主探究学习三位数的数的组成，读法和写法，认识在三位数中0的读法和写法以及0占位意义。

4. 总结和感受

继续朗读：夜晚来临，星座大会终于开始了，漫天繁星点亮了星空。有的星座像只猫，有点像天鹅，星婆婆和她朋友们心满意地看着闪闪发光的星座，因为那些星星都来自忙碌的星星工厂。星婆婆也高兴地笑了，她心里特别感谢一直在帮助她的在座的同学们。

【设计意图】通过绘本故事星婆婆的致谢，让学生们体会到用已经学过的数学知识自主探究学习过程的乐趣，使学生感受到学习数学知识乐趣。

5. 用已经学过的知识探索新问题，提高学生学习的迁移能力

工厂发明了简便的记录方法，在星空中可出名了，其他工厂纷纷向他们请教，你能用今天学习的知识帮帮他们吗？那赶紧去看看。

（1）可可蛋糕店开张了，1箱是100块蛋糕，1盒是10块蛋糕，1块就是1块蛋糕，请四个人一组两个人记录订单，两个人发送订单，赶紧去试一试。

（2）你还可以设计一家店，用今天学习的方法填写记录单吗？四个人一组试一试。

【设计意图】学生已经学习过的数位知识，自己设计实际情境，加深的数的组成的理解，提高了数学知识与实际生活的密切联系。

6. 教师总结

你们今天开的店账单多不多呀？谁来说一说你都接受了多少量的订单？说一说你今天收获？

【设计意图】学生畅谈学习感受，总结学习收获，体会学习数学的乐趣。

四、教学反思

在教学《星星工厂有点忙》这本绘本时，我以学生学习为主体，让学生在故事情境的下，充分的表达自己的想法，引导学生用已经学过的知识，发现问题、提出问题，自主探究学习三位数的读数和写数，渗透数学学科的核心素养。

在教学设计过程中，我根据故事情境以及情节，设计环节让学生参与到故事活动中，学生在解决问题过程，激发学生的学习兴趣，自信心。在本节课的开始，我先让学生认真观察绘本的封面，根据封面的信息，发现问题，提出问题，这是绘本学习中第一个重要的环节，这样可以吸引学生注意力，提高学生的兴趣，这个过程中提高学生的观察能力，想象能力和分析能力。在讲述故事中，边讲读故事，边引发学生的思考，尤其在故事情境中由于故事情节变化，故事内容也会跌宕起伏，让学生感知数学知识应用。例如：由于数位错误，导致订单错误，影响到客户收货这个情节加深学生对中间零的读法和写法，以及零这个数字的占位作用。

故事结束后，我还设计两个小组活动，帮助学生建立数学知识与生活实际的联系，体会学习数位的意义与价值。第一个活动给出学生一个新单位记录方法，让学生通过小组活动自己创编订单数据，巩固练习数的读法和写法。第二个活动让学生通过小组合作自己设计开店以及设计订单记录方法，模拟预定订单，这些活动帮助学生加深对数位知识的理解，也是为教材数学知识学习奠定基础，加强数学知识在

实际生活中的运用。让学生亲自设计增加了学习数学的趣味性，培养的数感，也培养学生直观想象能力，还有小组和合作能力，创新能力。

五、教学指导建议

（1）《忙碌的星星工厂》是一个有关数位的数学绘本，讲的是三位数数的组成、三位数的读法和写法。建议大家可以放在二年级下册使用，既可以在学习三位数数的组成和读写过程之前，让学生初步感知可以用已经学习过数位知识学习三位数数位知识，但是三位数读写由于数位增加了还是存在不同方面，这样有助于学生带着思考去学习课本中的数学知识。那么，这本绘本也可以用于学习已经学习课本三位数数位知识后，已经理解三位数的数位知识、读法和写法后，这本绘本学习也是对课本教学知识的巩固与延伸。

（2）二年级学生学习兴趣尤其对解决问题兴趣很高，随着故事情节跌宕起伏，故事内容的丰富，提高学生阅读兴趣。本节课巧妙地用于订单错误这个情节，让学生引起关注对于0的占位更加直观，学生更容易理解，印象深刻。在教学中，为了让学生加深印象，让学生通过自己设计活动，去理解数位意义，在活动中让学生充分感知数学知识与实际生活的联系。

（3）这本绘本强调是帮助学生理解三位数数的组成、数位的意义以及读法写法。我们在教学时候，我们要根据故事情况引导学生阅读与思考，在遇到困难的时候，参与讨论形式激发学生的思考，让学生去大胆尝试去解决问题，然后教师给予评价，这样让学生加深对数位的认识，为后续继续学习万以内、亿以内的数学知识打下坚实的基础。

都到我这里来

乔春燕

一、教学背景分析

本节课使用的数学绘本选自《数与计算》绘本丛书，作者是韩国作家罗恩熙，由全国百佳图书出版单位长春出版社出版。

《都到我这里来》这本书通过讲述猫头鹰爷爷爱护动物宝宝们就像爱护自己孩子一样的故事内容，给大家介绍了10以内的加减法意义及算法。加减法的意义学生在生活中并不陌生，几乎每个学生都经历过。本节课通过讲绘本故事，只是让加减法的含义从生活情境中提炼出来，更加明确；还让学生能利用已有的数数经验得到答案，体会数学的温故知新、循序渐进的学习方法。在阅读绘本的过程中，还可以让学生体会到，数学知识来源于生活，也是解决生活问题的有效方法之一。更让学生体会到人与人之间的相互关心与关爱，感受到被爱包裹的同时，也要学会去爱，用正确的方式表达自己的爱，我们的社会才会更加和谐的道理。

二、教学目标

（1）感受绘本阅读给学生带来的乐趣，让学生对数学绘本阅读活动感兴趣。

（2）结合绘本，体会10以内加减法的含义，并掌握用“数数得到答案”的方法。

（3）会用算式表达加减法的意义。

（4）培养观察、思考和想象力，提高阅读能力和语言表达能力。

（5）在绘本阅读中渗透人文情感教育。

三、教学活动设计

（一）解读封面，激发阅读兴趣

师：今天老师带着大家一起来读一本新的绘本。请仔细观察封面，你都发现了什么信息？

预设答案：书名《都到我这里来》，作者（韩国）罗恩熙，封面图案有猫头鹰、松鼠等动物，黑暗的背景。

师：看到封面，你猜会发生什么事情呢？让我们一起走进故事。

预设答案：讲述和猫头鹰有关的故事。

【设计意图】通过让学生观察封面，并根据封面内容猜测即将发生的故事情节，可以充分调动学生的学习积极性，同时培养学生全面观察事物，分析推理的能力。

（二）结合故事内容，学习加减法的意义

师：翻开绘本的第一页，黑漆漆的一片，你们想到了什么？

预设答案：黑夜、孤独、害怕。

（老师导读）春天来到寂静的丛林，当春天来临，百花盛开时，猫头鹰爷爷被一阵叫声吵醒，原来是松鼠夫妇搬来了这里。

师1：搬来不久，松鼠夫妇的小宝宝出生了。有几只呢？快数数吧。

预设答案：数数得到1、2、3，共3只。

师2：黄鹂夫妇家也添了2只小宝宝，那现在一共有几只宝宝了呢？请你数一数。

预设答案1：数数1、2、3、4、5，共有5只。

预设答案2：接着3只往后数4、5，共有5只。

讲1：松鼠的3只宝宝与黄鹂的2只宝宝合在一起（此处配合用合并的手势）共有5只，刚刚我们用数数的方法验证了自己的答案。我们还可以“把合起来用一个算式来表达，例如：3+2=5。这叫加法算式，“+”叫加号读作加”。

师3：5只宝宝在栎树上玩耍，猫头鹰爷爷慈祥的看护着它们，又来了5只狸猫宝宝共有几只呢？你是怎么知道的呢？

预设答案1：10只，把两部分合起来数一数。

预设答案2：用算式表达5+5=10。

师4：下雨了，狸猫的家被雨冲垮了，他们要去别的地方寻找新家，森林里还剩几只宝宝呢？这句话什么意思？

预设答案1：还剩就是说去掉狸猫的宝宝，猫头鹰爷爷还需要照顾几只宝宝。

预设答案2：数数还有5只。

预设答案3：列式10–5=5。

讲2：我们还可以“把从一个数里去掉一个数剩下多少用一个算式来表达。叫减法算式”（这里配合手势说明减法的含义）。有谁会列减法算式？

从10里减去5只还剩下5只，“–”叫减号读作减。

【设计意图】把枯燥的加减法意义放入到故事的讲述中，使概念的理解变得更加容易接受，更贴近儿童的认知世界。

（三）续编绘本故事

师1：森林里越来越热闹了，你能看着图接着讲一讲下面的故事吗？（生接着往下讲故事）

师2：刚才同学们讲的故事非常完整，你能根据刚刚续编的故事，给同桌提一个合适的问题让他解答吗？（提示：用自己喜欢的方法解答，可以数数，也可以列算式）

生：同桌开始互相提问解答。

师3：故事讲完了，你从故事中有什么收获吗？

【设计意图】续编故事的环节可以让课堂更加活跃；同学们的积极参与，将学到的加减法知识融入到故事创编当中，可以加深对知识的理解。

（四）游戏，巩固加减法意义的理解

春天又来了，猫头鹰爷爷又开始看护小宝宝了。这回，猫头鹰爷爷带着动物宝宝们做起了捉迷藏的游戏，你愿意和它们一起做游戏吗？

出示游戏图片，看图回答问题。

问题1：猫头鹰爷爷的翅膀里一共藏着几顶帽子呢？

问题2：两只黄鹂戴着帽子红色的帽子飞走了，剩下的动物加起来有几只呢？

问题3：跟猫头鹰爷爷玩捉迷藏游戏的动物有几只？

【设计意图】游戏是所有孩子的最爱，加入游戏环节可以有效调动学生的积极性，从而加深对加减法意义的理解。

（五）总结

师：今天的故事讲完了，你们有什么想和大家分享的吗？

预设答案1：知道加法、减法的意义。

预设答案2：会用算式表达并计算。

师：猫头鹰爷爷无偿看护森林动物宝宝的行为让我们感到很温暖，同学间要相互关爱。

【设计意图】故事的总结是让学生对本节课有一个对知识的梳理过程，清楚的提炼出本节课的知识点；同时对学生进行情感教育，告诉孩子们在集体当中要相互关爱，尽自己之力为大家服务，才能体现在集体当中的价值。

四、乔老师有话说

（一）教学反思

本节课选自《数与计算》系列绘本丛书，作者是：韩国作家罗恩熙，由全国百佳图书出版单位长春出版社出版。

《都到我这里来》这本绘本讲述的是猫头鹰爷爷看护动物宝宝的故事。根据看护数量的变化，突出了加减法的意义，揭示了用加减法记录数目改变的过程和方法。

根据绘本中的故事情景，孩子们理解加减法意义并不困难。因为生活中学生们会经常遇到此类问题，仅仅是没有提炼成数学问题让大家关注。因此，课上借助绘本，我只是讲解了第一次出现加和减的两个情景，借助动物宝宝们只数的变化，让零基础的学生清楚知道数学中的加减法意义是什么。并用他们熟悉的“数数”方法得到答案。接着我才神秘的介绍说，还有一种比数数法更简捷的方法。先勾起学生的求知欲，再抛出抽象的算式，介绍算式中的每个数字的含义及名称。让学生在故事情境中更有效的理解加减法的含义。然后再跟随绘本的情节变化，让学生猜绘本故事情节的发展，创编故事，互相提问题，并让同桌解答提出的问题。在互相提问解答的过程中，学生对加减法的意义加深了理解，解决问题的方法得到巩固。同时这种形式也极大地提高了学生参与的兴趣，并且锻炼了学生的语言表达能力。

对于绘本教学，站在学生的角度，他们更愿意倾听，让自己沉浸在故事的情节当中，听得投入时，他们还会不自觉的提出一些问题，引领故事情节的发展，这也正是绘本对学生的吸引所在，所以，我们不得不承认，绘本相较于课本中的情景优势之所在。因为老师们都知道，数学知识具有一定的抽象性，而针对刚刚从幼儿园升入小学的学生，他们的理解能力和逻辑思维能力都较弱，但是他们从小听着童话故事长大，想象力却比较丰富，经常会把故事带入日常生活中，当作游戏来玩，并且乐在其中。而绘本中的故事情节正好为他们的数学学习提供了一个非常重要的平台，恰好能帮助学生理解抽象的数学概念，提高他们运用数学知识解决问题的能力，并且随着故事情节的推进，学生理解起来不仅能大大降低课堂的难度，激发学生的学习兴趣，从而使学生在学习和应用数学知识的过程中感受到数学学科所特有的魅力。在和谐有趣的数学氛围中，学生能积极参与，勇于尝试，轻松掌握并且能实际运用。

教学时，把数学知识融入绘本故事当中，让孩子们感受到小动物们的故事中有数学，我们身边随处都有好多好多的故事，每个故事中都蕴藏着数学知识。其实，数学就是从我们的生活当中提炼出来的，数学原来一点也不难，还很好玩。这些都有效地激发了学生的学习兴趣，自然而然地让他们接受数学知识的学习，再配合上故事续编环节，说不定哪天，激发出他们的创作灵感，我们的孩子们也会编出一套有趣、好玩的数学绘本来。

当然，教师不能忘了自己的育人责任，在课堂上对学生进行思想品德教育，也是数学老师要做的重要工作之一。《都到我这里来》这本绘本，在讲述、分享过程中渗透了人与人之间相互关爱的相处模式，让学生学会与人交往及爱的正确表达方式，知道每个人的努力会让我们的社会更加和谐的道理。

（二）教学指导建议

（1）《都到我这里来》这本书主要是讲加减法的意义及如何解决加减法问题的方法。生活中学生们会经常遇到此类问题，但是没有提炼成数学问题让大家关注。因此，绘本阅读可以在讲新课前使用，用于预习新知，有助于学生把数学知识与生活紧密地联系起来，更好地理解课本内容，正式讲解新知识能快速解决自己不懂的困难点；也可以在新课讲解中使用，替代课本内的情境，让学生在故事中，不知不觉地把新知识学会并掌握。

（2）绘本教学时不仅要让学生清晰的理解加减法的意义，同时要让学生知道可以通过“数数”解决加减法问题，还可以利用算式更快、更简洁地解决问题。

（3）本书的故事情节比较简单、重复，与学生的生活情境相类似，所以理解起来较容易，因此让学生参与互动，如猜故事情节发展，续编故事等活动，可以增加学生的学习兴趣，更能让学生充分体会加减法的意义，同时会解决生活中的数学问题。

（4）在数学绘本的阅读过程中，可以让学生体会到，数学知识来源于生活，也是解决生活问题的方法。同时，把德育教育渗透在故事当中，让学生说说听故事的感受，从而体会到人与人之间的相互关心与关爱，感受到被爱包裹的同时，也要学会去爱，用正确的方式表达自己的爱，我们的社会才会更加和谐的道理。

聪明的猴哥

唐凤萍

一、教学背景分析

动物王国的数学家猴哥因为接受了国王狮子的命令，让他赶紧做出一个快速计算乘法的表格来而苦恼。猴哥在水果市场买卖这一具体的情境中，观察思考得出了九九乘法表，能快速解决乘法问题，完成了国王狮子交给的任务，消除了苦恼，真不愧是聪明的猴哥。学生对水果市场的情境比较熟悉，可以凭借已有的生活和学习经验，借助故事和图画从中悟出规律，制成九九乘法表。

二、教学目标

（1）通过看图画，听老师讲故事，了解故事内容：猴哥的苦恼是什么，他是怎样解决的，最后结果怎样。

（2）通过看图画，听老师故事，和猴哥一起去水果市场，在具体的情境中观察思考得出九九乘法表，引导学生向聪明的猴哥学习善于观察，勤于思考。

（3）通过观察发现、交流分享等活动，感受生活中的数学，感受学习数学的乐趣，体会九九乘法表在生活中的应用。

三、教学活动设计

（一）起因

（看图片）在绿色的大森林里，有一个动物王国。动物王国的动物们最不擅长算术。一天，动物王国的国王狮子将数学家猴哥召进宫殿，命令道："赶紧做出一个能快速计算的表格来！"

猴哥关在屋子里好几天，也想不出好办法来，急得直挠头，感到特别苦恼。但转念又想：光苦恼也解决不了问题，这点儿困难怎能挡得住我聪明的猴哥？于是猴哥决定到外面透透气，逛逛水果市场，看看能不能从中受到启发？

【设计意图】阅读绘本，了解故事发生的起因是猴哥接受狮子国王命令要赶紧做出一个能快速计算乘法的表格来。他想了好几天，也想不出好办法来，因此苦恼。引起悬念，调动学生阅读故事的积极性。

（二）在逛市场时，猴哥发现九九乘法表

（1）（看图）走着走着，猴哥来到了水果市场，看到了成袋出售的苹果、橘子和梨，还有香蕉、桃子等等好多。猴哥一边闲逛，一边把出售水果的数量记录下来。桃子是2个一盘出售的。

师：桃子2个一盘出售，“桃子2个一盘”还可以怎么说？

生1：每一盘有2个桃子。

生2：出售1盘有2个桃子。

生3：也就是每一份有2个桃子。

师：每一盘有2个桃子。那买一盘有多少个桃子，怎样列式呢？

生1：$1\times2=2$

生2：$2\times1=2$

为了便于同学们观察发现，今天的乘法列式都把每一盘有几个写到乘号前面，把买几盘写到乘号后面。买一盘有多少个桃子，列式$2\times1=2$（板书）。

那2盘呢？怎样列式？

生1：$2+2=4$

生2：$2\times2=4$（教师板书）

（2）（看图）小西瓜3个一袋出售。

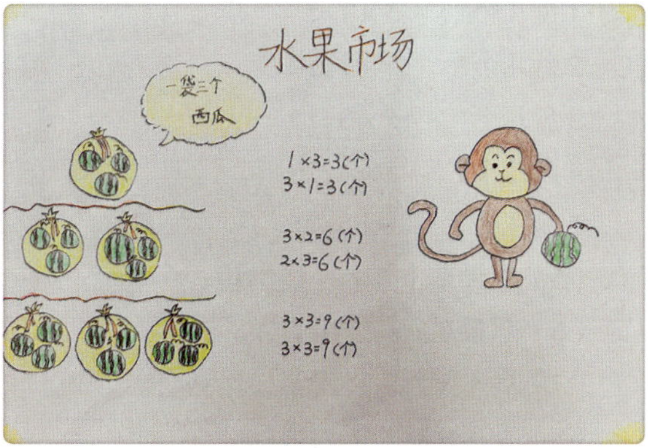

小西瓜3个一袋出售，“小西瓜3个一袋”也可以怎么说？

生1：每一袋有3个小西瓜。

生2：出售1袋有3个小西瓜。

生3：也就是每一份有3个小西瓜。

师：每一袋有3个小西瓜。

那买1袋有多少个小西瓜，怎样列式呢？

生1：3×1=3，（教师板书）

师：那2袋呢？

生1：3+3=6

生2：2×3=6

生3：3×2=6，（教师板书）

师：那3袋呢？

生1：3+3+3=9

生2：3×3=9，（教师板书）

同样都是求买3袋小西瓜有多少个？加法和乘法计算，哪一种计算的速度快？

生：乘法。

【设计意图】根据故事情境理解其中的数学信息和数学问题，用乘法快速计算出2乘几、3乘几的结果。为后面学生独立观察思考，发现用乘法快速计算4乘几，5乘几，6乘几，7乘几，8乘几，9乘几，做好准备。

师：市场出售的水果还有好多呢，下面就请大家阅读思考，观察发现，看看谁能找出其中的规律，快速得出售出水果的总数量。

教师根据学生的回答，随机板书。

（3）火龙果4个一袋出售，

1袋几个？　4×1=4

2袋几个？　4×2=8

3袋几个？　4×3=12

4袋几个？　4×4=16

（4）猕猴桃5个一盘出售，

1盘几个？　5×1=5

2盘几个？　5×2=10

3盘几个？　5×3=15

4盘几个？　5×4=20

5盘几个？　5×5=25

（5）水果萝卜6个一袋出售，……

（6）苹果7个一袋出售，……

（7）橘子8个一袋出售，……

（8）香蕉9根一把出售，……

【设计意图】根据故事情境理解其中的数学信息和数学问题，用乘法快速计算出4乘几到9乘几的计算结果，得出九九乘法表。

交流完成乘法口诀表，观察发现说说其中的规律。

班上交流：交流完成板书乘法口诀表。

分享一下你发现的乘法口诀表中的规律。

生1：横着看：每一行从左到右，右边一个的结果都是左边一个的结果加上前面的乘数。

生2：竖着看：每一排从上往下，下一个结果都是上一个结果加上前面的乘数。

……

小结：从水果市场出售的水果的数量中，猴哥通过观察，有了重大发现，得出了九九乘法表。

【设计意图】通过观察板书，发现交流，引导学生进一步深入理解乘法口诀表中所蕴含的规律，培养学生观察思考和语言概括表达的能力。

（三）尾声，想象拓展

猴哥把九九乘法表及快速计算的秘密汇报给了国王狮子，国王狮子立刻下令将九九乘法表向动物们传授。“大家计算的时候都用上九九乘法表吧！”动物王国的动物们全都按照九九乘法表计算，心里默念：聪明的猴哥，你真了不起！

师：后来的动物王国，大家猜猜发生了怎样的变化?

生1：算术强国！

生2：生意兴隆！

生3：国家强大！

……

【设计意图】通过故事，了解猴哥完成国王狮子下达的命令制作出九九乘法表，给动物王国带来的变化，理解乘法表的意义。

三、唐老师有话说

教学设计以学生熟悉的生活经验和学习经验为基础，依据学生的原有知识构建新知识，将数学内容生活化、故事化。

1. 利用故事情境，激发学习兴趣

教学情境，能激发学生的学习积极性。源于生活的教学情境，能使学生置身于生活当中。水果市场购物是学生平时熟悉的现实生活情境，更能很快将学生的思维调动起来，进入学习状态。故事以水果市场情境为线索展开，从而解决了问题，完成了狮子国王下达的任务。猴哥在水果市场中观察发现了出售水果计算总数量的规律，从而得出了快速计算乘法的九九乘法表。猴哥的“聪明”在于生活中善于细心观察发现，思考总结得出售出水果总数量的规律，也为培养学生良好的学习探究习惯树立了榜样。

2. 观察发现探究解决问题，得出乘法表

教学重点是通过在具体的情境中观察发现思考，解决计算总数量的问题，得出九九乘法表。通过故事，与猴哥一起观察发现水果市场出售水果中，计算总数量的规律，得出2、3的乘法表规律。在此基础上，放手让学生独立阅读，观察发现，阅读思考，结合故事内容，联系生活经验，尝试解决问题，得出4、5、6、7、8、9的乘法表。从而使学生通过阅读理解尝试解决问题，经历得出九九乘法表的过程体验。

3. 落实新课程理念，数学与生活密不可分

《小学数学课程标准》中指出：数学是生活中的数学，数学与生活密不可分。落实课程标准理念，要让学生学习生活中的数学，并将学到的数学知识更好地应用于生活。本课通过学生喜欢的图画故事，联系生活经验尝试解决问题，让学生自己得出九九乘法表。与故事中的猴哥一同苦恼，一同解决问题，一同感受成功，体验快乐。运用九九乘法表解决生活中的实际问题，把数学知识又回归到实际生活中，让学生切身体会到数学与实际生活的紧密联系。

奶奶的裁缝铺

王　晴

一、故事介绍

放寒假啦！英子和自己的好朋友爱华、爱国要买一身新衣服为过新年做准备。他们在商场里逛了一天都没找到自己心仪的衣服。英子灵机一动，说："我们可以请我的奶奶为咱们缝制衣服，这样我们就能把自己的想法告诉奶奶，让奶奶制作出我们喜欢的新衣服啦！"听到这里，爱华、爱国两姐弟十分赞同英子的主意，当下就决定和英子一起去奶奶的裁缝铺。到了奶奶的裁缝铺，跟奶奶说明了来意，奶奶很高兴可以为大家制作新衣，便让三人挑选自己喜欢的布料和扣子。他们选好布料后，奶奶拿来了一个纽扣盒子，让他们继续挑自己喜欢的扣子。然后，奶奶便出门买菜了。

二、教学目标

（1）通过经历与故事中的主人公们一起想办法把奶奶的纽扣盒子恢复原样的过程，带领学生感受数学绘本阅读的趣味性。

（2）通过第一次动手操作对扣子进行分类，引导学生回顾一次分类的活动经验，培养学生的观察、动手操作和语言表达能力。

（3）通过取扣子和第二次分类，渗透二次分类的作用，培养学生的思考能力。

（4）结合数学绘本故事，体会事物的多个分类标准和多次分类过程。

三、教学活动设计

教师陈述故事情境：三人抱着奶奶的纽扣盒子坐在沙发上，英子一起身碰掉了纽扣盒子。纽扣们欢快地蹦跳到了沙发下边、桌子下边，还有些跑到了远处的角落里。英子惊呼到："天哪！我闯祸了！""你别担心，我们帮你一起捡！"爱华和爱国安慰地说到。于是，三个人趴在地上到处找扣子。很快，扣子堆成了一大堆。

“好乱啊！”英子说。

（一）第一次整理散落的扣子

【教师提问】你能帮帮英子吗？怎么把这些扣子整理好放回盒子里呢？

（预设：学生想要把这些扣子进行分类。）

【教师提问】你想怎么分类呢？

（预设：学生按照扣子的形状分类；或者按照扣眼的数量分类。）

学生活动：按照自己的想法开始第一次分类，用两个信封把分好的两类扣子分别装好，并在信封表面做好标记。与同学交流自己的分类过程和结果。

【教师评价】你们真厉害！运用分类的知识帮助英子和她的朋友们整理好了这么多扣子。

【设计意图】通过观察扣子的属性特征，激发学生运用分类的知识对扣子进行分类，回顾旧知识的同时，感受数学与生活之间的联系。

（二）第二次整理分好类的扣子

【教师提问】英子想用正方形四个扣眼的扣子装饰袖口，你能快速准确地拿出这枚口子吗？

学生活动：从自己的信封中拿扣子。

【教师提问】一次就拿出了外婆需要的扣子的同学请举手！为什么其他同学拿了好几次呢？

（预设：我是按照形状分类的，从正方形这类里拿，会拿到两个扣眼的扣子；我是按扣眼数量分类的，从四个扣眼这类里拿，会拿到圆形的扣子。）

【教师提问】把你分好的两类扣子倒出来，观察一下，你想怎么解决大家遇到的问题。你们想到好办法了吗？

（预设：我想把这两堆扣子按扣眼数量再进行分类；我想把这两堆扣子按形状再分类）

【设计意图】通过取扣子的活动，引导学生发现按照一个分类标准的分类结果不利于快速准确地取出扣子，促使学生主动想按照另一个分类标准接着进行二次分类，让二次分类在学生的思考中自然发生。

【教师提问】大家听懂他们想出来的办法了吗？开始分一分吧，记得装信封，做好标记！

学生活动：观察第一次的分类结果，按照另一个分类标准把第一次的分好的两类再进行一次分类。

【教师提问】现在你再试一试，可以一次拿到想要的扣子吗？（分别出示四种扣子，学生拿）

（预设：可以的！）

【教师提问】回顾一下我们整理扣子的过程，你能用自己的话描述一遍吗？

学生活动：描述两次分类的过程。

【设计意图】通过在第一次分类结果的基础上进行第二次分类，带领学生体会分类标准不唯一的时候可以进行多次分类，最终结果就是每一种扣子就是其中的一类，让学生体会数学分类思想在生活中的重要作用。

（三）结语

英子在大家的帮助下把奶奶的纽扣盒子整理好了。奶奶回来后看到纽扣盒子慈祥地笑了，说："感谢你们帮我把纽扣盒子整理得这么清晰，这样就更方便我拿扣子了！"英子挠挠头，不好意思地讲了刚才的小插曲。"勇于承认错误并且及时改正，你们既有担当又有勇气，为你们点赞！"奶奶高兴地说。

四、王老师有话说

数学故事中的情境，对于学生来说是贴近生活又十分有趣。故事情节中的英子在大人不在家的时候闯了祸，这个情境容易让学生们与之共情，产生想要帮助英子解决问题的愿望，有效地激发了学生后续解决问题的动力。同时，选用扣子这一生活中的物品作为分类对象对于学生来说，既贴近生活实际，又有利于他们又快又准确地辨别物品的特征，从而确定分类标准。

学生们经历了两次分类活动，第一次分类活动是学生基于一年级第一学期积累的活动经验，看到散落一地的扣子，想要通过分类整理扣子，帮助闯了祸的英子和她的朋友们解决问题。第二次分类活动是由于第一次的分类结果不便于快速地取出需要的扣子所引发的。对于有过分类活动经验的学生来说，把同样的一些物品按照两个分类标准进行连续的两次分类很难理解，直白地把分类任务给学生也不利于学生对二次分类的理解和运用。因此，通过设置“又快又准确地取扣子”这个活动把问题抛给学生，促使学生观察、思考，从而找到解决办法就是要接着进行下一次分类，直到把完全相同的扣子分为一类。

洋洋的时间小船

李　霞

一、教学背景分析

《洋洋的时间小船》这个故事是根据《鸭子叔叔的时钟》这个绘本进行改编的，主要讲述没有时间概念的洋洋乘坐时间小船，遇到一系列需要时钟解决问题的故事。通过洋洋遇到的问题，让学生认识钟表上的整时时刻，并知道中午12时是上午和下午的分界线，学会读取时间的方法。学生虽然每天都看时间，经常看到钟表，但他们不一定了解钟表。比如：钟面上都有什么？有多少个大格，每一个大格有多少个小格？长针、短针都叫什么？所以在教学认识钟表时我就选择了这个故事，根据故事情节分块来让学生逐步认读整时，并对他们进行诚信守时的教育。

二、教学目标

（1）在阅读故事内容时，经历认识钟表的过程，从整体上学会看钟表，知道钟表可以用来记时。

（2）根据不同事件发生的不同时间，初步学会认读整时，并能用整时描述一天的活动。

（3）通过对重要事件的交流分析，明确用时间表述的重要性，并培养学生诚信守时的良好习惯。

三、教学活动设计

（一）了解洋洋是一个什么样的孩子

（看图片）洋洋是一个活泼可爱的孩子，对人热情、有礼貌，但是他干什么都没有时间的概念，总让大家等。妈妈为了帮助他，准备了六七个各式各样的时钟，挂在家里的各个角落，让他走到哪里都能看到时间。

（二）读洋洋的故事，认识整时

1. 认识钟面

（1）出示第一幅图：从这幅图中你看到了什么？（看到墙上有好多钟表；所有的钟表上都是12点。）（出示钟表图）钟表在我们生活中有什么作用啊？（钟表会提醒咱们什么时候做事）

（2）你们知道钟面上有什么吗？

请出我们的新朋友吧！（拿出钟表模型或实物）请你仔细观察钟面，说一说，钟面上都有什么？

集体交流。

①有数。有哪些数？（1～12）请你用手指着读一读。找一找最上面的数是几？（12）最下面呢？（6）

②有两根针。两根针一样长吗？（不一样长，一长一短。）长针叫分针，短针叫时针。请你在自己的钟面上认一认哪个是时针，哪个是分针，说给你的同桌听一听。

总结：两根针之间长一些的是分针，短一些的是时针，另外有的钟表还有一根最细的针是秒针。

③大格。这些数字又把钟面分成12个大格。

师：我们一起来再认识一遍钟面。

【设计意图】通过观察活动，让学生自己发现钟面上有些什么。在交流中，大家互相借鉴、互相补充，这样不仅调动和激发了学生学习的主动性，而且提高了他们独立获取知识的能力。

2. 认识整时（会看、会读整时）

老师导读：洋洋被这么多钟表包围着，晚上睡觉就做了一个与时间有关的梦。他梦到自己把这些钟表合在一起做了一条时间小船。“有了时间小船我就不会再拖了，他会载着我准时完成自己的承诺。”洋洋高兴地说。

前一天晚上他与时间小船定好了明天一天的流程：一早洗漱、上网课，中

午找妈妈吃午饭，下午找乐乐去踢球，晚上看动画片。然后就安心地在小船里睡着了。第二天一早5时（钟表显示），小船就把洋洋摇醒了。洋洋很不耐烦地说：“你怎么这么早就把我叫醒了？”时间小船睁着迷茫的大眼睛说：“你不是说一早吗？”“我说的一早不是这么早，而是7时（钟表显示）。”

师问：发生了什么？为什么会这样？你有什么感受？

预设：洋洋没有定好具体的时间。

他们对一早的理解不一样。一个认为是5点，一个认为是7点。

一早不能代替具体的时间。

追问：你是怎么看出这两个时刻的？

预设：分针指向12，时针指向5，就是“5时（板书）”，分针指向12，时针指向7，就是“7时（板书）”。

师：两种表示：你说的7点是我们生活用语，在数学王国中还可以用7时表示（板书7时）。7时也可以这样来写（板书7：00）。

老师导读：洋洋又睡了两个小时后起床洗漱、吃早饭，8时（钟表显示）整开始进行网上学习了。中午11时（钟表显示），小船高高兴兴地拉着洋洋就去找妈妈。妈妈惊讶地说：“你今天怎么这么早？我不是说让你12时（钟表显示）到吗？”

追问：这是怎么回事呀？（两个对中午的理解不一样，洋洋没有说好时间。）

师：你是怎么知道的？（板书11时，分针指向12，时针指向11；12时，时针分针都指着12。）

老师导读：时间小船载着洋洋出现了两次问题，他想下午洋洋找乐乐玩的时间不能再错了。于是对洋洋说：“洋洋，你给乐乐打电话确定一下下午的时间，好吗？”

洋洋经过确认，下午4时（钟表显示）与乐乐去踢球。

师问：他们几时踢球？你是怎么知道的？

（板书4时，时针指着4，分针指着12）。教师强调这个时间是下午4时。一般情况下白天12时之前是上午，12时之后是下午。

老师导读：快到下午4时了，洋洋突然发现足球找不到了。他把家里翻得乱七八糟，不但没找到足球，还耽误了与乐乐约定的时间，足足让乐乐在球场等了他一个小时。洋洋到达后不停地跟乐乐道歉，再三保证下次再也不这样了。

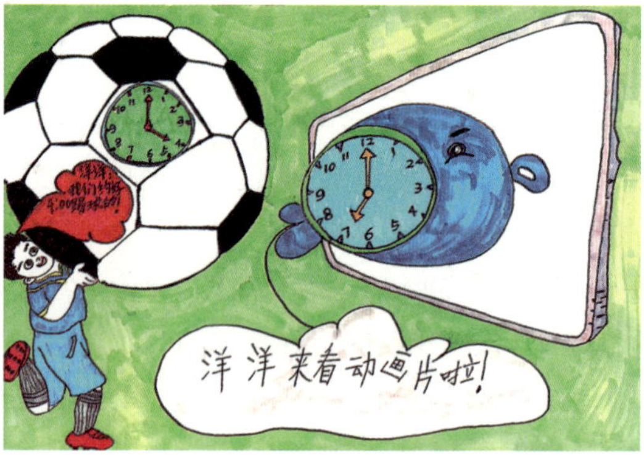

师问：你知道他们什么时候才开始踢球吗？你是怎么知道的？

（下午5时，4+1=5。）

你对洋洋的做法怎么看？

老师导读：洋洋和乐乐踢球踢得很高兴，忘记了回家的时间，小船载着洋洋到家时已经晚上7时（钟表显示）整了，错过了他最爱看的动画片时间。

师问：你知道他们玩了多长时间吗？

老师导读：唉，不知道具体的时间，可真费劲，要不就早要不就晚！洋洋想修改一下时间小船上自己制定的一日流程。刚要动手，却被妈妈叫醒了。那些熟悉的各式各样的时钟又在眼前了，原来是一场梦。

【设计意图】学生在阅读故事的过程中，通过分析洋洋乘时间小船遇到的问题，逐步感知整时时刻的特点，从而学会认识整时，并知道守时的重要性。

（三）观察对比整时，总结认读方法

请你仔细观察黑板的几个钟表面：5时，7时，11时，12时，4时，5时。

问：你觉得他们的时针和分针指的位置都有哪些相同的地方？又有什么不同的地方？

结合分针和时针的特点，用自己的话总结一下：你是怎样看整时的？

小结：分针指向12，时针指向几，就是几时。

你能拨出自己喜欢的整时并认读吗？同桌之间互相检查拨的对不对。

（四）用整时描述一天的活动

老师在钟面慢慢拨出6时，学生抢答——6：00，再拨出8：00，经过了几个小

时？怎么知道的？（分针转了2圈，就是2小时）

谁能说出你周六在什么时间做什么？

（五）尾声

师：故事讲完了，你对哪个地方印象最深？把你的想法跟小伙伴说一说。

预设1：不约定好具体的时间，就容易不知道什么时间做什么，会出现很多问题。

预设2：钟表太有用了，我能认识它了。

预设3：我认识了整时，分针指着12，时针指着几就是几时。

小结：亲爱的孩子们，时针永不停歇地转动着，时间会不知不觉从我们身边悄悄溜走，而且一去不回。因此，我们从小就要做一个会安排时间并且爱惜时间的好孩子。

四、李老师有话说

“认识钟表”是一年级上册第八单元的内容，教材安排学生认识整时和半时帮助学生建立时间观念。由于时间不易被学生感知，极易被大家忽视，需要将抽象的时间与对应的事件建立联系，让学生通过外显的表象和行为来认识时间，感知诚信守时的重要性。选择《洋洋的时间小船》这个故事来教学，整节课通过没有时间概念的洋洋乘坐时间小船，遇到一系列需要时间解决问题的故事来贯穿始末，让学生通过认识钟表，建立时间观念。

一年级的学生在现实生活中，已经获得了一些关于钟表的知识。虽然这些认知是零散的、模糊的、片面的，但是仍然为学生学习整时提供了一定的经验基础。为此，课上要充分利用了学生已有的生活经验，让学生在小钟表上观察钟面，拨时刻，培养他们的观察能力，帮助学生进一步区分分针与时针的变化，初步形成时间的概念。

教学中，通过重点描述“时针分针分别指着谁”来完善学生的语言表达，培养他们学会运用数学语言的能力。让学生在听、品《洋洋的时间小船》这个故事中，体验时间的重要性，形成时间观念，并受到诚信守时的良好教育。在全班的交流互动过程中，发挥生生之间的相互作用，从而培养学生的倾听、提问能力。

去野外露营

董丹丹

一、教学背景分析

明天就是六一儿童节了，妈妈准备送给小安一个特殊的儿童节礼物，原来是妈妈给小安报名了野外露营活动，这份神秘的礼物让小安一直激动地不能入睡。可以在野外的帐篷里过夜，还可以在夜间观察昆虫，这太令人兴奋了。在参加野外露营的过程中小安复习了整时的知识，同时根据同学们的生活经验独自探索了半时知识，并且渗透了24时计时法。小学生对时间的认知程度是在生活中逐渐加深的，要在真实的环境中去学习时间，这样才能真的掌握时间的知识，并灵活运用时间的知识。帮助学生理解时间在生活中的重要作用，以及时间的快慢不会因为个人的想法而改变，因此要珍惜时间，合理地安排时间。

二、教学目标

（1）通过阅读去野外露营这个故事的过程，帮助学生认识半时，并且读懂半时，并且感知在同一天中钟表上会出现两个相同的时间，但是两个时间是不同的。

（2）通过描写小安在野外一天的生活，让孩子了解事情发生的顺序，帮助学生体会，时间的快慢不会因为个人的意愿而改变。

（3）通过阅读故事，体会钟表上的时间与实际生活的联系，能够把一天中事情发的顺序与实际结合起来，复习整时和半时，并对时间有一个初步的了解。

三、教学活动设计

（一）看封面，猜故事

今天老师带来了一个故事，谁来读一读这个题目?《去野外露营》仔细看一看封面，一个小男孩在思考问题，你们猜一猜，他在思考什么呢？如果你是这个小男孩，你去野外露营之前会想些什么呀？

预设：他在思考去野外露营要准备些什么？在野外露营的时候会有什么神奇的事情发生？

【设计意图】引导学生在看绘本的时候多思考，能从封面中读懂绘本的意思，带着思考阅读绘本。同时激发学生阅读的愿望，提高学习兴趣。

（二）共读故事，探究新知

《去野外露营》到底有什么事情发生呢？我们一块来读一读这个故事吧。

1. 时间的快慢是固定的

明天就是六一儿童节了，妈妈给小安准备了一个特殊的儿童节礼物，妈妈给小安报名了野外露营活动，这份神秘的礼物让小安一直激动地不能入睡。他翻来覆去地睡不着，真希望时间快点过去，明天早点到来。小安眼睛一直盯着钟表的表针，这个表针怎么走的这么慢呀。我怎么感觉平时的表针走的都很快呀。他从床上爬起来，走出房间问妈妈："妈妈，我们家的表是不是快没电了，表针走得好慢呀，这样走下去，什么时候才能天亮啊"妈妈却说："孩子，这是你自己的感觉，你希望时间快点过，你就感觉表针转得慢，不要一直盯着它，放松心情，时间不会按照你的想法而改变。"你同意小安妈妈的说法吗？可以结合你的亲身经历举个例子吗？

预设：我觉得有些喜欢的课，过的就特别快，不喜欢的课，过的就特别慢，其实都是一节课的时间，时间的快慢不会因为自己的感觉而变化。

【设计意图】通过描写小安躺在床上感觉表针走得比平时缓慢这件事情，让孩子了解时间的快慢不会因为个人的意愿而改变。

2. 我会读整时

我们看看，小安这时候干什么呢？

预设：小安还是在床上翻来覆去地睡不着，心里想着明天能快点到来，想着想着，慢慢地闭上了眼睛，睡着了。

大家赶紧帮小安看看他是几点睡着的？（出示钟表图）晚上九点。

你是怎么知道的？

预设：我们先看分针，分针指向12，这说明是整时，然后看时针，时针正好指到9，现在就是9时整。

【设计意图】复习整时的读法，整时是半时的基础，为了避免学生在学习半时后忘记整时的读法，因此在这里加入复习整时的环节。

3. 探索半时的读法

六一儿童节终于到了，小安早早地起床啦，穿上提前准备好的衣服，小安开始刷牙，洗脸。妈妈已经准备好了丰盛的早餐，小安一边吃早餐，一边说："妈妈，时不时来不及了，野外露营活动营的车什么时候来呀？我要迟到了吧？"妈妈看了看钟表，轻声地说："别着急，时间还没到，活动营的车8点钟来家门口接你。"

快看看钟表，帮助小安看一看现在是几点了？（出示钟表图）现在是七点半了。

谁跟他的想法一样？说一说你是怎么读出这个时间的？

预设：先看分针，分针指向12是整时，那分针指向6就是半时。接下来看一看时针，时针指到7和8中间，这个时候可以知道是七时半。

小安仔细观察钟面，分针再走半圈就到8点了，还有半个小时就到8点了，我要抓紧时间吃饭，可千万别迟到。

【设计意图】在早上起来之一时间段，帮助学生认识半时，由学生自己归纳认识半时的方法，这样便于学生理解知识。

4. 判断是哪个九点半？

滴滴滴……，大巴车的声音传到了小安的耳朵里，小安拉着妈妈飞快地跑出门，登上大巴车的那一刻，小安激动地手舞足蹈，差一点就摔倒。在老师的提醒下，才安静地坐在座位上，跟妈妈挥手告别之后，小安和活动营的小伙伴一块踏上了野外露营的道路。大巴车一直朝着太阳的方向开着，沿着公路一直走，看着窗外的高楼大厦逐渐变少，树木渐渐多了起来，看着看着小安不知不觉地睡着了。车停在山脚下的树林里，四周光线很暗，同学们陆续被老师叫醒了，小安睁开眼睛，看了看表，大声叫道："哎呀，已经晚上9点半了，我们还没做露营的准备呢？"车上的同学也都清醒过来，大家很着急，怎么办呀？怎么突然就晚上9点半了呢？老师不慌不忙地问大家："你们想一想现在九点半是上午九点半还是晚上九点半？"一位戴眼镜的小姑娘略有所思地说："现在应该是上午9点半。"

同学们你们知道现在的九点半是上午九点半还是晚上九点半吗？说说想法。

预设：应该是上午9点半，这里光线虽然暗，但跟晚上的一片漆黑是不一样。再说同学们坐大巴车睡了一觉不可能一下子过去了十几个小时。

你们晚上九点半的时候都做什么事？和你的小伙伴说一说。

晚上九点半的时间应该是睡觉的时间，希望大家能早睡早起养成良好的生活习惯。

【设计意图】感知在同一天中钟表上会出现两个相同的时间，但是两个时间是不同的。此环节也在渗透12时计时法和24时计时法的意义，为将来继续学习打下基础。

（三）一天之中发生的事情

同学们纷纷背着帐篷走下车，他们在树林里一边走一边观察昆虫，原来小小的昆虫身上竟然有这么多知识。小蚂蚁是最勤劳的，一群蚂蚁正托起一只巨型的肉虫，所有同学都被这群蚂蚁吸引了，被它们勤劳的品格征服了。同学们跟着老师寻找蚂蚁的爬行路线，观察蚂蚁王国各自的分工。中午的时候，大家就啃两口面包和饼干，再喝几口水就解决了。没有任何人嫌累，就这样边走边观察，持续了很久。走出树林以后来到了一片空旷的草地上，这里是搭帐篷的绝佳地点。同学们的肚子也都咕咕地叫了，大家开始搭帐篷，准备晚饭了。

自己制作的三明治真是太美味了，吃过晚饭之后，天完全黑下来。草地上出现了星星点点的萤火虫，那星星点点的光亮跟天上的星星一样，一闪一闪的，让人忍不住想伸手摸一摸。

小安和同学们在帐篷里甜甜地进入了梦乡，这真是一个令人无法忘怀的野外露营，令人难忘的六一儿童节。

同学们还记得今天小安从早上到晚上经历过那些事情吗？请你按照时间顺序，

将他们的活动排一排序吧。

【设计意图】小安一天要做的事情很多，但是从早上、中午、晚上大体的顺序是固定的，学生也是如此。引导学生思考自己的一天，并和小安要做事情做比较，选择合适的时间。通过阅读绘本，体会钟表上的时间与实际生活的联系，能够把一天中事情发的顺序与实际结合起来，复习整时和半时，并对时间有一个初步的了解。

（四）总结收获

读了《去野外露营》这个故事，你都学到了什么？

我们在小安去野外露营的活动中，复习了整时，认识半时，其实在生活中处处有数学知识。你能说出自己在整时和半时时刻都做了些什么吗？把你的经历跟小伙伴说一说。

【设计意图】讲完《去野外露营》故事，让学生回归现实生活，联系自己的生活实际谈一谈如何安排自己的时间，感受生活中处处有数学。

四、董老师有话说

在教学设计中注重激发学生的学习兴趣兴趣，帮助学生获得数学学习成就感的活动环节。在本节课的开始，我让学生先观察故事的封面，猜测故事情节，这是数学阅读中的一个重要的环节，可以激发学生继续探究的兴趣，培养学生的观察能力，同时也可以充分调动学生的想象力。然后在阅读故事的过程中提出问题，现在是几点了？学生借助原有的学习经验认识半时，并且把这种方法介绍给同伴，培养了学生的语言表达能力。通过描写小安躺在床上感觉表针走得比平时缓慢这件事情，帮助学生理解时间的快慢不会因为个人的想法而改变，因此要珍惜时间，合理地安排时间。

本节课结合《去野外露营》这个故事来学习认识半时。在教学中，带领学生从整体上认识钟表，体会钟表上的时间跟实际生活的联系。复习整时和认识半时，并能用整时和半时描述一天中某些重要的活动。学会认识绘本上的时间，并且体会时间在生活中的重要作用。因为认识时间是学生学习的一个难点，因此把这个难点分成两部分来教学。先是认识整时，在此基础上学习半时，这样把难点分解开，帮助学生更好的认识时间。

结合小安的经历，培养学生的时间观念，引导学生关注半时，引导学生自己的语言描述半时的认识过程。通过学生之间的互相学习和教师的点播，帮助学生认识时间，感受时间。在本节课中还要渗透一个知识，在12小时计时法中，同一个时间在生活中会出现两次，让孩子感受到虽然都是四点半，但是在生活中的时间是不一样的，所做的事情也有很大差别。

结合数学故事，实现跨学科的联系，把数学的学习和语文的阅读结合在一块。关注故事的图画信息，结合丰富的图画让孩子感知数学的魅力。关注故事的文字信息，帮助学生正确识字，感受数学知识在生活中的重要作用。让孩子在读故事的过程中体会到时间在生活中的重要作用。时间的变化不是根据个人的行为来决定的。

时间的故事

董　爽

一、教学背景分析

《时间的故事》绘本选自《测量时间》系列，由（韩）今成恩主编，长春出版社出版。可以借助绘本故事，让学生理解并感受到时间的多种特性，从而激发学生学习有关知识的欲望。初步感受到一秒和一分钟有多长。绘本中图文并茂，很形象地把时间比喻成蜗牛、淘气鬼、裁判、头头儿，让学生很形象地理解了有关时间的特性。同时激发了学生学习时间的兴趣。学生第一次感受有关时间的特性，其实学生在日常生活中，应该对时间在不同程度上有所了解。但是缺乏对时间的具体感悟，缺乏珍惜时间的意识。生活中处处与时间息息相关，比如生活中一天的作息时间，每一天我们都在时间的制约下完成自己该做的事情。希望学生处处珍惜时间，做时间的主人。

二、教学目标

（1）通过阅读数学绘本，激发学生对时间产生浓厚的兴趣，了解有关时间的特性。

（2）在交流合作的过程中，了解有关时间的知识。

（3）体会时间与生活的密切联系，培养学生珍惜时间的意识和习惯。

三、教学活动实施

（一）观察封面，激发学生阅读绘本的兴趣

（1）请你仔细观察这本书的封面，你想说什么？

生：这是一本数学绘本。

生：这本绘本讲的是有关时间的故事。

生：看到了一些齿轮。

（2）有关时间的知识，你想知道什么？

生：有关年月日的知识。

生：有关时分秒的知识。

（二）阅读绘本，了解有关时间的特性

1. 听绘本，初步感受时间的特性

学生读绘本：时间是蜗牛，过了早晨、中午、晚上要再过早晨、中午、晚上。过了春夏秋冬，要再过春夏秋冬。时间是蜗牛。任何时候都从头开始团团转的蜗牛。时间是淘气鬼。任性的一会儿长，一会儿短。玩得开心时“唰”地很快过去，无聊时无论怎样都不肯走。时间像皮筋，一会儿长一会儿短。时间是淘气鬼。

师：通过听绘本故事，你知道了什么？或感受到了什么？

生：过了一个春夏秋冬，还会再过一个春夏秋冬。

生：我还知道我每年都过一次生日，过了一个生日还会再过一个生日。

生：我也感到了在写作业时时间过得很慢，但是在外出游玩时时间总是过得很快。

生：我在开心的时候总觉得时间过得很快，在伤心时总觉得时间过得很慢。

教师小结：同学们，其实时间是一去不复返的。只是因为太阳每天升起，而这种自然的反复特性是我们感到时间是“循环的”。另外，实际上时间的长度是固定的，因为我们的主观感受会感觉有时候长，有时候短。

2. 感受1秒和1分钟有多长，培养学生珍惜时间的好习惯

学生读绘本：时间是裁判。衡量时间的裁判。赛跑时相差一秒钟就会马上分出等级。你问我一秒是什么？嗯，一秒是？

师：让我们一起来感受一秒，请同学们做闭眼再睁眼的动作。

生：（做闭眼再睁眼的动作）

师：动作做完后你有什么感受？

生：我知道了一秒大概有多长时间。

生：我感觉一秒太短了。

学生读绘本：一分钟是稍长的时间。睁眼、闭眼、睁眼、闭眼……60次的时间。比一秒长，比一小时短很多的时间。

师：请同学们来感受1分钟都能做些什么？

学生分组体验：一组同学眨眼

二、三组同学跳绳

四、五组同学看书

六组同学数数

生：各组同学汇报在一分钟内所做的事情。

教师小结：看来在一分钟里，我们能做很多的事情，希望同学们今后能珍惜生活中的每一分每一秒的时间。

3. 感受时间与生活的联系

学生读绘本：钟是头头儿，它完全控制我们，早晨7点起床，晚上9点入睡。爸爸也拿它没办法。晚到公司一分钟就是迟到。时间是绝对的头头儿。

师：时间呀确实是与我们的生活是息息相关的，想一想同学们的一天时间安排。

师：请同学们在纸上画出“我的一天”

生：学生在纸上画“我的一天”。

生：小组讨论后，进行全班汇报。

教师小结：看来同学们每一天过得都很充实，你们很棒，能合理的安排自己的时间，希望你们继续努力，争做时间的主人。

（三）学生谈学习绘本后的感受

师：今天的绘本故事就先讲到这里，谁来说一说，你有什么收获？

生：我知道了时间是一去不复返的。

生：时间是摸不到看不到的，但我们能感受到时间的长短。

生：时间感觉是忽快忽慢的，但实际上是一样的。

生：我还想知道有关时间的所有知识。

生：时间是一去不复返的，我们要珍惜生活中的每一分每一秒。

三、教学反思与评析

在教学《时间的故事》这一绘本时，首先让学生们来观察绘本的封面，学生们能通过绘本的封面感知到绘本的主题。学生们通过看绘本，知道了这是一本数学绘本，而且这本绘本讲的是有关时间的故事，激发了学生阅读绘本的欲望。其次，在阅读绘本的过程中，让学生们很形象地感受到了有关时间的特性。绘本中把时间比喻成蜗牛，告诉孩子们其实时间是一去不复返的，只是因为太阳每天升起，而这种自然的反复特性使我们感到时间是“循环的”。绘本中把时间比喻成了淘气鬼，让学生理解到了实际上时间的长度是固定的，因为我们的主观感受会感觉有时候长，有时候短。读完绘本后，学生们结合自己的生活实际，感受到了，过了一个春夏秋冬，还会再过一个春夏秋冬。还有的学生结合自己的亲身经历，感到了在写作业时时间过得很慢，但是在外出游玩时时间总是过得很快。在课上，学生们对这一环节很感兴趣，因为绘本中把时间比喻成了学生们熟悉又喜欢的蜗牛、淘气鬼和头头儿还有裁判。不但激发了学生的学习兴趣，而且还能形象地让学生感受到时间的特性。除此之外，学生们对亲身感受一秒和一分这一环节也是热情高涨，学生们在课上，用睁眼闭眼的动作来表示一秒时，学生们感觉一秒过得真快。然后再结合绘本让学生们感受一分钟有多长，在活动中，通过学生眨眼、数数、跳绳、看书……来感受在一分钟里能做很多的事情。从而让学生知道珍惜时间的重要性。最后，结合学生的生活实际，来画出自己的一天的时间安排，让学生感受到时间与我们的生活是息息相关的，时间是永不停息的，时间会从我们的身边悄悄地流走，所以，我们要珍惜时间，做时间的主人。

四、教学指导建议

在教学《时间的故事》绘本时，可以在教学有关时间的知识之前。因为《时间的故事》绘本会让学生来了解有关时间的特性。在教学时间知识之前，可以先让学生们了解一下有关时间的特性，初步了解不同时间的长短。在学习时间知识之前，学生先要知道，时间是一去不复返的，而且实际上时间的长度是固定的。还能让学生感受到时间与我们的现实生活是密切相关的，从而激发学生学习时间的兴趣。辅助学生更好的学习课本上有关时间的知识。

在教学绘本时，要充分地让学生了解时间的特性。绘本中把时间形象地比喻成了蜗牛、淘气鬼等，在读完绘本时一定要让学生来充分的说一说感受，因为只有这样，学生们才能结合生活实际和自身的经历来感受时间的特性。另外，在感受一秒和一分的过程中，绘本中只是利用睁眼和闭眼来让学生们感受一秒和一分。教师可以结合自己班级的情况，设计多种活动来让学生们充分的感受一分都能做些什么。学生们有了充分的感受后，有助于课本知识的理解。

寻找大魔法师

霍　蕊

一、教学背景分析

《寻找大魔法师》故事梗概：国王爱上了神奇的魔法，想要找到脾气古怪的魔法师，魔法师给人们留下了一些线索，在有趣的故事情节中与国王的大臣一起，层层深入锁定目标，最终找到大魔法师，看到神奇魔法。在此过程中体会集合与子集的数学知识，渗透数学思维方法，培养学生的逻辑思维能力。在故事最后给学生留白，让他们续编新的侦探故事，给学生想象的空间，培养学生的创造性。

二、教学目标

（1）借助趣味的故事，通过观察和操作等活动，渗透集合与子集的数学关系。

（2）以寻找大魔法师的一个个线索，层层推进，培养学生的专注力、观察能力和逻辑思维能力。

三、教学活动设计

1. 国王的苦恼

国王最近爱上了神奇的魔法，但是他很苦恼，怎样才能找到真正的大魔法师，看到神奇的魔法呢？有大臣说知道一些线索。需要共同去寻找。

【设计意图】通过有趣的图片，引起学生对绘本内容的好奇，激起学生的学习兴趣。

2. 初寻魔法师

有大臣拿出了他得到的线索，脾气古怪大魔法师藏身在喧闹的城市中心。他喜欢穿黑色的鞋子。国王听了以后非常开心，要求大臣立刻去找。大臣赶快到了市中心，可是刚到市中心他就遇到困难了。

同学们你们能不能来帮大臣找一找？你能找到吗？说说你的感受。（太多了）

正如你们所说，仅仅凭着黑色鞋子这一个特点，找到的人太多了。我们的大臣也发现了这个问题，他急忙四下搜寻新的线索，这可是需要一些时间呀。同学们，听说成为大魔法师的人，他们都有着共同特征。下面就请你们作为国王的小助手，仔细观察一下这些人身上有什么特点，你们可以根据他们的特点给他们分分类，以便我们继续缩小寻找魔法师的范围。

学生反馈：①以胖瘦为依据，魔法师应该不会是大胖子的；②以长相为依据，魔法师一定长得很帅；③以是否戴墨镜为依据，戴墨镜的更像是魔法师；④以是否掩饰自己为依据，大魔法师应该会戴帽子和眼镜。

大家说的真不错，都有自己的分类标准。只要有明确的限制条件，我们就能够准确地把目标范围缩小。就在咱们热火朝天展开调查的时候，天上飘下了一条漂亮的彩带，上面写着“魔法师穿着黑色的裤子和白色的衣服。”

同学们你现在能锁定魔法师一定在几个人中了吗？拿起你手中的黑笔，在你的现场照片中圈出来。

还是有这么多个人都有可能，这次你再来猜一猜，真正的大魔法师会具有什么特征呢？

大家说得真好，我们的大臣又得到了一个新的线索：“大魔法师戴着白帽子，黑眼镜，系着红领带。”你找到大魔法师了吗？用红色的笔把他圈出来吧。有了这么明显的特征，大家一下就把他找了出来。

小结：我们的小助手，你们做得真棒。咱们回过头来看看你们是怎么一步一步帮助国王的大臣找到魔法师的呢？我们先是知道了魔法师穿着黑色鞋子，这个范围太大了，有好多好多人。根据彩带上的话，以白衣服和黑裤子为线索我们把目标范围缩小到十个人。但是我们还是不能确定究竟是谁，最后我们知道他戴着白帽子、黑眼镜，系着红领带的时候就锁定了目标。你们知道吗，在数学里，这样的一个一个的范围就可以画出这样相应大小的圈来表示，这些圈圈还有个名字，叫作集合圈。当我们把罪犯的特征属性描述得越具体我们的这个集合圈就越小，直到最后确定了魔法师。

【设计意图】学生经历思考、假设探寻犯罪嫌疑人的过程，感知分类活动的多重标准。到取证后，根据实际特征圈出贪吃贼，实际感受到集合与子集的关系。

3. 寻找大魔法师

费尽千辛万苦寻到的魔法师竟然只是一个小魔法师，并不会很多神奇的魔法，国王还是希望能找到真正的大魔法师。根据小魔法师给我们的线索，坐上飞毯去寻找大魔法师。

按照提示，飞到了一座小城上方，请你读读小魔法师留下的线索。根据用笔在你的纸上圈出大魔法师所在的小城，看看谁是国王最得力的助手吧。

纸条1：大魔法师在一所红色砖墙、蓝色屋顶的房子里。

纸条2：大魔法师家的入口有着方形的门和圆形的窗户。

集体反馈结果，注意同时关注两个条件。

终于找到了大魔法师的藏身之处，大魔法师被我们这样努力地寻找他所感动，答应来到皇宫为国王表演神奇魔法。我们一起来看吧。

4. 自创绘本

故事讲到这里就讲完了。回顾

一下今天的故事，我们在帮助国王的大臣寻找大魔法师的过程中，还认识了数学里的集合圈，运用集合思想解决了问题。还知道了要想把目标范围缩小，需要增加更多更精准的条件限制。

大魔法师的魔法太厉害了。请你发挥想象力，续写绘本故事，画一画，我们下次课再一起交流。

四、教学反思与评析

（一）细致入微，培养学生的观察力和专注力

一个接一个的线索使学生学习兴趣浓厚。从线索一到线索二之间，善于观察的孩子能够发现每一张图片上的人物都不是随便出现的，这张图片上的人物，如果符合线索提示的话，在下一张图片上又会再次出现。这样的细致观察，使学生更加形象真切地感受到集合与子集之间的数学关系。从初寻魔法师，到发现找到的只是一个小魔法师，又得到了新的线索继续找到真正的大魔法师，每一个环节都要求学生全神贯注去仔细思考和寻找，每次读完小纸条，学生们都会屏息凝视，仔细看着屏幕上的图片，努力找出符合条件的魔法师人选，在此过程中培养学生的专注力。这样有助于学生形成良好的学习习惯，让课堂的效果事半功倍。

（二）有根有据，培养学生严谨的逻辑思维习惯

跟随国王的大臣一起寻找魔法师的这一过程中推理、判断、锁定目标的过程是严谨的，具有很强的逻辑性的。通过其中，在出示线索前先让学生进行想象和猜测，能够看出学生不是随便乱想的，而是有自己的依据。例如在提出线索二的时候，有的学生会提出，魔法师不会是大胖子的，因为他们一定要勤学苦练，不会太胖的；有的学生则会加入自己生活中的理解，认为带着黑色墨镜会比较神秘，更像魔法师；有的学生提出根据面相来寻找魔法师，魔法师一定会很帅……学生们的理由五花八门，但是能够看出他们都是在积极思考，寻找自己的分类标准作为依据。经历这样的探究过程，正是培养了他们严密的逻辑思维习惯。而仅仅凭着猜测还是不够的，找到线索，最终找到魔法师，最终给出结论。在此过程中感受数学的严谨，有理有据。

月亮的味道

朱　立

一、教学背景分析

本课中使用的绘本是《月亮的味道》，作者麦克·格雷涅兹，由二十一世纪出版社出版。

《月亮的味道》这本绘本讲的是小动物们齐心协力“吃”月亮的故事。书中的文字不多而且大部分文字分布在绘本的留白部分，文字与图画分开，既可以只看图画又可以图画与文字对照看，适合不同识字水平的一年级学生共同阅读。绘本中的画面精美，故事中的人物关系简单，故事内容生动又有趣且富有哲理。绘本中还涉及了上下的位置关系、数数的方法。

二、教学目标

（1）通过和故事中的小动物一起经历想办法“吃”月亮的过程，帮助学生感受到数学绘本阅读带来的乐趣，对阅读活动感兴趣。

（2）通过动手拼摆书页和环节培养观察、思考和语言表达能力。

（3）在阅读绘本的过程中渗透合作与分享的意识。

（4）结合数学绘本故事情节，体会上下的位置关系，能用数学语言正确表达某个事物的位置。

三、教学活动设计

（一）猜月亮的味道，激发阅读兴趣

（看封面），请同学们仔细观察封面，猜一猜“月亮是什么味道的？”有的学生说：圆圆的像大饼，可能是饼的味道；有的学生说：像一块带有蓝莓的芝士蛋糕，肯定特好吃；还有的说：它的颜色和形状特别像薯片，可能是薯片的味道吧！

【设计意图】“看封面，猜月亮的味道”这个环节，学生通过观察图片中月亮的

样子，调动自己的生活经验进行猜测，猜测的过程能够激发学生阅读的兴趣，拉近了绘本与学生之间的距离。

（二）数眼睛，复习数数的方法

（PPT）翻开绘本的第一页，一个大大的月亮占据了大幅版面，月亮下面有许多双注视着月亮的小眼睛

教师请学生数一数“到底有几双小眼睛呢？”有的学生会一个一个点着数的。有的学生会先数左边有4双眼睛，右边有5双眼睛，4+5=9，所以一共有9双眼睛。

【设计意图】通过学生数眼睛的过程，帮助学生在情境中复习数数的方法，左右分开数再求和的方法也学生后续表示位置做准备。

（三）在一页绘本中学习用数学语言表达上下的位置关系

（PPT）学生自由阅读“小海龟尝月亮的部分”。

教师引出问题：“真糟糕，后面的几页书掉了下来，接下来到底发生了什么呢？你们愿意把这些散落的书页整理好吗？”老师提出要求。

看一看：用眼睛先看一看每页书的内容；

排一排：看完后把散落的书页按顺序摆放在桌面上；

说一说：跟你的同桌说一说你为什么这么摆。

学生汇报的时候有的学生说：小海龟排第一个，大象排第二个，长颈鹿排第三个，狮子排第四个，小狐狸排第五个；有的学生说：我是观察动物的多少，小动物少的页在前面，小动物多的页在后面；还有的学生说：我先看有好多小动物的这页。我看到了大象在小海龟的上面，长颈鹿在大象的上面，狮子在长颈鹿的上面，小狐狸在狮子的上面，所以我排出了他们的顺序。

（看绘本）小动物最多的一页，提问：

在这一页中哪个小动物在最上面？哪个小动物在最下面？

（重点关注问题）

问题1：长颈鹿在大象的（　　）什么位置？

长颈鹿在斑马的（　　）什么位置？

（追问）为什么长颈鹿一会儿在上，一会儿在下？

问题：2：长颈鹿的上面有______________________

长颈鹿的下面有______________________

【设计意图】学生在整理书页的过程，教师要求学生先看再摆最后说，指导学生有计划地完成任务，“看、摆、说”的环节将任务分解，学生先分析问题，再解决问题，最后提炼方法。

（四）课中小游戏，熟悉小动物之间的位置关系

（看绘本）在整理好后的最后一页中，教师请同学们猜，老师对喜欢的小动物是谁。教师依此出示以下4个信息，一边出示一边让学生猜：

（1）它不在最上面。（此时让学生猜可能是哪个小动物）

（2）它在小海龟的上面。（继续让学生猜）

（3）它排在第三个。（斑马和长颈鹿都排第三，你们找得非常准确！那到底是哪一个呢？）

（4）从上面数，它排第三个。

【设计意图】课中的小游戏，围绕故事中的任务展开，既不让教学活动游离绘本故事太远，又进一步丰富了学生确定位置的方法。激发学生用数学语言表达位置的兴趣，培养学生的推理能力和语言表达能力。

（五）继续阅读绘本故事，巩固对上下位置关系的理解

（看绘本）小动物们在一起齐心协力够月亮，他们离月亮越来越近，快看，小猴子来了。小狐狸叫来了猴子。小狐狸说“猴子，你到我背上来，这回我们肯定可以够到了！”月亮一看到猴子，又轻轻地往上一跳。猴子都能闻到月亮的味道了，可还是够不着。猴子叫来了老鼠。“老鼠，快爬到我背上来，我们就能爬上月亮了！”老鼠先爬到海龟的身上，然后爬到大象的身上、长颈鹿的身上、斑马的身上、狮子的身上、狐狸的身上、猴子的身上……八只小动物全到齐了他们齐心协力吃到了月亮。

在阅读过程中，请同学们再说说现在小动物的位置。

【设计意图】在后续阅读的过程中，再让学生说说不同小动物的位置，在描述的过程中，既可以检测学生表达位置的程度，又能够帮助学生感受动态变化的位置关系。

（六）尾声

（读绘本）大家都说，这是和自己最喜欢的东西一个味道。小鱼看着这一切怎么也弄不明白，他们为什么要去够高高的月亮，水里不是还有一个吗？

故事已经结束了，你猜猜，今晚，小动物们的梦里会发生什么事情？下课后把你想到的事情讲给你的好朋友听一听。

四、教学反思

史宁中教授曾经说过，数学教学就是要培养学生“会用数学的眼光看现实世界，会用数学的思维思考现实社会，会用数学的语言表达现实生活”。一年级的“小豆包”们刚刚从幼儿园来到小学，怎样在数学教学中培养他们的数学眼观光，数学思维，数学语言呢？上下这一课的内容在生活中有着广泛的应用，怎样让教学有趣又自然地发生呢？数学绘本是最容易让学生接受的读本。本节课以数学绘本故事贯穿始终，从小乌龟够不到月亮开始，小动物们陆续来帮忙，彼此落到各自的背上，最终尝到月亮，温馨的画面能够激发学生的阅读愿望，同时帮助学生体会团结合作的力量。

将绘本故事内容与一年级上册“上下”这一教学内容相结合，通过观察小动物的上下位置关系，学习用“谁在谁的上面？”“谁在谁的下面？”“谁的上面都有谁？”“谁的下面都有谁？”“谁在谁的中间？”“谁和谁的中间是谁？”这样的语言完整准确的表达上下的位置关系。借助数学绘本开展数学教学学生在绘本故事的情境中观察、思考、合作沟通中理解和运用概念解决问题，让数学课上得有滋有味。

教师将绘本中第2次到第5次吃月亮的环节放大，安排学生整理书页的活动。上下的位置关系既可以在静态中去理解，也可以在动态中理解，教师通过学生的汇报可以知道，学生在表达位置时的思维路径和表达水平是不同的，有的学生通过数量多少进行排序，有的学生通过相对位置关系的变化排序；有的学生会排序但不知道怎样表达，学生通过分享自己整理的方法，学习确定位置的不同方法，学习用数学语言表达自己的想法。学生的思维非常具体，形象，结合绘本内容，指导学生用数学语言表达小动物之间的位置关系，学生更喜欢，更容易突破难点。教师在课中安排了一个小游戏，进一步丰富学生确定位置的方法。

在后续的阅读中，教师将练习融入绘本阅读中，根据实际需求，对不同层次的学生继续宁提问，了解学生表达上下位置水平。故事结束的时候，让学生猜一猜小动物们梦中的故事，进一步激发了学生的想象力和语言表达能力。

五、教学指导建议

（1）一年级学生有很多关于“吃”的体验，他们爱幻想且想象力丰富，好奇心强，《月亮的味道》封面为黑色背景，中间是一张皱皱的月亮的脸，月亮的脸上还有蓝色紫色灰色等颜色，最下面是一只伸着脖子的长颈鹿。学生知道月亮是不能吃的，但学生依然期待知道书中“月亮到底是什么味道”。本课的导入部分教师一定要给学生留时间观察，让学生猜测月亮可能是什么味道，并让学生说明原因，激发学生的阅读兴趣，让学生亲近数学绘本。

（2）这个绘本既可以用于数学教学使用，替换教材中的情境，也可以用在教学内容完成后的拓展与延伸。本课用于新课使用时，如果时间不够，可以在故事讲到“小猴子来了”结束，以后的部分安排教师导读或学生课下自主阅读，还可以请同学们回家和家长一起读。

（3）用在新课后拓展时，可以放大绘本中最后两页，倒数第二页的时候小动物们已经吃到了月亮，最后一页是小鱼吃月亮，教师导读的时候先不要着急让学生看到最后一页，可以先让学生先数一数现在有几双眼睛了，回忆故事开始的时候是几双眼睛，请同学们猜一猜，第9双眼睛是谁呢？然后教师再介绍，原来还有一双眼睛是水里的小鱼，让学生继续猜水中的月亮是什么味道？有的学生说没有味道，因为那是月亮的影子；还有的学生说是海水的味道。月亮到底是什么味道的呢？学生带着无限的遐想下课了。

多多与礼物盒

赵慧慧

一、教学背景分析

《多多与礼物盒》这本故事借鉴了绘本《巫婆与三颗星星的故事》，该绘本是《你好！数学》系列，作者古艺江，由湖北少年儿童出版社出版。《多多与礼物盒》这本故事讲述了多多为妈妈挑选母亲节礼品盒的故事，使学生在故事情境中，对正方体、圆柱、球体有一定的感性认识，知道这些几何体名称并能识别。该故事生动有趣，故事内容引人入胜。多多为了给妈妈选母亲节的礼品盒，非常的苦恼，梦里小精灵们，帮助多多解决了这个问题，引起学生的求知欲和好奇心，同时通过故事的阅读，也能指引学生积极思考，培养学生的团结协作的精神与和睦相处的处事原则，关注学生的情感体验。

二、教学目标

（1）通过阅读故事，培养学生主动探索的精神和发现问题、解决问题的能力。

（2）通过对故事内容的学习，使学生对正方体、圆柱体、球体有一定的感性认识，知道这些几何体名称，并能辨别出生活中的立体图形。

（3）通过故事的阅读，培养学生初步观察、想象和语言表达的能力。

三、教学准备

教学对象：一年级学生。

教学时间：45分钟。

教学准备：《多多与礼物盒》PPT，实物立体图形。

四、教学活动设计

（一）介绍新朋友“多多”

今天老师给大家带了一位新朋友“多多”，让我们一起走进《多多与礼物盒》这个故事。

教师问：你们认为这是一个什么样的故事呢？

学生回答：会不会是多多与礼物盒的故事？

教师继续讲追问：多多与礼物盒会有什么故事呢？别着急，让我们一起走进故事看一看吧！

（二）认识球体，探究新知

1. 认识球体

多多是一个天真可爱的小姑娘，马上就要到母亲节了，多多想要为母亲送上一份节日的礼物，但是要用什么样的礼品盒来装呢？多多非常苦恼。带着这样的苦恼，多多进入了梦乡。

在梦里多多看到了美丽的礼品盒小精灵们，多多说：“我想要选一个最漂亮的礼品盒，来装我要送给妈妈的母亲节的礼物，选哪一个好呢？”礼品盒小精灵们开始纷纷说服多多，自己才是最适合的礼品盒。

【设计意图】故事导入，引起同学们的求知欲和好奇心。

2. 介绍球体

教师讲读：彩球礼品盒小精灵说：“多多，选我作为礼品盒吧。母亲节时，把我放到门口，我圆圆的，只要转一转，就能转到妈妈的脚下，是一个多么大的惊喜呀！”多多很困惑，她想彩球礼品盒小精灵，是什么立体图形呢？彩球礼品盒小精灵说：“我是球体呀。”（板

书球体）。多多还是很困惑，于是问道“彩球礼品盒小精灵，球体有什么特点呢？”彩球礼品盒小精灵说：“球体能自由滚动，而且球体表面是光滑的。”多多好奇地问道：“那生活中的球体还有哪些呢？”彩球礼品盒小精灵说：“足球、篮球、乒乓球等”。多多感慨：“如此看来，彩球礼品盒真的不错噢。”

【设计意图】加深同学们对球的感性认识，感知球体能自由滚动的特征，能够辨别生活中的球体。

（三）认识圆柱体，探究新知

教师讲读：万花筒礼品盒精灵说道：“不是这样的，聪明的多多！我才是最适合的礼品盒，我也可以滴溜溜地旋转到妈妈的脚边，给妈妈惊喜，而且你可以在我宽广的表面上写下对妈妈的祝福，多好呀。”多多很困惑，她想知道万花筒礼品盒是什么立体图形？万花筒礼品盒说：“我是圆柱体。”（板书圆柱体）多多还是很困惑，问道：“圆柱体有什么特点呢？”万花筒礼品盒精灵说道：“圆柱体能自由的滚动，它上下两个面都是圆形。”多多好奇地问：“生活中的圆柱体有哪些呢？”万花筒礼品盒精灵说道：“薯片筒、罐头等。”

【设计意图】加深同学们对圆柱体的感性认识，感知圆柱体能自由滚动的特点，它上下两个面都是圆形，进而能够辨别生活中的圆柱体。

（四）认识正方体，探究新知

教师讲读：“多多，你可以在我的六个表面写下对妈妈的祝福，滴溜溜转的礼品盒绊倒妈妈，怎么办呀。”最后，箱子礼品盒精灵说。多多很困惑，她想知道箱子礼品盒精灵是什么立体图形？箱子礼品盒精灵说：“我是正方体呀”。（板书正方体）多多还是很困惑：“那正方体有什么特点？”箱子礼品盒精灵说：“正方体有六个

面，每个面都是正方形。”多多好奇：“生活中的正方体还有哪些？”箱子礼品盒精灵回答：“魔方等”“也是呀！那么箱子礼品盒好像也不错哦。”多多感慨。

【设计意图】加深同学们对正方体的感性认识，感知正方体有六个面，每个面都是正方形。

（五）培养学生解决问题的能力

教师讲读：三个小精灵在多多的梦里争吵不休，多多刚想伸手阻止他们争吵，就一下从梦里惊醒了，原来是妈妈来喊多多起床了。

教师讲读：多多把自己的苦恼告诉了妈妈，妈妈说：“只要是多多做的礼物，妈妈都喜欢。”

最后多多用彩球礼盒，装了给妈妈叠的小星星。用万花筒礼盒装了给妈妈画的肖像。用盒子礼盒装了对妈妈的满满的祝福之语。

（六）尾声

教师问：今天我们读了《多多与礼物盒》的故事，你有什么收获呀？有什么感悟？

学生回答：学习了圆柱体、球体、正方体等立体图形，理解各个立体图形的特性。

学生回答：发现问题解决问题很重要。

【设计意图】故事结束，让学生从故事回归到生活中去，培养学生的发现问题解决问题的能力，同时教师要做到在课堂上时刻关注学生的情感体验。

五、赵老师有话说

《多多和礼品盒》的故事，通过引入小精灵们帮助多多选礼盒的数学情景故事，孩子们一听故事就很感兴趣，课堂教学氛围很活跃。通过如何选择礼品盒，这一系列生动的故事，让学生们感知发现问题、解决问题的全过程的重要性，提高学生遇到问题、解决问题的能力。

《多多和礼品盒》的故事结束后的实践活动，帮助学生建立数学知识与生活实际的联系，体会学习正方体、圆柱体、球体，知道这些几何体名称，并能辨别出生活中的立体图形。第一个实践活动：找到生活中的正方体、圆柱体、球体立体图形，可以借助手边的实物，帮助学生们自然而然的熟悉并理解球体、圆柱体、正方体三种立体图形的特点。认识球体时，可以拿一个篮球或者足球等，让学生感知球体的特点，感知球体任何一个面都是圆圆的，请同学们实际动手摸一摸，感知球体没有尖锐的边缘和棱角。认识圆柱体时，可以拿薯片筒等，让学生感知圆柱体的特点，感知圆柱体能自由的滚动，它上下两个面都是圆形，实际动手感知圆柱体的特点。认识正方体时，可以借助魔方，让学生感知正方体有六个面，每个面都是正方形。第二个实践活动：通过小组协作的形式，动手做正方体、圆柱体、球体学具，让学生进一步感受立体图形的特点，增加学生学习数学的兴趣，培养发展直观想象，在实践活动中还可以发展学生的空间想象能力和小组协作能力。

小猴皮皮过生日

谢玮菊

一、教学背景分析

《小猴皮皮过生日》讲述的是小猴皮皮邀请几个小伙伴一起过生日，他们布置房间、分桃子、用红果做糖葫芦、用积木搭房子、划船、买小金鱼的故事，从故事中认识了除法、除法竖式、有余数除法，解决了一天中遇到的除法问题。旨在提高学生对除法意义的理解，培养学生动手能力、语言表达能力以及解决问题的能力。

二、教学目标

（1）通过和故事中的小动物一起过生日，帮助学生感受到数学阅读带来的乐趣，培养学生的阅读兴趣，启迪学生的心灵。

（2）通过布置房间、分桃子、动手搭一搭等活动，培养学生合作与分享的意识。

（3）通过和小动物们一起解决问题的过程，提高学生对除法意义的理解，培养学生动手能力、语言表达能力以及解决问题的能力。

三、教学活动设计

（一）小猴皮皮布置房间，认识平均分

教师陈述故事情境：这节课，我们来讲一个小猴皮皮的故事。今天，是它的生日，它邀请了几个好朋友一起来家里开生日派对。它们先要布置房间，准备把12个气球摆在房间的3个角，每个角气球的数量一样多。每个角放几个气球呢？

教师提问：你能帮皮皮算一算，并把你分气球的过程记录下来吗？

（预设）生1：我和豆豆的想法是一致的，每个角放4个气球。

师：毛毛和果果的想法你能看懂吗？

生2：毛毛每次给每个角分两个，共分了两次，分完了所有气球。果果和豆豆是一样的，每次每个角分一个，四次分完，所以每个角也是4个气球。

（师总结）：是的，不管哪种分法，每次分的都同样多，并且每个角都分到4个气球。

【设计意图】通过小猴皮皮和小伙伴布置房间这个环节，让学生初步感知除法平均分的意义，会用图示连一连、画一画、分一分表达平均分的过程，体会平均分的含义，以及除法与生活的密切联系。

（二）经历分桃子活动，认识除法算式及除法各部分名称

小猴皮皮分桃子，学会列除法算式。

教师陈述故事情境：皮皮一共邀请了8位小伙伴，它正在给小伙伴们分桃子，一共16个桃子，平均每个小伙伴分到几个桃子？我们赶快帮帮它吧。

（预设）毛毛：我觉得：8×2=16，所以每人分到2个桃子。

果果：16÷8=2，答：每人分到2个桃子。

教师总结：像这样的问题，我们就可以和果果一样，用一个除法算式来表达。

在这个除法算式里，16是被除数、8是除数、2是商、÷是除号。

【设计意图】通过小猴皮皮和小伙伴分桃子这个环节，认识除法算式，以及除法各部分的名称。在轻松愉悦的情境中学习知识，激发学生对除法的学习兴趣，提高学习效率。

（三）经历做糖葫芦、搭积木活动，学习有余数除法（去尾法）

（1）小动物们做糖葫芦，学习有余数的除法。

（学生自主看图片）教师提问：这时候，谁来给小猴皮皮过生日了？它给皮皮带来了什么礼物？他们用红果做了什么？

（预设）小刺猬蹦蹦跳跳的来了，给小猴皮皮带了25个红果。他们准备用这些红果做糖葫芦，每6个红果可以做一串糖葫芦，可以做几串糖葫芦？

教师提问：同学们你能帮皮皮算一算能做几串糖葫芦吗？在练习本上试一试吧！

这是毛毛和豆豆的想法，你的想法跟他们俩谁的想法一样呢？

你能看懂另一种想法吗？

豆豆：4×6=24（个），24＜25，可以做4串。

毛毛：25÷6=4（串）……1（个），1个红果不够再做1串糖葫芦，所以，能做4串。

教师总结：是的，还剩一个红果，做不成一串糖葫芦，所以只能做4串。

教师提问：你会列竖式吗？竖式中每个数表示什么呢？请你试着和同桌说一说。

我们看看果果的想法。

果果：我会列竖式。

```
        4 ⇨ 表示可以做4串糖葫芦。
6 ) 2 5 ⇨ 有25个红果。
    2 4 ⇨ 做糖葫芦用去了24个红果。
    ———
      1 ⇨ 剩余1个红果。
```

同学们可以也可以试一试列竖式，再和同桌说一说除法竖式中每个数表示的意义。

（2）同学们动手搭积木，巩固有余数除法中余数要舍去的情况。

教师陈述故事情境：让我们一起继续往下读！小伙伴陆陆续续来了，小猴皮皮拿出一盒积木，准备和小伙伴玩搭房子。有52块积木，如果6块积木搭一个房子，自己试着搭一搭，看看能搭几个房子？如果7块积木搭一个房子，能搭几个房子？8块呢？9块呢？

教师提问：读完了故事，说说你的想法？动手试一试，看看跟你想的一样不一样。

同学汇报自己的结果。

（预设）生：52 ÷ 6=8（个）……4（块），答：能搭8个房子。

52 ÷ 7=7（个）……3（块），答：能搭7个房子。

52 ÷ 8=6（个）……4（块），答：能搭6个房子。

52 ÷ 9=5（个）……7（块），答：能搭5个房子。

教师提问：你有什么发现吗？

教生总结：不管最后余下几块积木，都要舍去，因为它们不够搭一个房子。

【设计意图】在串糖葫芦和动手搭积木的活动中，认识有余数除法，会根据实际情况选择合适的计算方法。加深学生对有余数除法中商的意义的理解。

（四）通过划船、买小金鱼活动，学习有余数除法（进一法）

（1）大家一起去划船，学习有余数除法（进一法）。

（学生看图片）教师提问：图中告诉我们什么？你会解决这个问题吗？

（预设）开完生日派对，它们9个小伙伴决定去湖边划船，一条小船限乘4个小

伙伴。它们至少要租几条小船？

下面是同学的几种办法？你能看懂吗？

（预设）豆豆：“限乘4个小伙伴”什么意思？哦，就是每条船坐1个，2个，3个，4个都可以，不能超过4个。

问题要求：“至少要租几条小船”，这里的“至少”是什么意思？哦，我明白了，就是每条船上坐的小伙伴尽量多，没有空座位。

果果：

余下1个，也要租一条船。需要3条小船。

毛毛：1条船4个，2条船8个，还剩1个，共需要3条小船。

我还可以列一个算式：

9÷4=2（条）……1（个），2+1=3（条），答：需要3条小船。

教师提问：你们有什么困惑吗？

（预设）生1：为什么这里算出商要加1，而做糖葫芦时算出商不加1？

生2：剩下1个小伙伴也需要1条船。而做糖葫芦时，剩下1个果子，做不成一串糖葫芦，所以不能加1。

教师总结：是的，以后遇到有余数除法的问题，要根据实际情况来决定商到底加不加1。

（2）教师陈述故事情境：他们划完船出来，看到门口有卖小金鱼的，他们就买了29条小金鱼，准备每个鱼缸放8条鱼，需要几个鱼缸？

教师提问：读完这段话，你有什么想法？我们来帮皮皮算算，需要几个鱼缸。

（预设）生：29÷8=3（个）……5（条），3+1=4（个），答：需要4个鱼缸。

师：这里的商为什么要加1？

生：这里剩下的5条鱼也需要1个鱼缸，所以商要加1。

【设计意图】在划船和买小金鱼的活动中，认识有余数除法的另外一种情况（计算出商要加1）。通过对不同问题的对比，学生对有余数除法有较深刻的认识，会区分不同情况下商的变化。

（五）编故事，拓展学生对有余数除法的理解

我们和小猴皮皮一起解决了这么多有趣的除法问题，现在，请发挥你的想象力，用10÷4=2……2编一个数学故事，再讲给你的好朋友听一听。

【设计意图】学生经历了不同情况下商的变化，自己试着编一个数学故事，在情境中加深对除法意义的理解。

（六）总结与收获

这节课我们一起阅读了故事《小猴皮皮过生日》，我们跟着小猴皮皮和小伙伴经历了一个个生动有趣的小故事，学习了除法的有关知识，我们发现生活中的有关除法的问题数不胜数，在解决这些除法问题的时候，我们要开动脑筋想清楚哪些问题算出商后需要加1，哪些问题算出商后不能加1。

接下来请同学们说说自己的收获。

（预设）生1：这节课我知道了租船的时候，剩下一位同学也需要租一条。

生2：用积木搭房子的时候，不够搭一个房子，余数就舍去。

【设计意图】总结和收获这个环节的设计，是同学们对这节课所学知识的一个加工和提炼，有助于培养孩子的语言表达能力和逻辑思维能力。

四、谢老师有话说

《小猴皮皮过生日》给我们讲述了皮皮和小伙伴的六个小故事，每个小故事都是一个有关除法的知识。这六个小故事可以分为三个部分：分别是认识平均分、认识除法和有余数除法的应用。这个故事更适合在同学们系统学习完除法知识之后阅读。因为故事条理特别清楚，六个小故事概括了除法的所有知识点，所以也是学生对所学除法知识的一个梳理和查漏补缺以及提升的过程，同时也可以激发孩子们学习数学的兴趣。如果放在系统学习除法相关知识之前阅读，可以让学生对除法有一个整体的感知，同时书中搭一搭以及各种有趣的情境，不知不觉间把孩子们带入除法的世界，在孩子们心中种下除法不仅有趣而且简单的种子，为孩子们以后学习除

法打下良好的基础，并起到了抛砖引玉的作用。

课堂上，我们各小组成员分工合作完成了用积木搭房子的活动，让学生通过亲自动手操作，使得他们对有余数除法有了更深刻的认识，让他们明白余下的积木不够搭一个房子的时候，余数要舍去。让学生在实际情境中解决问题，提高学生解决问题的能力。

最后是除法知识的延伸，展开丰富的想象编一个有余数除法的小故事，加深了学生对除法意义的理解。

《小猴皮皮过生日》用引人入胜的小故事向大家介绍了除法在生活中的应用，体现了让知识与故事融为一体，让数学与生活融为一体，通过有趣的故事、精准的数学语言描述、精美的图片配上文字，把有余数除法这个复杂的数学问题向同学们全方位地展现了出来。使同学们发现数学知识原来这么简单，它就在我们的身边，它的应用竟然这么广泛。

国王的新衣有多长

武文颖

一、教学背景分析

本绘本选自《从小爱数学》系列之好玩的几何，本文作者洪秀庆（韩），插图薛银英（韩），翻译王伟、李舟妮，由湖南少年儿童出版社出版。

物体的长度测量对二年级学生来说还相对陌生。生活中的物体我们常会用大、小、长、短、高、矮等形容词来描述他们的外貌，但很少会用精确的测量数据来表示物体具体的长度。其实低年级学生经常接触到的比如：衣服大小、身高、桌椅高度、从家到学校的距离等都蕴含着长度测量的知识。该绘本讲述了经历几次给不同事物测量长度的体验，逐步引出并介绍长度单位毫米（mm）、厘米（cm）、米（m）和千米（km）。故事在讲述过程中，把每一个长度单位拟人化，赋予人的语言和心理活动，融入生活化的情景中，使故事情节和内容充满童趣，持续引发学生的阅读兴趣。该绘本故事中由要给新国王做加冕仪式上的衣服从肥大到合身的过程引发学生的思考，不仅从数学知识方面让学生明白每一个测量单位在实际生活中都有价值和用途，更从情感教育方面讲述了做人要谦虚、友好、懂得合作的道理。

二、教学目标

（1）通过绘本阅读，经历给不同事物测量长度的过程，认识长度单位毫米、厘米、米和千米，感受不同长度单位的意义，了解这几个长度单位之间的关系。

（2）在阅读过程中，结合故事情境，使学生感受到测量、记录物体的长度时需灵活借助不同的长度单位来表示，使测量结果更加准确。

（3）通过让学生分角色朗读、交流，体会为人谦虚、友好合作的做人道理。

三、教学活动设计

（一）赏析封面，猜测内容

同学们，今天老师给大家带来了一个绘本，名字叫《国王的新衣有多长》。请你仔细观察绘本的封面，说一说你都看到了什么？你能猜到这本绘本会讲一个什么故事吗？接下来，咱们一起走进绘本来阅读里面的故事。

【设计意图】通过让学生观察绘本封面、猜测故事内容的方式，引发学生对绘本内容的思考和兴趣，同时提高学生的观察能力和思考能力。

（二）阅读绘本，联系生活，理解运用

活动一　认识毫米（mm）

从图片中我们可以看出，在厨房里，毫米们在忙着测量饭桌上的豆粒和豆荚的长度。它们是怎么测量的呢？谁能到前面边指着边跟我们说一说。

（学生边指图片边读绘本）9个毫米集结在一起，就能够测量出豆粒的直径。28个毫米集结在一起，就能够测量出豆粒的周长。68个毫米集结在一起，就能够测量出豆荚的长度。但是100个毫米集结在一起，也不够量出橘子的周长。

在毫米测量物体长度的过程中，你有什么感受？

（学生可能的回答）毫米特别的小；毫米测量的物体长度也很小；在测量时毫米都贴得紧紧的。

（教师提问）同学们联系绘本的内容想一想，在我们的厨房里，可以用毫米测量哪些食物的长度呢？

（学生联系生活）可以用毫米测量比较小的食物的大小，比如红豆、大米、红枣等。可是如果测量西红柿的周长或者更大的西瓜的周长，毫米可能就不够了。

（学生阅读绘本，观察图片，教师提问）那么如何测量出生活中更大物体的长度呢？通过阅读我们可以知道，更多的毫米们集结在一起可以测量出更大物体的长度，可是用100个毫米、1000个毫米去测量吗？有没有什么好办法？让我们继续阅读。

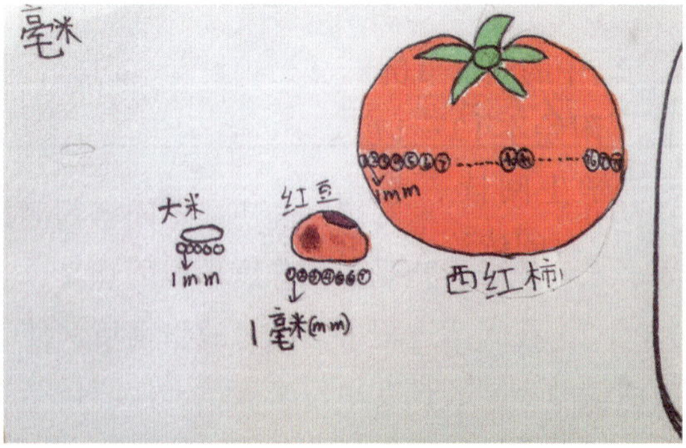

【设计意图】通过边指图片信息边读故事的形式，让学生感受到如何用毫米测量物体的长度。通过联系生活实际，加强学生对运用毫米的认识与理解。

活动二　认识厘米（cm），了解毫米和厘米的关系

（学生阅读绘本并观察图片，教师讲解并提问）通过阅读绘本，我们发现，要想测量出这个长长带子的长度，200个、230个、250个、270个、300个……还需要很多毫米呢。

毫米们遇到了谁？

（学生根据绘本回答）毫米们遇到了厘米，10个毫米集结在一起有1个厘米长。

从这条长长的带子上，你能找到厘米吗？你能发现毫米和厘米之间的关系吗？到前面边指图片边讲给大家听。

（有的学生会说左边蓝色的密密麻麻紧紧贴在一起的是毫米，右边稍微长一点的红色的就是厘米；也有的学生会发现在红色的一小段中被分成了10小格，就是说明1厘米里面有10个1毫米，所以是1厘米等于10毫米。）

对比蓝色和红色的两条线，你有什么感受？

厘米的单位更大。

那我们再来一起看看，后面发生了什么事。

【设计意图】在测量彩带时，了解厘米和毫米之间的关系。同时通过分角色阅读，体会拟人化时毫米和厘米的心情，激起学生继续阅读的兴趣。

活动三　自主阅读12～17页内容，了解长度测量

自主阅读任务要求：

（1）读一读厘米和毫米之间发生了什么故事？他们测量了哪些物体的长度，是如何测量的？

（2）联系生活讲讲你在生活中的测量事例？

（附绘本12～17页内容，学生阅读，教师总结）通过阅读绘本，我们了解到，厘米可以用来测量不同玩具的高度。有长颈鹿玩具、积木、金闪闪

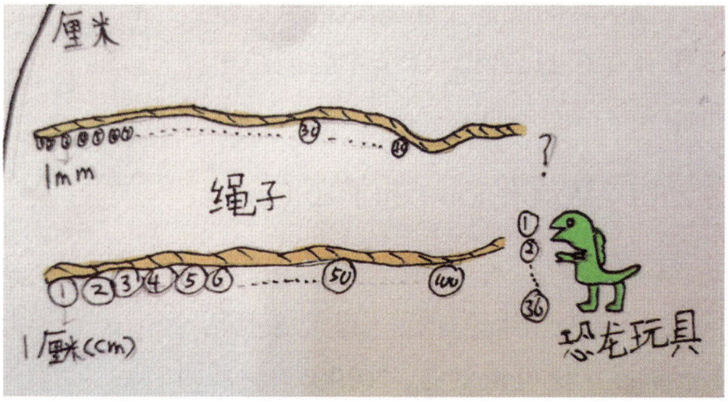

的喇叭等。他们在测量中遇到了什么问题呢？

（学生回答）有些玩具的高度只用厘米就可以准确的测量出来，但是喇叭就不行，还需要毫米的帮助，才能准确地测量出喇叭的长度。

那更长更长的绳子呢？厘米们整整齐齐地站到绳子附近，一个挨一个地紧紧贴在一起。10个、20个、30个、40个、50个……看来，要想量出这根绳子的长度，还需要很多厘米呢。

（学生自主阅读后汇报）

谁能跟我们说说厘米和毫米之间发生了什么事？

（通过自主阅读和汇报引导学生感受到：厘米确实能测量出高一些的物体的长度，但是有时也需要毫米的帮助；厘米和毫米合作测量能测量出更多物体的长度，也使测量更准确；即便再小的东西也有存在的价值和必要，做人要谦虚、友好、懂得合作）

你找到厘米和毫米都测量了哪些物体的长度了吗？你能讲给同学们听一听吗？（学生汇报，教师贴图）

（长颈鹿高23cm；积木高12cm；喇叭长10cm5mm；小火车一节车厢长5cm7mm；小火车一节车厢高1cm8mm；一辆玩具小火车长25cm7mm；足球半圈长2cm9mm；小人高8cm3mm；帽子长1cm9mm；窗户长2cm3mm；车窗斜长2cm6mm；烟囱高2cm7mm）

同学们真棒！找得又全又准确！你们真是太了不起了！看来厘米和毫米成为好朋友合作之后，确实能测量出更多物体的长度了！刚刚他们又遇见了米，读了米说的话，你能猜想到后面可能会发生什么事吗？

带着你的猜想，我们一起，继续往下阅读。

【设计意图】通过学生自主阅读，提高学生的阅读能力和理解能力。通过梳理厘米和毫米关系的变化，一方面使学生了解到如何用厘米和毫米测量出物体的长度，另一方面使学生感受到再小的东西也有存在的必要，合作才能创造出更多有价值的东西。

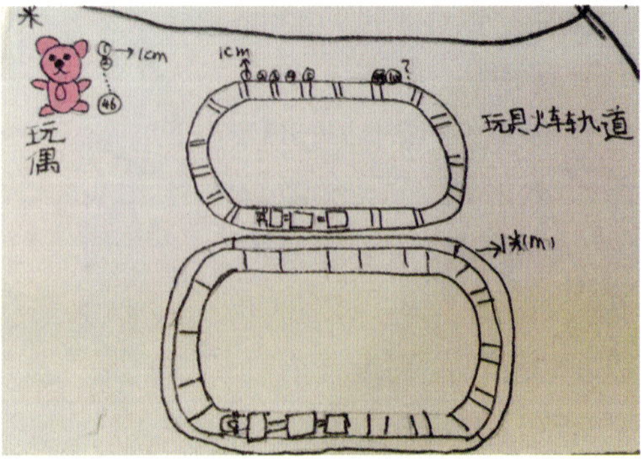

活动四 认识米（m）和千米（km）

（一位学生读，其他学生看图）我的天！100个厘米累加在一起竟然才跟1米相等。更可怕的是，1000个毫米累加在一起才等于1个米。2个米就能够测量出绳子的长度。

听了上面的内容，你有什么感受？

米的单位比厘米和毫米都大。因为测量绳子只需要2个米就够了。

你们找到米和厘米的关系了吗？谁能指着图带着我们数一数。（停留几分钟让学生观察图片，找学生带着数10cm、20cm、30cm……100cm）

米、厘米、毫米之间的关系在后面的学习中我们还会具体讲到，现在先了解一下。

想一想，你们的生活中可以用厘米、米测量什么物体的长度呢？

我可以用厘米测量玩具火车跑到的长度；我们可以用米测量操场的周长。

通过度绘本，你知道了什么？

米可以测量出更长的物体的长度；米是一个比厘米、毫米大很多的单位；根据前面的内容，我推测，想要测量出更准确的长度，需要米、厘米、毫米的合作。

你真棒，都会推测想象了，那我们就一起看看后面的内容吧！

（教师读绘本）新国王的加冕仪式即将举行。大臣们要为新国王准备好用钻石和黄金装饰成的王冠，还有威风凛凛的披风和裤子。但要做出这些东西，必须先测量出国王身体的尺寸。

（教师、学生分角色读绘本）读了绘本，你们猜猜这样测量的结果会怎么样？（肯定特别不准确）

请同学们结合生活实际想一想，我们在买衣服测量自己的身高、肩宽、臂长等信息时，仅仅有米就够了吗？

肯定不是，肯定需要厘米来帮忙才会更加准确；不是的，我们的臂长不到1米，我们的身高比1米高，但是肯定不到2米，所以肯定需要厘米的帮忙才会准确。

同学们分析的真有道理，事实也确实如此。大臣们给国王制作的新衣都大了，穿上新衣的国王看起来很滑稽。

看来，仅用米是不够的，请来厘米、毫米帮忙后，他们测出的结果是：国王的身高是1米73厘米7毫米，头围是67厘米5毫米，腰围是81厘米8毫米。现在新的王冠、披风和裤子都做好了。“这回真合身！”国王开心地笑了。

（教师读绘本）今天是举行加冕仪式的日子，按照传统，国王将要步行巡视整个国家。“我将要走很长很长的一段路，请你们帮我测量一下路程吧。”听到国王的吩咐，米、厘米和毫米开始努力地测量路程。

（教师提问）走了这么多的路，米能顺利地完成任务吗？

我猜，肯定有比米还大的长度单位来测量更长、更大的物体长度。

你猜得没错，让我们继续往下度绘本，他们遇到了千米，千米能够轻松地测量更长的距离。在千米的帮助下，国王走的这段路被很轻松地测量出来了。

【设计意图】教师边读边留下疑问，让学生带着思考听故事。根据前面的情节进行大胆猜测，培养学生的猜想意识。

（三）联系生活，故事总结

好了，同学们，这节课关于长度测量，你学到了什么？（有的学生会说我认识长度单位毫米、厘米、米和千米；有的学生会说不同的长度单位结合在一起测量能使测量结果更加准确；还有的学生会说测量长一点的物体需要选择大一点的长度单位，比较方便等）

回顾整本故事中毫米、厘米、米的表现，你有什么感受？（有的学生会说毫米虽然很短，但是能使测量更准确，很有用。有的学生会说每一个长度单位都非常有用，不能小看它，我们做人也是，不能小看别人。还有的学生会说到谦虚、有礼貌、友善、合作等）

【设计意图】通过回顾总结故事内容，梳理学习到数学知识和做人道理。

四、教学反思与评析

《小学数学课程标准（2011年）》版中指出“数学教学必须从学生熟悉的生活情景和感兴趣的事情中提供观察和操作的机会，使他们感受到数学就在身边，感受到数学的趣味和作用，对数学产生亲切感。”因此教师在教学过程中不但要把生活引进课堂，更要让学生带着数学走进生活，使学生感受到生活中蕴含着数学知识，数学应用于生活。《国王的新衣有多长》这一绘本中，通过运用拟人化的手法把几个长度单位赋予人物的言语和心理，融入学生们熟悉的生活情境和事物中，使故事情节更具有趣味性和吸引力，更容易引起学生情感上和认知上的共鸣，使学生感受到生活中各种各样的物体都可以测量长度。在阅读绘本故事的过程中，我牢牢把握住此绘本的特色，通过师生、生生之间进行分角色朗读的形式，使学生充分体会到每一个长度单位存在的价值、如何使测量更加准确以及遇到不同的物体能选取合适的长度单位。

在教学设计中，我设计了让学生自主阅读的环节。目的其一是通过让学生梳理出“厘米”和“毫米”之间关系的关系的转变，引发学生的思考，预测遇见“米”之后，“米”的表现，培养学生的阅读能力、理解能力和分析能力。其二是通过让学生自主阅读，认识并了解长度测量，能够结合绘本插图，自己读出更多物体的长度，培养学生解决问题的能力。

在运用绘本教学的过程中，我不仅关注到绘本中蕴含的数学知识，我还抓住了绘本教学的育人功能，加强对学生的为人友善、谦虚有礼、懂得合作的情感教育和培养。绘本故事中，“厘米”的出现是在帮助“毫米”解决问题，而“米”的出现是在帮助“毫米”和“厘米”解决问题。但是“厘米”和“米”出现时都很自大，轻视他人。在不断地解决问题的过程中，发现自己再强大也有解决不了的问题，也需要他人帮助，与他人合作才能更好地解决问题。借此情节，也延伸到学生们日常的生活交往中，加强对学生的情感教育。

五、教学指导建议

（1）《国王的新衣有多长》是一个有关长度测量的数学绘本，讲的是如何用毫米、厘米、米测量出物体的准确长度的故事。在北师大版本的教材中，认识厘米和米在二年级上册出现，认识毫米、分米和千米在二年级下册出现，故此绘本在整个二年级都可以使用。

（2）建议教师可以在二年级上册讲解厘米知识点之前使用。二年级上时学生会初步学习测量，对于测量物体长度还很陌生。但是借助绘本中生动有趣的内容和情节，可以使学生更直观具体的感受到什么是长度测量以及如何进行长度测量，也是对课本上数学知识的内容进行了提前的预习和了解。

（3）教师需注意借助绘本是帮助学生补充生活经验，加强数学与生活的联系，而非用绘本讲解数学课本上的知识点。在绘本中出现了1米等于100厘米等于1000毫米这样的数量关系，但由于学生是初次接触长度单位，对于长度单位的概念和实际意义还不太了解，学生的对数的认识也只刚接触到百以内，数感还不是很好。因此，教师在讲解几个长度单位之间的关系时可以有选择性地讲解，不必过多强调，只需先让学生认识、了解即可。随着学生对测量以及长度单位的认识和数感的发展，再加课上知识内容的学习，这些内容自然会迎刃而解。

起床上学了

杨 然

一、教学背景分析

本课使用的绘本选自《数学启蒙3》系列，作者是斯图尔特·J.墨菲（Stuart J.Murphy），由万卷出版公司出版。

时间是一个比较抽象的概念，看不见摸不着，一年级的学生理解起来比较困难，而这本绘本讲的是小女孩每天从起床到上学总是在匆忙中又有些拖拖拉拉的小延误，狗狗山米用时间线段记录下女孩做每件事情所用的时间并计算总和的故事。通过这个生活中常常发生的场景，帮助学生理解时间线段，感受时间的长短，同时向学生渗透一些常识，比如每个人拥有的每一分钟都是相同的，我们要合理安排时间等。

二、教学目标

（1）通过和故事中的狗狗山米一起记录小女孩做每件事情的时间，帮助学生复习整时和半时的读法，感知经过时间和时刻的区别，理解时间线段，感受时间的长短。

（2）通过制作时间数尺，培养学生的观察、思考和动手操作能力。

（3）通过大家一起阅读、探讨，让学生们感受时间的长短，学会合理安排自己的时间。

三、教学活动设计

1. 赏析封面，预测情节

今天老师要给大家讲一个有趣的绘本故事，题目叫作《起床上学了》。请你先仔细看看这个封面，觉得它可能讲了个什么故事？那咱们一起走进绘本看一看好不好？

2. 共同阅读，体会经过时间

陈述故事情节：小女孩珍妮有一个非常可爱的好朋友，就是这只小黄狗，他的名字叫山米。他们俩特别要好，总是一起吃饭、一起游戏、一起睡觉，一起做很多事情。但是珍妮有一个坏习惯，就是拖拖拉拉，上学总迟到。有一天，身为好朋友的山米终于忍受不了她的这个坏习惯了，想要帮助她改掉这个坏毛病，说："你总是慢吞吞的，快看看，都几点了！"

【教师提问】现在是几点了？（PPT出示钟表图）

（预设：学生看表，现在是7时）

【教师提问】已经是7时了，你们看看珍妮还在干什么呢？

（预设：睡觉）

故事继续下去：面对无动于衷的珍妮，山米妥协道："只能再和泰迪熊赖床10分钟了。如果你不起床，永远都没办法准备好出门。"赖完床的珍妮慢悠悠地来到了洗漱间，自信满满地说："这件事我用3分钟就能解决了。"山米说："我倒要看看，需要多少时间你才能出门。"

接下来，珍妮花了12分钟吃东西——她最喜欢的早餐。吃完自己的早餐，她还没有忘记自己好朋友山米，说："狗点心最棒了，我真的很想吃。"于是，她又额外花了5分钟喂山米吃东西。珍妮上楼了，还有许多事情要做。我们看看现在是几点了？（出示钟表图：7时半）接下来，珍妮又花了3分钟刷牙，6分钟梳头发。山米在旁边看着珍妮说："你还是慢吞吞的，我知道你并不在意。"珍妮开始穿校服，可是有一只袜子怎么也找不到了，找到这只袜子足足用了5分钟，把衣服都穿好一共用了11分钟来穿衣服，出门前发现书包还没有收拾好，又花了10分钟收拾书包，珍妮出门的时候看看表（出示钟表图：8时）从家到学校至少要15分钟，哎！今天又迟到了，真让人沮丧，可是，我的时间都去哪里了？

【教师提问】同学们，你们愿意帮助珍妮找回时间吗？山米默默地把这些时间记录下来了。花了12分钟的时间吃早餐，然后花5分钟喂山米吃点心，把这两条线段合起来，总共经历了几分钟呢？

（预设：12+5=17分钟）

故事继续：现在，珍妮花了7分钟来整理书包，山米在边上提醒道："仔细确认，别把功课忘了！"最后，珍妮花3分钟给了山米一个大大的拥抱，我就要出门了！山米不舍得说："我希望你能有多一点儿的时间抱我。"而后，珍妮终于出门了，几乎来不及了。现在，她上学去了，好极了。山米记下了珍妮花7分钟整理书包、3分钟拥抱。（出示8时的钟表图）现在的时间刚好是8时。

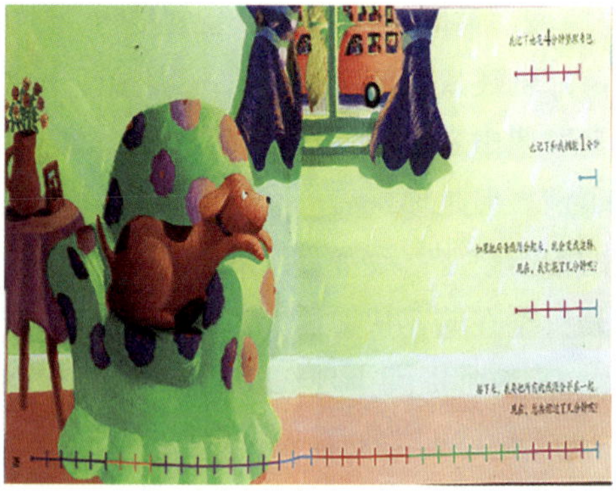

3. 小组合作，制作时间数尺（参考绘本中的线段）

（1）寻找迟到的时间。

【教师提问】现在，山米知道了从早上珍妮醒来和泰迪熊赖床，一直到出门珍妮都做了哪些事情？（课件出示从7时到8时转动的钟表）

（预设：早上7时珍妮在赖床，7时半在做什么，8时在和山米拥抱）

【教师提问】那迟到的时间都去哪了呢？请你先两个人为一个小组合作用超轻粘土捏出每个环节所用的时间，制作成时间数尺，然后相邻的小组互相检查时间数尺。黑板展示学生制作好的时间数尺，再由老师带领学生一起抽象出时间线段。

（2）合理安排时间。

【教师提问】其实，可爱的珍妮也不想天天迟到，那你有什么办法可以帮帮她吗？

（预设1：提早起床，如6时半起床；

预设2：缩短每个环节的时间，如减少赖床时间或者不赖床、整理书包的任务放到前一天晚上等。）

【教师提问】我们缩短一点儿刷牙的时间可以吗？

（预设：不可以。要确保至少三分钟的刷牙时间才能保证牙周的健康）

【教师提问】请你在自己的时间数尺上，把珍妮可以节省出的时间去掉。（黑板展示去掉浪费时间后的时间数尺。）

聪明的山米给珍妮提的建议和我们大家想到的一样，珍妮也确实是按照这样做了，因此上学也不再迟到了。

4. 回归生活，联系自己

【教师提问】看过了珍妮早上的时间分配，请你想一想你自己从睁眼醒来到上学这段时间都做了哪些事情？你能说出自己在整时和半时这些时刻都做了些什么吗？你对自己早上的时间安排有哪些想法？

小结：同学们，大家如果都能合理的安排好自己的时间，不拖拖拉拉的做每件事情，老师相信咱们班就不会有上学迟到的同学啦！

5. 总结与收获

（1）欣赏歌曲。珍妮特别感谢大家为她出谋划策，帮助了她，她想送大家一首好听的歌曲来鸣谢大家，歌曲的名字叫《时间像小马车》。

歌曲听完了，你的心情是怎么样的？有什么感受？

（2）总结。希望同学们可以珍惜时间，合理地安排时间，节省出更多的时间去做有意义的事情。

四、杨老师有话说

《起床上学了》是一个有关时间的数学绘本，讲的是用时间线段记录经过时间。建议大家可以放在一年级下册使用，学生已经初步学习了钟表的知识，认识了整时和半时，而这个故事的学习是对教材知识的巩固和延伸。

在本节课的开始，让学生先根据封面猜测故事情节，可以激发学生继续探究的兴趣，培养学生的分析推理能力，同时也可以充分调动学生的想象力。然后完整的讲述一遍故事，让学生可以大体上了解故事的内容，一定程度上可以引发学生的思考，初步体会时间的长短。在之前的数学课上，学生已经认识了整时和半时时刻，在故事阅读中让学生认读钟表，从而帮助学生获得一些数学学习的成就感。

以小组合作探究的形式，理解时间的概念，培养学生的数学抽象、直观想象等能力。在小组合作阅读中引导学生说出整时和半时时刻珍妮所做的事情，目的是帮助学生加深对时刻的理解，也是对数学教材知识的运用。学生用超轻黏土捏出时间数尺抽象出时间线段的活动，可以让学生通过亲自动手操作，增加趣味性的同时，让学生对时间和时刻有深刻的印象，进而也培养了学生的数感，同时也培养了学生的数学抽象和直观想象能力。

帮助学生建立数学知识与生活实际的联系，体会数学学习的意义和价值。一年级学生的思维还处于直观形象思维阶段，而时间是一个比较抽象的概念，看不见摸不着，所以学生理解起来比较困难。所以引导学生用时间线段表示出珍妮做每件事情所用的时间后，让学生根据时间线段为珍妮提出建议时，帮助学生体会到这个时间线段可以帮助我们一目了然地看到浪费的时间在哪，体会数学在生活中的用途，紧接着又提出“我们缩短一点儿刷牙的时间可以吗？”这个问题，是对学生进行了卫生知识的渗透，明确地告诉学生刷牙的时间不少于3分钟，有利于牙齿的保健，也是把数学故事和生活联系到了一起。最后，通过联系自己的生活实际，培养学生合理安排自己的时间的习惯，渗透时间的价值，同时关注到学生的情感体验，把数学故事与音乐歌曲进行联系，体现了各学科间的相互融合。

赶不上的轮船

王　瑜

一、教学背景分析

本课使用的数学绘本选自《数学故事绘本》丛书，作者是董翠玲，由北京理工大学出版社出版。

这个绘本主要讲了一群小动物想要坐轮船到河对岸吃水果沙拉，但是因为种种原因耽误了时间，最终没有赶上轮船的故事。学生在一年级上册已经认识了钟表，并认识钟面上整时、半时的时刻。这本绘本里借助有趣的情境，让学生了解了经过时间，体会到时刻与经过时间两者的关系，会根据钟面得出简单的经过时间，发展时间观念。同时在这本绘本里，小动物们在遇到困难的时候能够互相帮助，有团队精神，这些宝贵的意志品质都使学生受益匪浅，读完整个故事，他们也有了一些情感上的体验。

二、教学目标

（1）结合绘本情境，体会时刻与经过时间两者之间的区别与联系。

（2）通过说一说、画一画等具体操作，会用图示或语言表述经过时间的过程与结果。

（3）经历绘本中小动物的事情，发展时间观念，逐步形成遵守作息时间的好习惯。

（4）可以用时、分、秒描述一些生活现象，体会时间与生活的密切联系。

三、教学活动设计

（一）绘本引入，激发学生兴趣

1. 观察封面，学生展开联想

教师引导学生观察绘本封面，并说一说通过封面知道了什么？还想知道什么？

2. 看图片，引出故事情节

教师陈述故事情境：小动物们相聚在码头，打算坐船去河对岸品尝新开的美食。可是轮船还没来，小动物们都不知道要等多久。

教师提问：观察图片，谁能帮大家解决这个问题？

预设：图中有时刻表和钟表，可以根据时间来看看。（根据学生提出的方法，出示时刻表和钟表的放大版）

（二）感知经过时间

1. 解读码头轮船“夏季运营时间”表

教师提问：谁能为大家解释一下这个时间表，什么时候有轮船？

2. 计算上船时间，初次体会经过时间

故事继续下去，教师提问：此刻是4时半，那么距离上船时间还有多久呢？请你在纸上用喜欢的方式把你的思考过程表达出来。

（全班交流展示）

预设1：画表盘

预设2：画数线图

预设3：语言叙述

3. 计算摘香蕉来回时间，体会经过整时的经过时间

故事继续下去，此刻猪大哥饿了，热心的妙妙兔决定去帮猪大哥摘香蕉。

教师提问：你有什么想提醒它的吗？

预设：要在30分钟内回来，别超时间。

故事继续下去，妙妙兔摘到香蕉后赶快往回跑，好不容易到了码头，龟博士却告诉她，现在已经五点十五了，上一趟已经开走了。

教师提问：你们知道妙妙兔从离开到回来一共用了多长时间吗？请再次用你喜欢的方式表示出来。

4. 运用起始时刻和经过时间，推算当前时刻

故事继续，龟博士帮助口渴的猪小弟摘西瓜，西瓜地可真不好找，找了20分钟才找到。用了5分钟摘下西瓜。这个时候他想起大家的提醒，赶紧看了一下时间。（遮挡住表盘）

教师提问：你们知道现在是几点了吗？请你和同桌交流一下。

（三）关注情感，培养学生时间观念

故事继续，等到龟博士赶回来以后发现已经6时半了，他们又错过了一趟，只好等下一趟了。这时，猪小妹也觉得饿了。

教师提问：现在大家又该怎么办？

预设1：帮她找吃的。

预设2：不能找了，只剩最后一趟了，要有团队精神，坚持一下。

教师继续陈述故事情节，大家决定都在原地静静等待，“还差15分钟7时，马上就可以吃上水果沙拉了！”龟博士看着钟表兴奋地提醒大家。

教师提问：你们觉得现在小动物们是什么心情？（兴奋、激动、高兴）

这时一位工作人员走过来，摘掉了旧牌子，换上了新牌子。

“什么？”

“开什么玩笑？”

大家都怒了。

教师提问：为什么大家怒了？

继续追问：同学们想一下，为什么赶不上这艘轮船？这节课你学到了什么？你有什么想说的？

预设：要珍惜时间，守时，不磨蹭。

四、教学反思

在小学数学时间概念教学中，学生自身对年月日、时分秒等时间单位的认识多是通过感知时距而逐渐积累和形成的，时距感知是其准确掌握时间单位换算方法的基础。所以现阶段在时间概念教学中需要让学生清晰感知到经过时间的含义，关注学生得出经过时间的过程。

学生对时间的学习是枯燥的，所以我借助《赶不上的轮船》这本绘本，通过故事贯穿整堂课，让学生保持浓厚的兴趣，更高效地投入到学习中去，培养学生的专注思考能力。

同时以帮助小动物们解决困惑为目的的方式提高学生突破问题的动力，给学生充足的时间，运用动手画一画、同桌讨论等多种方法共同探索解决问题的方式。学生在这个过程中展示出了丰富多样的思路，有的学生一大格一大格的数出时距、有的学生通过开始时刻和结束时刻计算出时距、还有的学生用数线图的方式来表达……学生在探究的过程中，调动了所有自己掌握的和时间相关的知识，还对自己的结果进行了验证，发展了学生的数学思维。在探究出结果后，通过学生自主上台分享和交流方法，形成解决问题策略，锻炼学生的语言表达能力。

借助时间数线图或钟表图辅助教学，不仅符合小学生的认知特点，可快速吸引其注意力，且还可直观反映时刻与经过时间之间的关系，对增强学生学习效率，提高教学质量以及学生的实际问题解决能力具有重要作用。

本堂课结束后，学生不仅在知识上有了更深的认知，还在情感方面有了更加深刻的体验。比如在这堂课结束后，很多学生都表示一定要今日事今日毕，回家要制定时间计划表，不能总是磨蹭浪费时间。还有的学生感叹道，不能太任性，在一个集体里要有大局观念，即使别人主动帮忙，但是因为自己的小问题能坚持的还要坚持，不然影响的是所有人……这些情感体验丰富了他们的对社会的认知，也会对他们今后的学习和生活起到很大的帮助。

郊游去

裴瑞雪

一、绘本故事介绍

本课使用的绘本选自《你好！数学》系列，作者申惠恩（韩），由湖北少年儿童出版社出版。绘本通过讲述去郊游的动物们为了将冗长的队伍分为两队，分别想到用帽子的颜色、背包的形状、脚的个数等标准分类，最终小动物们以愉快的心情出游，排成两队，帅气地行进。绘本通过想办法如何把动物分成2队的过程，让学生学习如何根据一种标准对事物进行分类。通过小动物们共同想办法用分组的方法解决队伍太长的问题，培养学生遇到困难不能气馁，要团结合作想办法去解决问题的好习惯。最后大家一起想办法帮助小蜗牛，培养学生团结有爱，不抛弃任何一个小伙伴的优秀品质。

二、教学目标设计

（1）绘本中通过帮助小动物选择一种标准把队伍进行分组，初步体会对事物进行分类的过程就是寻找事物共同属性的过程。

（2）在观察、比较、交流为每一个小动物找到队伍，不断调整分队标准的过程中体会分类标准的多样性。

（3）通过实践应用感受分类在生活中的作用，初步养成有条理的整理事物的习惯。

三、教学准备

教学对象：一年级学生。

教学时间：40分钟。

教学准备：数学绘本《郊游去》，PPT课件。

四、教学过程

（一）赏析封面，激发阅读兴趣

今天老师给大家带来了一本好玩的绘本故事，观察封面，遮挡住“郊游去”三个字，你有什么想说的吗？

【设计意图】结合封面图画，培养学生表达能力和问题意识，挡住文字，给学生留下悬念，充分调动学生的积极性，提高学生的阅读兴趣。

（预设）生1：这么多的动物小伙伴开心地聚在了一起。

他们要去干吗呀？我们赶紧看看去。

（二）阅读绘本，学习分类方法

（1）原来今天是郊游日，动物伙伴们要一起去郊游啦。如果你是其中的一员，你现在的心情是什么样子的？

（预设）生1：开心。

生2：激动。到郊外会遇到什么好玩的事情呢？

那我们赶紧跟着小动物们一起快乐地出发吧。

（2）（阅读绘本）“好了，现在出发吧，按顺序排好队，慢慢走。”小猫喵喵排在最前面说。

小猫喵喵、鸽子咕咕、鳄鱼大嘴巴、小鸡咯咯、小兔蹦蹦、鸵鸟驼驼、小牛哞哞、蜗牛慢慢。看着这支队伍你有什么感觉？

（预设）生1：好长啊。

生2：万一丢一个怎么办？

生3：我感觉蜗牛跟不上，它走得太慢了。

你们真是爱动脑思考的好孩子，把可能遇到的问题想在前面。

走着走着，小鳄鱼也向小朋友一样，发现了这个问题。“嗯？排成一队看起来好像太长了，一个朋友走散了怎么办？”

如果你是小动物中的一员，你会有什么好办法来解决这个问题呢？

【独立思考】

先独立思考，再和你的同桌讨论交流下。交流会使我们有更多的发现。

【交流讨论】

谁来和大家分享一下你的想法？

（预设）生1：大家一起拉起手来像螃蟹一样横着走，这样就丢不了了。

生2：可是路没有那么宽呀。

生3：可以向我们班级一样，分成不同的小组，再选出组长，让组长负责组内成员。

你可真厉害。想到了分组，还想到了小组长。考虑得很细致全面。

小鸽子咕咕的想法和你一样。它想到了把大家分成两队走。这样每队的队员人数少，就好相互照顾。

可是它们遇到了新麻烦，怎么分成两队呢？

【独立思考】

先独立分一分，再和你的同桌讨论交流。

【交流讨论】

（预设）

生1：按照高矮个分，个子高的分一队，矮的分一队。你们同意吗？

有同学有疑问：怎么叫个子高？你的标准是什么？

生1也说不出具体的身高数值来。

生2：按照体重分，重的分一组，轻的分一组。同样有同学有疑问，多重叫重呢？

小结：按照身高和体重也可以分，但是由于动物们不知道自己的身高、体重，也就没办法制定具体的标准。看来分成两队需要有简单可行的标准。

（3）聪明的小兔子蹦蹦开心地蹦了起来，原来它想出来一个好办法，大家看看行吗？

（学生读绘本）“按帽子的颜色分吧，戴红帽子的排成一队，戴黄帽子的排成一队”

生1：这个标准好，简单明了。我同意。

小动物们认为这是一个好办法。都兴高采烈地去排队了。

小朋友们快看看分队情况，谁来介绍一下？（观察绘本图片）

戴红帽子一队：鸽子咕咕、鳄鱼大嘴巴、鸵鸟驼驼。

戴黄帽子一队：小鸡咯咯、小兔蹦蹦、小牛哞哞、蜗牛慢慢。

小动物们脸上扬起了灿烂的微笑，现在出发吧。

这时有同学发现了问题。举起了小手。

生：老师，我发现一个问题，小猫喵喵不见了。

你观察得真仔细，是个用心的好孩子。我们赶紧去看看小猫喵喵去哪儿了？

小猫喵喵伤心地站在原地没动，“我没有帽子，所以那一队都不能站，怎么办？”

小牛哞哞想出了新办法。我们赶紧听听吧。

（学生读绘本）“按背包的形状分，分成背圆形包和方形包的两队。”

大家都快速地找到了自己的队伍。可是鸵鸟驼驼为难了。为什么呢？

原来驼驼背的是三角形的包，所以哪一队都不能站。

小朋友们你想对小兔蹦蹦和小牛哞哞说点什么？

小结：我们选取的分类标准不但要简单明了，还要合情合理。

（1）这时鸽子咕咕走过来对大家说：那就按照心灵美和心灵丑来分队。大家一致同意，高兴地去排队了。

你们认为可行吗？

学生讨论。

快看，咦，发生了什么情况？

怎么又成了一队？

原来小动物们都认为自己的心灵很美，大家都站到了心灵美的一队。

学生小结：我们选的分类标准要把大家分开，不能把大家又分到一个队。

（2）小猫喵喵又有了新主意。真是一只爱动脑筋的小喵喵。

小猫喵喵问大家："分成两只脚和四只脚的朋友，怎么样？"

"好啊，好啊"终于可以走了。

大家都高兴地排好队，但是……

这时传来了一阵哭声，大家惊讶地循声看去，原来是蜗牛慢慢在哭鼻子。

小朋友你们知道蜗牛慢慢为什么哭起来了吗？

（预设）生1：蜗牛没有脚，它哪队都不能站。

（读绘本）"那怎么办呢？难道我们今天不能去郊游了吗？大家都变得有些沮丧了……"

小朋友们快动动脑筋，帮助我们的小动物们想想办法吧。

预设：不能因为蜗牛没有脚，走得慢就放弃它。蜗牛很轻，我认为可以让一个小动物背着小蜗牛，蜗牛走得慢，背着它也不容易丢。

真是个好主意，遇到困难大家一起想办法解决，团结有爱，不抛弃不放弃任何一个小伙伴，老师为你们点赞。

小牛哞哞和你的想法一样，"慢慢爬到我头上来怎么样？"

"啊，我们去郊游了""我们去郊游了"小动物们欢呼起来。他们有序地排着队，快乐地向着绿色的田野出发了。

（三）分享收获与感受

我们帮小动物们解决了郊游中碰到的问题，从中你收获了什么呢？和你的同桌说一说。谁愿意和大家分享一下。

预设1：我想把家里的书分分类，让书柜变得更整齐。

预设2：我知道了如何给东西分类。

预设3：我知道了遇到困难要共同想办法解决，同时不抛弃、不放弃小伙伴。

（四）联系生活，实践应用

（1）今天我们帮助郊游的小动物分队学到了如何分类，请同学们回家用学过的分类知识把衣柜、书桌、床等选一处进行整理。

（2）将整理前和整理后的照片贴到活动记录单的相应位置。

（3）请在活动记录单相应位置写一写你的感受，并完成评价。

【设计意图】结合生活实际如整理衣柜、书桌、床等实际问题，让学生在丰富的感知、动手分类整理活动中，感受数学与生活的密切联系，体会数学学习的意义和价值。

五、教学反思与评析

教学《郊游去》这本绘本时，通过观察绘本封面，挡住文字，猜测故事情节，给学生留下悬念，充分调动学生的积极性，提高学生的阅读兴趣，同时结合封面图画，培养学生问题意识和表达能力。

通过独立思考帮助小动物分队培养学生独立解决问题的意识和能力，通过小组合作交流，使学生意识到遇到困难自己解决不了时，寻求帮助，大家一起交流讨论也是解决问题的好办法。

在帮助小动物分成两组，为了确保每个小动物都能找到自己的队伍过程中不断调整分类标准，让学生体会要根据实际需要确定分类标准，感受分类标准的多样性，通过观察在一队的小动物有什么共同点，体会对事物进行分类的过程就是寻找事物共同属性的过程。同时在不断想办法帮助每一个小动物能找到队伍过程中培养学生遇到困难不气馁，要团结合作想办法去解决问题的好习惯。

在课堂上有一个环节令我记忆犹新，在按照脚的只数分队时，因为蜗牛“慢慢”没有脚，找不到队伍。小动物们犯难了，“那怎么办呢？难道我们今天不能去郊游了吗？大家都变得有些沮丧了……”有同学小声说：“那慢慢就先别去了”，这时候我听到班里一个短促、洪亮而坚定地声音："不能因为蜗牛没有脚就放弃它，"。这是一个瘦瘦小小的女孩的声音，至今回忆起来仍令我感动，我当堂表扬了女孩团结有爱，不抛弃小伙伴的优秀品质，是大家学习的榜样，同时引导孩子就像我们班级不能因为一个同学犯错误就放弃他一样，我们可以共同想办法来帮助小蜗牛，办法总比困难多。同学们想到了抱着蜗牛，把蜗牛放在头上等各种办法，他们认为这样小蜗牛既有队伍又不会丢。通过大家齐心协力帮助灰心失望的小蜗牛，培养学生团结有爱，不抛弃任何一个小伙伴的优秀品质。

在联系生活，实践应用环节，结合整理衣柜、书桌、床等实际问题，让学生在丰富的感知、动手分类整理活动中，体会分类知识在生活中的重要性，把数学知识应用到生活中，体会数学学习的意义和价值。

六、教学指导建议

（1）《郊游去》是有关分类和确定分类标准的一本绘本，建议大家在一年级上册统计与概率内容前使用。绘本通过讲述去郊游的动物们何如排队的过程，让孩子们学习如何根据一种标准对事物进行分类。动物们为了将冗长的队伍分为两队，分别想到用帽子的颜色、背包的形状、脚的个数等标准分类，最终他们以愉快的心情出游了，排成两队，帅气地行进。和学生一起观察还有什么方法排成两队？帮助学生开阔思维，想到更多的办法。通过绘本使学生对分类的概念和分类标准有初步的了解。

（2）学生在入学前对日常生活中的分类有了初步认识，但有些学生对事物分类时分的不完整，或不理解为什么这么分。这也就是对"分类是需要一个标准的，并按这个标准去分类"没有清晰的感知，讲不清楚依据，需要在老师的帮助，进一步理解并训练口头表达能力。学生对生动形象有意思的绘本故事兴趣浓厚，能产生良好的教学效果。

（3）可以将绘本课作为先导课，在后续一年级统计与概率教学内容中结合联系实际、实践应用环节整理自己衣柜、抽屉、书柜、玩具箱等活动经验积累，让学生用自己整理的记录单替换教材中帮助淘气整理房间的情景，因为有自己的亲自动手操作整理经验和在整理过程中思考的积淀，学生在展示交流如何分类整理时会兴趣盎然，每个孩子都"有话可说"，提供的素材更加丰富多彩，在交流分享中引导学生首先肯定了别人整理的优点，同时也提出中肯的建议。在不断地碰撞中促使学生深层次地思考自己分类的依据，在对比中让孩子们感受到分类整理不仅整洁，而且方便，初步养成有条理地思考问题的习惯及良好的生活习惯。

飞飞的分类病

刘　丽

一、教学背景分析

《飞飞的分类病》故事活动设计是借鉴成恩、罗恩熙主编，长春出版社出版的《一起一起分类病》数学绘本设计的。这个是一个有关分类的故事。故事的主人公是一个淘气的小男孩叫飞飞，他每天都把自己的房间弄得乱七八糟，妈妈看不过去，就不停地叨唠，每天如此，终于有一天出大事了，飞飞得了一个怪病“分类病”。看到什么都要进行分类。通过这个生活故事，自然引入分类的知识，让学生知道分类的标准，按什么分，怎么分，从而掌握分类的方法，并能够运用学到的知识解决生活中的一些问题，告诉学生生活是有规律、有序的，培养学生的自理能力。

二、教学目标

（1）理解故事内容，帮助学生掌握分类的标准，让学生能够按物体的某一特征进行分类，知道分类标准不同，分类的方法就不同。

（2）通过让学生动手圈、画，在观察比较中，训练学生思维的正确性、敏捷性。有助于培养学生的合作、表达和交流能力。

（3）通过学生一起阅读，让学生感受数学知识就在我们身边，感受生活的规律和有序，培养学生的自理能力。

三、教学活动设计

（一）故事名称导入，展开猜想

《飞飞的分类病》，看到这本书的名字你有什么想说的吗？从画面中你能知道什么？让我们一起来看一看吧。

【设计意图】通过观察，让学生猜故事，充分调动学生的积极性，提高学生的阅读兴趣，培养学生的观察和分析能力。

（二）阅读故事，观察分类方法

1. 出示故事内容，了解“分类病”

教师读故事：一大早，妈妈推开飞飞的房门，手叉腰，瞪大了眼睛，对着飞飞就大声嚷起来，“怎么回事？”“房间是怎么弄的，快点整理！

把玩具整理好，衣服整理好，文具整理好……

第一次感觉有点烦。

妈妈每天不停地唠叨，重复着说着这些话，不知从哪天开始，终于出了大事。

飞飞得了可怕的“分类病”。

教师提问：同学们这个“分类病”到底是什么样的病呢？谁来说一说？

2. 出示故事内容，学习分类方法

教师提问：看一看飞飞到底做了什么？你知道他是怎么做的吗？同学们说得很对，服装放在一起，文具放在一起。飞飞看到什么就分什么，接下来他又分了什么呢？

3. 出示故事内容，总结分类方法

教师读故事：妈妈看到飞飞这种状况说“行了，不要再整理了，出去走走吧。”飞飞很无奈地离开了自己房间。他低着头，慢慢地走在大街上，心情很不好，看到什么都想分类。到底什么是分类病，其实就是我们在进行分类时，把同类的物品放到一起。

【设计意图】通过阅读，学生能够简单地将服装、文具进行分类，初步感知分类的特点和方法。

（三）学习按物体的特征进行分类

1. 教师读故事

飞飞不知不觉地来到了小公园，看到了小公园里有很多人在活动，有老人在练剑，小朋友在踢球，飞飞的分类病又犯了，看着这些人又开始进行了分类，同学们你们知道飞飞是怎么分的吗？

2. 出示图片

教师提问：同学们你们可以帮助飞飞完成这件事情吗？

请两个同学为一组，圈一圈，画一画。

分完后并说明理由。

学生回答：按衣服的颜色分，长裤短裤分，按头发的颜色分。

教师总结：分类的标准不同，方法也就不同。

3. 出示图片

飞飞真的得了分类病，他躺在妈妈怀里，很伤心，想着想着飞飞就在妈妈怀里睡着了。

【设计意图】根据所给的图片，以小组合作的形式进行分类，通过圈一圈、画一画的方法，让学生找到多种的分类方法，从而培养学生的观察能力。合作能力以及语言表达能力。

（四）寻找生活中的分类

教师提问：生活中，你在哪看到过这种分类的现象？学生说一说。

生活中这些分类现象，有什么好处呢？

【设计意图】讲完故事，让学生回归现实生活，找到分类的现象，感受故事中的数学知识与生活的密不可分。

（五）总结与收获

同学们这节课你有什么收获呢？你们平时在家的时候，是什么样呢？从今天开始，希望你们在家里都能学着把自己的东西按照它们的特征来分类摆放整齐。

【设计意图】让学生成为一名有规律、有秩序、能自理的好孩子。

四、刘老师有话说

（1）数学绘本是根据低年级学生爱听故事这一特点，将枯燥的数学知识融入到故事中，从故事中学习了解数学概念，学习数学知识，并运用到生活中。

（2）《飞飞的分类病》这本故事，首先从故事的题目入手，在本节课的开始，学生对绘本的名称进行猜测，猜想，让学生大致了解故事内容，从而培养学生的观察能力，激发学生的想象力。《飞飞的分类病》故事内容涉及的分类物品比较多，如果一一讲故事情节展现给学生，学生会感到无趣，而且效果也很不理想，所以在教学中，选择了学生比较熟悉的服装、文具和小朋友故事情节贯穿整个教学活动，既调动了学生的学习兴趣，又突出了重点和难点。

（3）以小组合作探究的形式，理解按不同的方法进行分类，突出教学的难点。通过学生动手圈一圈，画一画，帮助学生进一步理解分类标准不同，分的方法也就不同。在分的过程中，通过观察、比较，不仅使学生掌握了知识的难点，更多的是激发了学生的兴趣，有了兴趣，学生才能轻松掌握数学知识。

（4）有效的提问可以激发学生的思维。其一，飞飞在分服装、文具时，教师要准确的提出，他是按什么特征进行分类的。其二，在小公园里的小朋友，可以怎么分呢？有了第一种分法，可以继续提问，还可以怎样分？根据人物的特征，让学生进行探索思考，想出不同的分类方法，通过有效的提问，发挥了学生的自主性。

（5）将数学知识运用到生活实践中，体会数学的意义和价值。教师根据故事内容，将某个环节与生活相连接。让学生找到生活中到处都可以运用到分类，有的说超市物品的摆放，垃圾的分类等，让学生在生活中学习知识，真正达到学以致用。通过学习分类的知识，告诉学生，生活是有规律、有序的，同时教育学生养成自己的事情自己做的好习惯。

淘气真会想办法

张海珍

一、教学背景分析

《淘气真会想办法》故事活动设计是借鉴由金成恩主编，长春出版社出版的《蜘蛛和糖果店》数学绘本而设计。这个故事活动是有关概率与统计的。故事的主人公淘气利用统计与概率的相关知识推断出顾客们想买什么花。又通过多多阿姨买花，告诉大家概率虽然能判断某件事情发生的可能性大小，却不能保证100%正确。整个故事活动，将抽象的概率与统计知识，融于有趣的活动中。学生在活动中去思考、去探索，并学会观察生活、关心周围的事物，培养了学生分析、综合能力。同时，感受到数学与生活的密切联系。

二、教学目标

（1）根据图表进行推理和预测，发展数据分析观念。

（2）运用生活经验及相关知识，对生活中的事物进行简单的统计与分析。

（3）体会数学的乐趣，感受数学与生活的密切联系。

三、教学活动设计

（一）自主猜想，激发情趣。

看到主题让学生猜一猜：淘气想出了什么办法？激发学生活动的兴趣和探究欲望。

（二）初步发展学生的数据分析观念。

1. 根据淘气的猜测结果，学会简单的进行分析

（1）老师看图讲述：淘气的妈妈开了一家花店，花店里的花品种很多，大家都喜欢去花店里买花。一天，妈妈有急事要外出，

爸爸又不在家，这可怎么办呢？淘气自告奋勇的对妈妈说："妈妈，我可以帮你卖花，而且我还知道客人们都会买哪些花。"妈妈听了淘气的话根本不相信，生气地说："又吹牛"。

（2）让学生猜想：你们觉得淘气吹牛了吗？

（3）老师讲述：就在这个时候，大力叔叔来了，妈妈招呼道说："大力，买什么花呀？"淘气快速地跑到大力叔叔旁边说："大力叔叔要买玫瑰花吧！"

（4）出示图：让学生说一说图上都记录了什么？为什么说大力叔叔要买玫瑰花？

（5）老师总结：大力叔叔每次去花店都买玫瑰花，所以这次大力叔叔买玫瑰花的概率会大。

【设计意图】根据淘气的猜测结果，分析大力叔叔的买花记录表，学生通过对数据的简单分析，调动了学生的学习积极性，让学生对数据分析产生了兴趣，培养了学生的数据分析观念。

2. 根据淘气的猜测结果，学生选择图片

（1）老师讲述：淘气猜对了，很高兴。但妈妈还不相信淘气的话。这时，又来了两位顾客：丽丽姐姐和莎莎姐姐。淘气说："丽丽姐姐会买百合花；莎莎姐姐要么买满天星，要么买康乃馨"。（出示图）让学生根据淘气的话，猜测出哪位是丽丽姐姐？哪位是莎莎姐姐吗？并说出自己的理由。

（2）老师要追问：莎莎姐姐买过四次满天星，买过六次康乃馨"。你认为这次买哪种花的可能性更大？

（3）给学生揭示答案：莎莎姐姐买了康乃馨。让学生说一说自己的想法。

【设计意图】通过结论，分析记录表，看懂他人对数据及结果的记录，进行正确选择，从而体会收集、整理数据的必要性。

3. 根据经验进行推测，引发认知冲突

（1）老师讲述：多多阿姨来买花，多多阿姨就喜欢向日葵花。妈妈猜测多多阿姨这次买向日葵花。问一问学生同意妈妈的推测吗？让学生发表自己的意见。

（2）出示图片：多多阿姨买了郁金香。让学生根据结论谈一谈自己的想法。

（3）老师总结：这次妈妈猜测错误，虽然概率能够推断出事情发生可能性大还是可能性小，但不一定是准确的。

【设计意图】通过这次猜测，学生感受到事情发生的不确定性，从而对概率有了进一步的认识。

（三）结合故事内容，进行故事续编。

让学生创编花店还会发生什么事情。

【设计意图】让学生展开想象的翅膀，大胆续编故事，培养学生的想象力和创造力。

（四）课后延伸

调查班里同学喜欢的课外书，分析统计结果，提出自己的想法。

【设计意图】寻找学生身边的问题，让学生学以致用，解决问题，感受数学与生活的密切联系，调动学生学习数学的兴趣。

四、张老师有话说

《淘气真会想办法》是一个有关概率与统计的故事活动设计，用于二年级下册第八单元《调查与记录》教学内容之前，是对这一单元内容的补充。一年级学习了物体分类，体会分类标准的多样性，是第一次接触数据调查的内容，二年级《调查与记录》是让学生经历收集、整理数据，了解调查方法，进行简单的数据分析。本课活动内容是在一年级知识和二年级知识之间搭起的一座桥梁，增加了学生对数据分析的体验，并通过多样化的经验积累，发展了学生数据分析观念，为今后学习概率与统计的相关知识打下了坚实的基础。

根据学生的年龄特点和知识需求，我创设了一节好吃又有营养的故事活动课。

1. 好吃——故事串起来

借助故事活动，帮助学生把学习内容有效的串起来。数学知识本身是枯燥抽象的，抓住学生喜欢活动的特点，让学生边活动边思考，给枯燥的数学知识赋予了生命。让学生想学、爱学、学会、会学，提升学生的学习力。同时，故事活动的设计离学生的实际生活很近，学生很有亲切感，感觉就是自己身边的事情，很愿意去解决这些问题。故事活动与数学课堂结合，为学生提供更多的学习机会，培养了他们在生活中应用数学的能力，扩大了学生掌握数学的意义与认知。

2. 有营养——思维动起来

根据学生的知识经验和年龄特点，多次不同而恰当的利用买花记录表，用层层递进的方法让学生一步一步加深学习，发展学生的数据分析观念。

每一个活动环节的设计都让学生的思维动起来。环节一：学生根据淘气的猜测结果，分析大力叔叔的买花记录表。学生通过对数据的简单分析，调动了学生的学习积极性，对数据分析产生了兴趣，培养了学生的数据分析观念。环节二：学以致用，通过淘气猜测的结论，根据信息，进行正确地选择，并能合理的表达。在整个活动过程中，帮助学生梳理猜测方法，学生边玩边思考，积极探究答案。当答案揭晓后，学生们体会到学习数学的乐趣。环节三：通过多多阿姨买花，引发冲突。让学生对知识的掌握有了一定的升华。故事续编，让学生的思维绽放，开启学生想象的大门，培养了学生的想象力。课后延伸，让学生学以致用，解决问题，感受数学与生活的密切联系，调动了学生学习数学的兴趣。

一节好吃又有营养的故事活动课，向学生打开了一扇了解数学的新窗口，为数学课堂增添了无限光彩。

下篇　案例集

借助数学绘本提升学生的数学素养
——《影子的故事》

谢林娜

一、背景介绍

《小学数学新课程标准》(2011版)中指出：数学教学活动必须建立在学生的认知发展水平和已有的知识经验基础之上。教师应激发学生的学习积极性，向学生提供充分从事数学活动的机会，帮助他们在自主探索和合作交流的过程中真正理解和掌握基本的数学知识与技能、数学思想和方法，获得广泛的数学活动经验。学生是数学学习的主人，教师是数学学习的组织者、引导者与合作者。低年级“综合与实践”的教材编写往往以实际操作活动的形式，引导学生经历简单的实际问题解决的过程。从学生的年龄特点和心理需求看，为了更好地完成这一内容设定的课程目标，不仅应完成教材中“综合与实践”的主题活动，还应努力拓宽更丰富的“综合与实践”教学资源，探索灵活多样的教学方式。

我们学校根据低年级学生特点，引入数学绘本设计综合实践活动，努力构建属于我们自己的数学绘本课程。在实践了半个学期以后，我们一直在思考，如何巧妙地利用绘本的资源，很好地开发这门课程，并巧妙地和数学教学融合，使它真正成为发展低年学生综合能力的杠杆，启动学生的智慧，让学生爱上阅读，提高数学能力。

二、案例描述

北师大版数学一年级上册第八单元《小明的一天》练习中有这样的一道题(如图)，题目要求学生观察大树的影子来判断时间，并通过这道题，知道生活中除了钟表还有其他的记时方法，扩大学生的知识面。

这道题的编排很有深意，它紧密地联系了生活中常见的自然现象来帮助学生更好地理解时间。刚开始，我觉得这道题有什么难的，孩子们平时不是老能看见各种影子吗？早上和傍晚的时候影子特别长，中午特别晒还没地方躲，影子小小的，晚

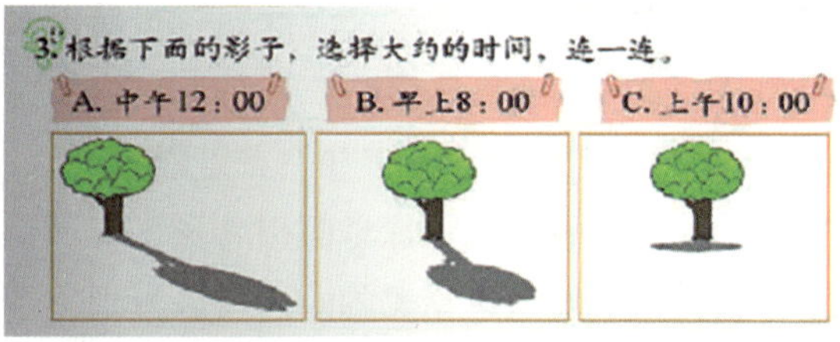

上出去遛弯儿，走在路灯下和远离路灯时影子总在变化，相信他们一定有这样的生活经验。

我在一个班讲这道题的时候直接出图，让学生说了说平时对影子的观察，然后连线，可是在判这道题的时候我傻眼了，错误率非常高，中午12：00应该对应的图片只有个别错的，其他两幅有45%的学生出错，是一年级地的小朋友理解能力差，不明白题目意思？还是生活经验欠缺？或是对影子和太阳的高度关系不明白？带着种种猜测我翻看教师用书，书中提示：如果学生不容易得出结论，建议先不要给学生答案，让学生有意识地观察生活中的树影（或自己影子）的长短与太阳的高度（也就是时间）的关系。我又找来几位学生，问他们：早上的影子什么样？问什么会这样？有些学生知道早上的影子很长，但为什么说不清楚。看来问题的关键在于学生不能很好地根据太阳的高度来判断影子的长度，时间和太阳的高度匹配也存在问题。这样的问题该怎么解决呢？

我忽然想起来，在整理班里图书的时候，发现有这样的一本绘本，名字叫《我的小影子》，我找来这本书又重新看了一遍，本书由英国文坛巨匠罗伯特·路易斯·史蒂文森所写，以一个孩子的口吻讲述了自己的影子在自己眼中的样子。影子在大人看来平常无奇，但在孩子眼里却满是新奇。作者对孩子观察得惟妙惟肖，巧妙地运用光影把孩子们觉得无限奇妙的影子表现得淋漓尽致。我决定先用这本绘本来激发学生的兴趣，初步理解光和影子之间的关系。在另一个班，我进行了尝试。

“当我扑向床的时候，它会抢先一步跳上去。最有趣的是他独特的成长方式，在电灯下的时候，影子一点点，离灯远一点后，变长了一点，走得更远的时候，影子更长了。影子不像小朋友一点点慢慢长大，影子一下子就长高了。多么奇妙啊！”生动的故事内容深深地吸引着孩子们，讲到这里的时候我问：影子的成长方式是什么？孩子们通过精美的绘画可以发现影子与光源距离的变化关系。

“小影子丝毫不像普通的小朋友一点一点慢慢长大，它有时会像皮球一样迅速蹿高。”我追问：孩子们，你们见过看影子比自己高好多的样子吗？是什么时候？引导学生观察太阳的位置是接近地平线的。我又问：太阳接近地平线是每天的什么时候？学生能够答出早上和傍晚。此时，我在黑板上画下地平线和接近地平线的太阳，然后继续问：咱们刚刚学过时间，早上和傍晚大概是每天的几时呢？故事讲完后，我带着学生们回忆故事内容，把太阳的位置、时间和影子的长短配合起来，完成了下面的一幅板书。

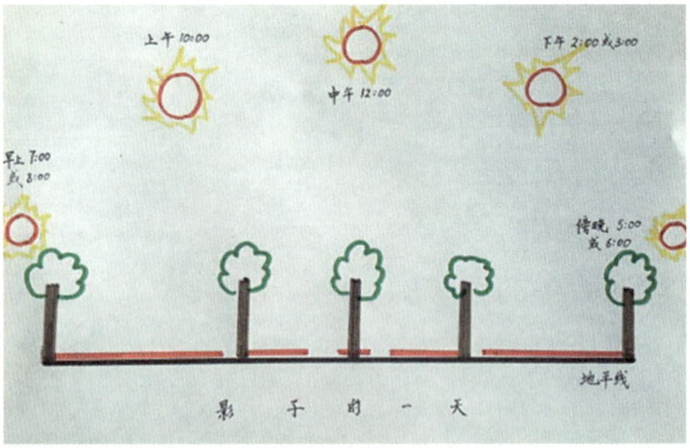

学生很喜欢故事的内容，全神贯注地听着、思考着，有的学生很熟悉教材，举手告诉我，“老师，这个和书上的一道题特别像！”我说那我们就翻开书，找到这题，孩子们自己先做做看。这次，孩子们完成得非常好，除个别学生以外，几乎都能答对。课下，孩子们找我说特别喜欢这本绘本。我到网上一搜，类似的和影子、时间有关的绘本还有一些，比如:《小海绵科学启蒙绘本：调皮的影子》《影子》《时间的故事》《时钟的书》等，假期里，我把这些书作为假期作业推荐给孩子们读。

三、案例分析

这是一次绘本教学与课堂教学结合的尝试，学生的问题引发了我的思考，绘本故事的引入，吸引了学生，引发了他们的思考，也适时适度地突破了学生认识上的难点。我校将绘本阅读引入数学课堂，作为一项综合实践的内容，来寻找数学与绘本的契合点，这将会给孩子的数学阅读打开一扇窗，让他们能跳出课本读数学，跳出考试品数学，跳出课堂学数学。数学绘本因其图文并茂的特点，特别贴近儿童，尤其是低年级的小学生，将数学知识巧妙蕴藏在生动有趣的故事中，能很好地激发儿童学习数学的兴趣，促使儿童积极参与学习活动，主动探索数学知识。绘本的阅读能有效帮助低年级儿童在幼儿教育和小学数学教育之间搭建平台，让低年级孩子享受学习数学的乐趣并增强学好数学的信心。

但长期以来，我们的数学绘本阅读和数学课堂是分开的，知识上虽然有联系，但你讲你的，我读我的，两者之间似乎并没有很好地融合在一起。这次的尝试让我看到了希望，这道题本身就是一道带有“小问号”的题目，很有探究的广度和深度，从学生的思维断点出发，尝试利用绘本本身的优势，给予数学知识全面的解读，学生觉得有趣、好玩，我觉得课上得舒服、自然，给了学生联系生活、亲近自然科学的机会，也再一次引发了学生对于阅读的喜爱。

可以说，这并不是一本严格意义上的数学绘本，而且并不是所有的内容用绘本都可以很好的解决，这一次，很偶然地但利用它，达到了联系数学知识、引发学生思考的目的，我不得不说，绘本的魅力是无限的，只要我们能发现它，并很好地利用它，就能够达到很好的教学效果，为数学教学服务。

在课程建设方面，这也是一次尝试，我们要把眼光放宽、放长远，多方面搜集资源，同时，了解学生的真实需要，让数学绘本教学和数学课更加完美地结合起来。

基于学生的真问题展开数学绘本教学设计

杨　然

吴正宪老师说过，“孩子在课堂上真正有问题，学习才真正发生，学生才真正进入课堂。”这里的“真问题”指的是那些真正来源于学生的困惑，是学生真实存在的问题，而非老师设计的问题，只有解决了这些真问题，学生才能有所成长，基于这些，我才有了如下的感悟。

一、从学生的真问题出发，改进数学课的形式

小学低年级段的学生们识字量小，认知层次低，数学思维比较单一，喜欢听故事，喜欢动手实践。但是，我们都知道，传统的数学教学形式多以教师讲授为主，学生参与度低，课堂比较枯燥乏味，学生不愿意学习数学，面对学生的这些特点和出现的这些问题，老师也很想帮助解决，因此我们把绘本引入了数学课堂。

绘本，就是“画出来的书”，指一类以绘画为主，并附有少量文字的书籍，给予学生丰富的想象空间。数学绘本，不仅是讲故事，里面还蕴藏着丰富的数学知识，而且可以全面地帮助孩子建构精神世界，培养多元智能。所以进行绘本阅读更符合现阶段小学生的真正需求，更能解决学生的实际问题。

二、鼓励学生提出真问题，及时调整教学的目标和过程

二年级上学期，我们绘本教学的主题是探索规律。而《雪花的故事》这本绘本就是在探索雪花间的规律、揭示雪花秘密的自然科学绘本。雪花，是北方的冬天很常见的东西。但是，我们也许很多次看到过雪花，却很少能看到它们完美、真实的模样，这就成为学生们非常喜欢去探究的领域。

最初，在阅读这本绘本时，我充分挖掘里面蕴藏着的数学知识，比如：雪花瓣数的规律可以讲解6的乘法口诀，雪花是一个对称图形，把雪花分类等，我想把这些内容作为本节课的重点，设计活动进行一一地突破，但是在实践的过程中，发现这并不是学生特别感兴趣的，于是我对教学目标及时进行了调整，让学生阅读完绘本封面后，勇敢地提出自己的问题，并从这些问题中挑选几个跟本节课内容相近的

问题进行重点研究，剩下的问题可以组织学生课下探究或下节课在研究。

［教学片段］

师：同学们，你们喜欢冬天吗？你们都喜欢在冬天里做些什么呢？刚才听到的都是跟雪有关的运动项目，那你还记得雪花是什么样子的吗？看来呀，大家对于雪花还是有一些了解的。那这节课就让我们一起走近雪花，从数学的角度了解雪花吧！先让我们来欣赏一些美丽的雪花（出示雪花图片），关于雪花，你都想了解什么呢？

生1：雪花是怎样形成的？

生2：雪花是什么样子的？雪花都是6瓣吗？有没有7瓣、8瓣的……？

生3：我想要一朵雪花……

（老师板书学生提出的的问题）

师：今天我们这节课就来讲讲这本绘本——雪花的故事（出示课题）看看能不能解决同学们提出的这些问题。

在打开《雪花的故事》这本绘本前，我先让学生观察封面，然后提出自己的问题，培养学生的观察能力和问题意识，确实学生们提出的问题都很有价值，这些问题也确实是学生们都想知道，都感兴趣，但又不了解的问题，基于此，我设计了雪花形成过程的讲解环节，开始带领学生走进《雪花的故事》这本绘本。为了保证知识内容的准确性，特意向科学老师讨教了雪花的形成过程，学生们听得津津有味，讲完后，我发现一部分学生已经能够自己完整地复述出雪花的形成过程了，这让我尤为惊讶。针对学生提出的"雪花是什么样子的、雪花都是6瓣吗？有没有7瓣、8瓣的？"这样的问题，我设计了给雪花分类和自主阅读的环节，让学生自己去寻找问题的答案，同时也培养了学生的阅读能力和信息提取能力。

三、发现学生的真问题，调整突破难点的方法和策略

在本节课的开头，学生提出的第三个问题，是想得到一朵雪花，我和学生一起集思广益，想到了很多办法，有的学生说"我们可以在下雪的时候用手接一朵，然后赶紧放到冰箱里。"有的同学反驳道"手一碰就化了，怎么办？""我们可以把拿个冷的东西接住，比如把冰箱推到外面接"……学生们的想法五花八门的，特别有意思，在这个过程中也发展了学生的思维和想象力，以及语言表达能力。

［教学片段］

师：大家的方法都挺有新意的，等到下雪的时候，你们可以去接一接，仔细观

察一下，那为了满足刚才那个同学想要得到一朵雪花的愿望，老师教大家一个好办法，我们可以自己动手剪一朵雪花。

师：为了让大家剪出更漂亮的雪花，杨老师为大家请来一个好帮手，你们猜猜是谁呀？（播放美术老师讲解剪雪花的视频微课）

（1）跟着视频一起制作雪花。

师：看完了视频大家一定迫不及待地想自己制作一朵雪花了吧？那请同学们拿出一张正方形的纸，一起跟着视频中的老师一起做一做吧！（再次播放视频微课）

（2）找制作中的困难点。

师：（视频播完，活动结束）你们做完了吗？在哪一步遇到困难了？

生1：折的时候，折不好。

生2：我不太会画，不知道从哪儿画。

（3）老师带着演示折的过程。

师：请你再观察一下黑板上的雪花有什么特点？

生：有6瓣，每瓣都是一模一样的。

①拿出一张正方形的纸，先沿角对折，折成三角形。

师：现在我们对折了几次？有几个三角形？

预设：对折了一次，有2个三角形。

师：这两个三角形有什么联系？

预设：是一模一样的。

②横着那条边对准自己，把三角形底下的这两个角对折，找到这条边的中点，按压折点，然后打开，沿着中间的折点作交叉折叠，上面的这层纸与下面的边缘对齐，另一边也对齐。

③最后剪去多余没用的部分，要完全剪掉，避免参差不齐。

师：现在我们一共对折了几次？（3次）

师：请你猜一猜现在有几个三角形？打开看一看。

生：6个。

师：现在请你再仔细看看每一瓣雪花的特点？

生：每一瓣雪花的两边也是一样的，也是对称的。

师：所以我们再把刚才折好的三角形再对折，这样的话，我们把这张纸分成了多少份？（12份）现在我们只要画一瓣雪花的一半就可以了。

（4）画。

师：刚刚有同学也提出了不会画的问题，贴心的美术老师也想到了这一点，我们快去看看美术老师是怎么解决的吧！

（5）剪。（在动手剪之前，提醒学生安全使用剪刀）

（6）展示作品。

基于学生想要得到雪花的这个需求，把美术知识也加入本节课中，我设计了在课堂上让学生亲自动手制作雪花这个活动来认识雪花是个对称图形，从而进一步感知轴对称现象。这个环节的设计也是基于学生们的实际情况和特点，一遍又一遍地进行调整和更改。

最初的设计是课件中出示剪雪花的步骤图，然后在这个环节中，我亲自带领学生一步一步地去折、画、剪，就能剪出美丽的雪花，在试讲中，我发现这个方法学生接受起来比较慢，需要老师一遍一遍地讲解，也浪费时间，而且剪出雪花的学生并没有几个。而后我打算把步骤图发给学生，让他们自己去探究剪雪花的步骤，又考虑到这些学生也仅仅才二年级而已，独立探究步骤还是有些困难的，所以把独立探究改成了小组合作探究，既降低难度，又培养了学生小组合作的意识。后来我又发现学生们对读雪花的步骤图也略显困难，不明白里面的符号是什么意思，因此我设计了小锦囊的形式对学生进行帮助，先利用小锦囊介绍图纸中符号的含义，然后学生在进行小组合作探究。这次剪出雪花的同学比上次人数多了，但是还不尽如人意。“怎么才能让学生会剪雪花呢？”这个问题一直盘旋在我的脑中，组里的老师提醒了我，可以利用视频教学的形式来讲解如何剪雪花，这样更立体、更形象，学生更容易看明白，于是组里的老师帮我录制了剪雪花的视频，在试讲中，可以明显感觉到学生学习剪雪花的气氛更浓了，但是可能视频有些快，学生还是跟不上节奏，因此剪出雪花的学生还是寥寥无几。其实对于剪雪花这项活动，美术老师更在行，也更了解学生的难点在哪儿，于是请来了美术老师帮助录了个剪雪花的微课视频，并针对“三等分折”这个难点进行了更细致的讲解，就这样突破了难点。在绘制图形的过程中，学生们也大胆的发挥自己的想象，设计出不同的图案，这次，剪出漂亮雪花的学生明显比之前多了。

我们总说“数学的课堂要以学生为主体”，其实，像这样，在教学设计中选择学生们喜欢的形式，以学生的真问题入手，针对学生的“真问题”进行探讨、研究和学习，进而解决学生的真问题，帮助学生积累经验，提高学生的知识技能，培养学生的核心素养，就是在真正的落实学生在数学课堂中的主体地位。

借助绘本资源，促进低年级儿童数学理解
——以一年级“认识图形”一课为例

朱 立

近年来，数学绘本越来越多走进小学数学课堂。通过数学绘本的阅读，能够提升学生的阅读兴趣，借助数学绘本资源可以把学生的学习兴趣和直接经验相结合，让学生的学习生活和社会生活密切联系起来，帮助学生掌握必备知识和技能，促进学生数学理解，提升学生的合作意识和实践能力。

北师大版数学一年级下册“认识平面图形”这一单元教学中共安排了三课时，第一课时为“认识图形”，学生体验“面在体上”，会辨认简单图形，丰富他们对图形的认识。培养小学生的“空间观念”并不容易，特别是一年级的学生，他们入学后空间认知的水平具有很大的差异性，如何帮助学生发展空间观念呢？结合教材内容，教师选取了数学绘本《寻找消失的爸爸》，借助数学绘本资源，设计教学活动，促进学生对“面在体上”的理解，发展学生的空间观念。

一、借助绘本图画资源，激发学生生活经验，体悟面与体的联系

《寻找消失的爸爸》主要讲的是主人公智娜根据爸爸留下的一系列线索最后寻找到爸爸的故事。这个绘本的内容与教材内容非常贴合，书中的情境积极向上、生动有趣，故事情节和人物关系简单，学生容易理解；绘本中的画面简单清晰，文字数量较少，图文结合，便于学生阅读。

在进行数学绘本阅读的过程中教师有意识地将其中某些环节放大，帮助学生体会“面在体上”，建立“面”和“体”之间的联系。

片段一：聚焦线索一，在讨论辨析中体会“体”上有“面”

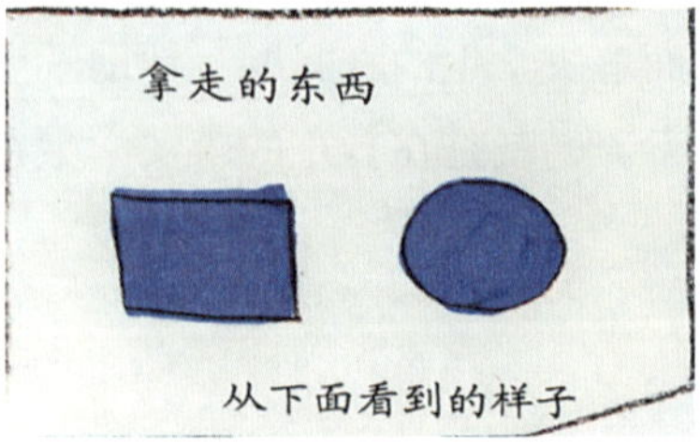

教师先进行故事导读，学生阅读图画信息。

师：爸爸共留下了3个线索，第一个线索是这样的。

师：你能看懂纸条上的信息了吗?

生：拿走的东西有两样，从下面看，有一件东西是长方形的，有一件东西是圆形的。

师：看到这线索后智娜做了什么?

生：找从下面看长方形和圆形的东西。

师：可能是什么呢? 我们一起跟着智娜到她家里去找找吧！找到后先和你的同桌说一说。

（同桌交流后全班交流）

师：到底你们谁说的对呢，答案就在下面，你能猜出来吗?

(1)

(2)

(3)

生1：我觉得是鱼缸和花瓶，因为从下往上看到的底部分别是长方形和圆形。

生2：我认为是书和垃圾桶，因为从下往上看到的底部分别也是长方形和圆形呀！

生3：是钓鱼包和鱼竿包，因为从下往上看到的底部分别是长方形和圆形。而且它们是虚线画的。数学课上学减法的时候用虚线表示去掉的东西。爸爸已经拿走了，它没了。

生4：对，画计数器时减去的珠子用虚线圈起来，虚线的就是没有的。

通过这个教学片段我们可以发现，学生能够结合生活经验判断出哪些物体从下面看是长方形或圆形，同时，我们也发现，一年级的学生遇到问题时往往是上来就做，急于找答案，不思考信息与问题之间的联系，观察得也不够仔细，教师在教学中放大了绘本中的这个片段，借助绘本中的画面，为低年级学生创造了观察和想象的机会，寻找解决问题的策略，唤起对生活中物体表面形状的关注，特别是绘本中用虚线画出来的钓鱼包和鱼竿包，它们的位置和大小与照片上的都不一样，但学生能够通过想象，并结合学习经验做出正确的判断。

片段二：聚焦线索二，在合理推断中感悟“面”在“体”上

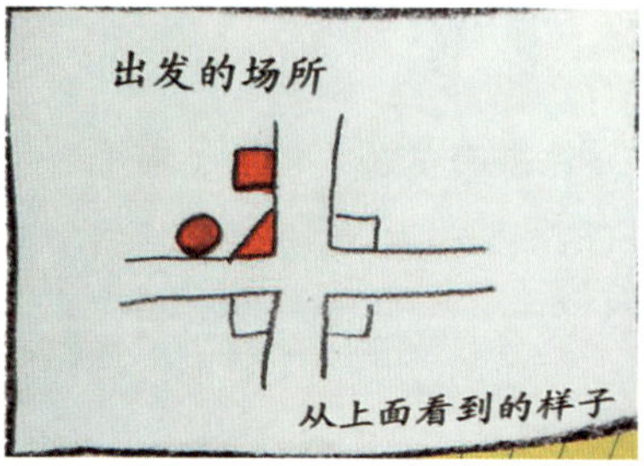

绘本中还有一个爸爸“出发场所”的线索也被教师放大，安排学生讨论。

师：快来看看爸爸给我们留下的第二个线索吧，你能根据这张信息纸发现什么呢？

同桌先交流，然后小组汇报：

生1：根据信息纸上的底部的字，这是爸爸出发的地方。

生2：这是一个十字路口，十字路口旁有很多的建筑物，圆形、三角形、正方形是从上往下看到的建筑物的形状，就是这些建筑物的顶部。

生3：爸爸出发的地方是在一条十字路口的左上方。

师：刚刚大家在交流的时候，有的同学有问题，谁来说说你们的困惑？

生4：十字路口旁那么多的建筑物，你为什么说左上方是爸爸出发的地方呢？

生：因为它用红色标记出来。

生：在黑板上，老师也常常把我们需要关注的地方用红色的笔标记出来。

师：看来红色是需要我们关注的地方，它有警醒的作用。生活中你还在哪些地方遇到过这样的提示？

生：红绿灯，红灯需要停下来。

生：电子屏上红色的字。

师：你们的困惑都解决了吗？还有其他的问题吗？

生：老师，我还有个问题，爸爸画的是圆形、三角形、正方形，但图上看有一个楼的楼顶是长方形，不是正方形。

生：爸爸画的是示意图，是他自己想着这个地方的样子画出来的，可能不太准确。

生：对，可能是楼太高了爸爸在地上往上看猜出来的。

低年级学生理解抽象的图形还是有一定困难的，皮亚杰等人研究认为，空间表象是儿童通过主动内化的行为逐渐组织和建构起来的。在这部分绘本的阅读中出现了一个“出错的信息”，要不要将信息中的正方形改成长方形呢？教师经过反复思考维持了原图，实践证明对于这页中“出错的信息”，学生通过讨论调动他们对生

活中物体表面形状的经验和学习经验，推断出爸爸可能是站在楼下画出来的，有可能不准，所以爸爸用红色进行了强调。学生发现并提出了困惑，同时将自己的学习经验和生活经验结合在一起又进行了合理推断，这个过程不仅提升了学生的空间观念还培养他们观察、分析实际问题，并用科学合理的理由解释问题的能力。

二、延伸绘本情境，调动学生实践能力，深化对图形特征的认识

数学绘本教学为学生后续完成实践性活动做好了学习经验的准备。教师在绘本情境的启示下，设计了“寻找校园里的秘密”这一实践活动，活动任务中提供了3个信息，每个信息都是从3个不同方向看同一物体的平面图，将绘本中观察物体的一个面拓展到了三个面，学生们以小组为单位利用这些信息找出校园中的相应的物体。每组中前两个任务各不相同，第三个任务相同的，用于深入了解学生空间观念的不同水平。小组的任务单如下。

大侦探，找一找学校里的秘密

班　　级：　　　　　　　　　　　　　　　　小组名称：

小组成员：　　　　　　　　　　　　　　　　组　　长：

请你们当一次大侦探，根据以下线索找到校园中的这个物品，并标出这些信息分别是从哪个方向看的。比一比，看看哪个小组找得又快又准确。

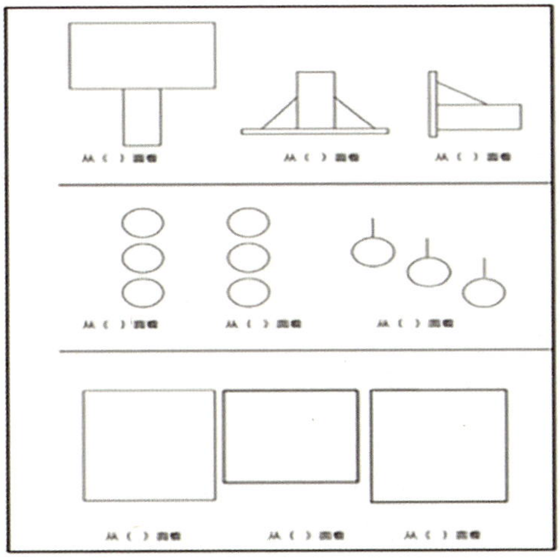

该活动实施过程关注了学生任务解决的层级水平，学生水平划分如下表所示。

任务解决层级水平	水平1	水平2	水平3
维度一：由平面图找立体图	学生看不懂平面图，不能通过找到与平面图对应的物体	学生需要通过先观察实际物体，再对照图例，然后判断是否为要找的物体	学生通过平面图，结合生活经验，直接判断是否为要找的物体，并进行验证
维度二：解释观测角度	学生不能解释自己是怎样找到对应物体的	学生只能从一个角度（如正面）描述自己是怎样找到对应物体的	学生能从三个角度（正面、侧面、上面）描述自己是怎样找到对应物体的
维度三：解决问题策略	盲目地去寻找解决问题的办法	盲目寻找，发现问题后能够及时分析问题再解决问题	先分析问题（如先观察判断，再寻找）

下表为学生完成任务的情况（以组为单位）。

任务解决层级水平	水平1	水平2	水平3
维度一	无	1、2、4、5、8、11小组	3、6、7、9、10小组
维度二	无	2、4、5、7、8、9、10、11小组	1、3、6小组
维度三	2、4、5小组	1、8、9、11小组	3、6、7、10小组

通过观察发现，有的小组拿到学习单后没有进行讨论，而是各自分开寻找，但是在寻找的过程中发现问题又重新在一起商量办法，然后再去寻找。有的小组看到学习单后先聚在一起商量，可能是什么图形，大概在校园中的哪个位置，然后由组长进行分工，有目的地寻找。我们不难发现，学生在数学绘本课中第一次看到提示后的情形，也出现了类似的表现，先急于在屋里寻找符合要求的物品，然后在教师引导下，学习有目的的观察，最终得出正确结论。数学绘本教学中为学生提供了活动经验，所以在没有教师指导的情况下有的组想到先商量再寻找，有的组即使没有想到先商量，也在遇到困难后想到要重新聚在一起商量。

从学生任务单中发现各组学生均能顺利完成前两个任务。大部分学生有意识的关注了现实生活中物体表面的形状，从不同的角度观察物体，体验了平面与立体之间，部分与整体之间的关系，具备了从具体物体中抽象出几何图形的能力，但验证的方法还不够全面。难度较大的是任务单的最后一项，学生需要综合考虑每个长方形边之间的关系，11个小组中仅有1、3、6三个小组最后做出了正确判断，说明有部分学生已经具备了很好的空间感，这些信息为教师后续开展教学提供了重要依据。

为什么要借助数学绘本设计实践活动呢？因为对于一年级学生而言，绘本中的主人公可能就是现实生活中的他们自己，学生通过反思故事主人公的行为，也会反思自己的行为。11个组中有4个组找到答案后又拿着学习单和立体图形进行对照验证，从很多相似的立体图形中最终确定到底是哪一个图形，对图形的边和角之间的关系有了一个深入的刻画。而学生的行为正是基于数学绘本课上判定爸爸出发地点时的经验。

三、对数学绘本教学的思考

将数学绘本与教材内容进行整合，学生在阅读数学绘本的过程中，借助生动有趣的小故事进一步感受了“体上有面”“面在体上”，感知平面图形的特征，丰富了学生对平面图形和立体图形之间联系的认识。同时，借助数学绘本在低年级设计综合实践活动，学生既可以在模拟的情境中进行练习，又能在真实可感的情境中实践，无论是数学绘本中的模拟情境还是现实中的开放情境，都在帮助学生丰富自己的实践经历，展示自己对数学的理解，体验成功的快乐，教师则通过学生在活动中的真实表现更真实的了解学生，更便于对学生进行指导在合作沟通中寻找解决问题的策略，提升他们的学科素养和实践能力。

利用数学绘本培养小学低年级学生数学学习兴趣

王 超

《数学课程标准（2011版）》中明确指出："数学教学要紧密联系学生的生活实际，从学生的生活经验和已有知识出发，创造生动有趣的情境，为学生提供从事数学活动的机会，激发对数学的兴趣以及学好数学的愿望。"在数学教学中，创造"生动有趣的情境"，可以让学生很容易的掌握数学知识和技能，更好地体现教学内容中的情感，使原本枯燥、抽象的数学知识变得生动形象。如何创造出蕴含数学知识、方法和思想又生动有趣的情景呢？绘本进入了我们的视线之中。近年来，随着绘本越来越受到人们的关注，绘本的教育价值越来越被认可，其中蕴含数学概念的数学绘本大量涌现。数学绘本正是通过一个个有趣的故事情境，将抽象的数学知识巧妙地融入儿童喜欢的、熟悉的生活情境中，让儿童在阅读、讨论、探索、操作中来理解数学概念，并应用于生活，最终获得情感体验。

通过对数学绘本的大量阅读发现，适合在数学课堂中使用的数学绘本少之又少，其中一个重要原因是数学绘本中没有数学课中的教学目标，但是，数学绘本本身结合了数学知识与故事和图画，而低年级学生的思维方式主要是以形象思维为主，此时，学生脑部中负责图像的区域正是快速发展期，这个时期的孩子需要图像上的大量刺激，所以他们特别喜欢听故事、看故事。如何利用绘本资源，丰富数学教学内容，又能提高学生对数学的兴趣呢？教师们围绕"如何利用数学绘本培养小学低年级学生数学兴趣"进行研究。

一、将数学绘本用于先导课，化解教学难点

数学教学中经常会使用一些数学名称，有些名称很相近，低年级学生对概念的掌握还不是很好，就会出现混淆的现象，比如"数位"和"计数单位"，教材中借助计数器、表格帮助学生理解数位，借助小棒帮助学生理解计数单位，但是即使是到了六年级，还是有一些孩子不能区分这两个概念。《忙碌的星星工厂》就能帮助学生解决这个问题。在学习一年级下册"加与减（三）"之前，和学生们一起看这本数学绘本，故事讲的是齐齐和云朵姐妹帮助星婆婆送星星的故事，故事里先帮助

学生回忆了满十进一的概念，然后借助“袋子”“盒子”帮助学生回忆计数单位。一边听故事，教师一边问学生：“这么多星星你想怎样表示？”帮助学生回忆不同的表示数的方法，“齐齐和云朵姐妹表示星星数量的方法和你的方法有什么相同点和不同点？”通过对故事中计数方法和同学们计数方法的对比，找出共性，“一颗一颗地数和一根一根的小棒都是一个个单独地数”“一袋一袋地数和一捆一捆的数小棒都是十个十个地数”，“一盒一盒地数和一大捆一大捆的数小棒都是一百个一百个地数”。个、十和百就相当于数这些数的单位名称，所以是数数的单位也叫计数单位。故事继续讲下去，话锋一转，出现了一个送错的情况，难道是我们数的有问题？引导同学观察分析，还是原来的数待的地方不对，借助计数器帮助学生理解什么叫数位，学生说：“每个数位是不同数待的家。”学生用自己的语言理解了计数单位和数位，再后续的学习中教师可以结合教学活动继续帮助学生进一步区分和巩固这两个名称。

二、将数学绘本用于数学课，把数学课变成故事课

虽然很多数学绘本不能直接用于数学教学，但是数学绘本中的故事情境连贯，如果把数学故事引入数学课堂教学，用故事的情景来引导整个教学过程，就能创设出教材中的连贯情境，再把数学概念融入其中，让学生随着故事的发生发展，就能让学生自然的学习、掌握和运用知识，感受到数学带给学生的快乐。教师在教学中尝试根据教材内容对数学绘本进行重新编写和修改。在学习二年级下册有关时间的内容时，教师对《我的一天》进行了改编，故事讲的是消防员一天的生活，故事中涉及的时间全是整时或半时，教师把书分成上下两册，上册中保留了故事开篇中交班的8整时，和第一次救援中的9半时，起到帮助学生回忆旧知识的作用，把剩下的时间去掉，换成上午10时10分、中午12时28分、中午12时55分，学生独立阅读故事书，对书中的内容进行交流质疑，学生们会问到起他救援的时间，这时引入新课学习认识其他时刻，上册故事书中最后一次救援中安排了这样一个情节：救援队员们刚想松一口气，附近的山上传来救助信号。登山的人为了避雨迷了路，用手机联系了我们。我和同事上了山，沉重的装备使我呼吸急促，一不留神脚下一滑，我摔了一跤。幸好我和救援设备没有大碍，只是手表被摔坏了，分针被摔掉，就剩下了时针，也不知道现在几点了。这时让学生看表，猜一猜现在大约几点？说明理由。最后通过救助员伙伴的手表验证大家的猜想。书的下册则被安排成了巩固练习的内容，学生自主阅读绘本的下册，将救援的事件与正确的时间连线。用数学绘本贯穿整节课，学生不仅学到了有关时间的知识，还感受到了记录时间的价值、消防

员工作的辛苦、小朋友和家人都要注意安全等等数学知识以外的人文情怀。

教师还根据二年级上册“分扣子”的教学目标将《青蛙三剑客》进行了创编，改变了以往学习《数学好玩——分扣子》的传统模式。首先引入故事情境引入，上学期同学们阅读了《青蛙三剑客和纽扣小偷》这本书，这个故事讲了青蛙三剑客与大龙的故事，后来又发生了什么新故事呢？让我们一起来看一看：树林里的青蛙三剑客还擅长用漂亮的纽扣做帅气的衣服呢。他们收集了好多漂亮纽扣，并且整齐地放在了这些箱子里。突然，有一天青蛙三剑客发现有两箱扣子不见了。怎么回事？同学们借助图中的线索大胆进行猜测和推理，最终找到原因：原来是大龙借走了这些纽扣。大龙正对着一堆扣子发愁呢！大龙愁什么呢？原来，大龙要把这些扣子装饰在一件衣服上，美美地去参加舞会。可衣服还不知道这么多的扣子选哪些呢？青蛙三兄弟看到大龙遇到困难，决定帮助它。扣子又多又乱，我们要怎么帮大龙呢？学生思考如何利用已有的知识经验帮大龙解决问题；教师让学生扮演大龙，通过动手操作，体验不同的分类标准，产生的不同结果。故事的结尾让每个人都扮演大龙，挑扣子钉扣子。引导学生发现可以根据不同的需要灵活的选择不同的方法。大龙成了晚会上最亮的明星，大龙由衷地感谢大家。故事结束了，教师请学生回忆，“我们帮助大龙解决了不好找扣子的问题，那我们都用了什么方法解决的呢？”课后作业：发挥你的想象自己动手画一画，把分扣子的过程画一画。学生在这节课中通过猜想、验证、操作、体验、对比提高了探究意识，大大增强了学习的有效性和趣味性。

三、将数学绘本用于课后延伸，让数学和生活建立联系

传统的数学教学往往偏重于知识体系的建立，缺少了趣味性和延伸性，对于小学生，特别是低年级学生，难以激发他们的好奇心和探索热情。而数学绘本恰恰提供了生动有趣的故事情景，激发起学生的学习热情，弥补了传统数学教学枯燥、乏味的缺陷。同时，数学绘本中讲述的故事多贴近儿童生活经验，这使学生更易于接受知识、理解知识，才能更好地运用知识解决生活中的实际问题。例如，一年级上册的“生活中的数”这一单元需要学生积累逐一数数的经验，在数的过程中体会“逐一递增”，为后续数的认识、数的运算的学习奠定重要基础，因此教师要引导学生在日常生活中积累大量的数数经验。《吉莉娅数星星》这本书恰好为学生提供了借助有序数数观察身边世界的新方式，故事讲述了一个名叫吉莉娅的小姑娘，她每天都在数数，看到什么就数什么，一会儿数房子上有几扇玻璃，一会儿数院子里有几块石板，一会儿数楼梯上有几级台阶，一会儿又数面汤里有几多油花……教师在

讲的过程中，每翻一页都会有意识地引导学生猜一猜：接着吉莉娅会数什么？当读完故事，学生们看到封底吉莉娅小小的身影时，也许会有不一样的感受，也许这里的小身影会变成他们自己，他们也许会有数一数身边事物的冲动，也许会像吉莉娅一样找到属于自己的星星。

《我家的漂亮尺子》用在二年级下册的认识长度单位之后的数学好玩之后，学生通过估一估，量一量周围物体的长度丰富学生的长度的感知，帮助学生建立空间观念，但是仅有这些是不够的，生活中不仅有数学上用的长度单位，还应有更加丰富的长度单位，对单位长度的累加的思想还不够强烈。《我家的漂亮尺子》正好能弥补这些不足，故事从一个小姑娘发现自己衣服小了的事情开始，妈妈用“拃”量了小姑娘的胳膊长，身长，胸围等地方的长度，然后做出了漂亮的衣服，小姑娘对用“拃”量物体长度很感兴趣，后来还用“拃”量了家里的沙发的长，教师提问，“小姑娘看到妈妈是怎样量出做衣服需要的长度的？”你想用拃来量什么？学生会量桌子有多高？书有多长？等等，故事里的小姑娘量着量着又发现除了用“拃”去量，还可以用脚印去测量，一边讲故事，请同学们观察一下小姑娘是怎样量的，你的一步大约有多长？故事结束后，教师让同学们以小组为单位，找找自己身上的“尺子”，先用自己身体上的尺子亲自量一个教室中某一物体的长度，然后用真实的尺子再量一量，量好后思考，这两种测量方法的相同点是什么？它们各自的优势是什么？不足是什么？课后，教师还布置学生自己做一回家里漂亮的尺子，用身体的尺子量家中物品的长度，量好后再用真正的尺子量一量，把测量的结果画出来。

如何有效激发学生的学习兴趣是教育学中长期以来热议的话题。著名教育学家夸美纽斯说过：“兴趣是创造一个欢乐和光明的教学环境的重要途径之一，兴趣是推动学习的内在力量，学生的学习兴趣是学习的强大动力。”可见，学习兴趣对于学生学习和掌握知识起着非常重要的作用，教学过程中激发学生的学习兴趣是何等的重要。

数学绘本中不仅可以展示现实的、熟悉的生活场景，也可以构造距离孩子们很遥远的古代时空，其中引人入胜的故事、丰富多彩的情境可以引领学生在自己的身边寻觅数学、发现数学、感悟数学，让学生体验数学在生活中的应用价值，使数学不再遥远、不再陌生。并且，数学绘本在教学中使用起来也很灵活，既可以作为新知识的先导，创设教学情境，分解教学难点，亦可以在课中使用作为数学知识的有效载体，还可以在课后使用成为与生活建立联系的桥梁。但不管使用数学绘本的时间和手段是什么，孩子们在数学绘本课上高昂的学习态度就足以说明数学绘本是激发学生数学学习兴趣的促进剂，为提高课堂教学的有效性提供了一个有利的脚手架，也为学生营造了一个快乐轻松的数学学习氛围。

提升学习品质视角下的数学绘本教学
——以《郊游去》为例

裴瑞雪

李季湄教授在《指南》解读中提出学习品质是指儿童学习的倾向、态度、行为习惯、方法、活动方式等与学习密切相关的基本素质，它包含孩子的好奇与兴趣、积极主动、专注、坚持、面对困难时的坚持性、反思与解释、利用已有信息进行推理、描述、探索等这些良好的学习素质。

一、培养学生对学习的好奇与兴趣的学习品质

教学以活动一“今天老师给大家带来了一本好玩的绘本故事，观察封面，你有什么想说的吗？”开始，绘本色彩丰富的图画吸引了孩子们的注意力，他们都在仔细观察封面图画，因为遮挡住了“去郊游”三个字，给学生留下了悬念，有同学说：“这么多小动物开心地聚在一起，他们要干吗去呀？我特别想知道”，表达了孩子们共同的心声。孩子们急切地想知道下面发生了什么，表现出了极大的兴趣和好奇。

二、培养学生积极主动、专注、反思与理解的学习品质

【教学片段】走进故事，结合故事内容，学习分类方法。

（1）原来今天是郊游日，动物伙伴们要一起去郊游啦。如果你是其中的一员，你现在的心情是什么样子的？

（预设）生1：开心。

生2：激动。到郊外会遇到什么好玩的事情呢？

那我们赶紧跟着小动物们一起快乐地出发吧。

（2）“好了，现在出发吧，按顺序排好队，慢慢走。”小猫喵喵排在最前面说。

小猫喵喵、鸽子咕咕、鳄鱼大嘴巴、小鸡咯咯、小兔蹦蹦、鸵鸟驼驼、小牛哞哞、蜗牛慢慢。看着这支队伍你有什么感觉？

（预设）生1：好长啊。

生2：万一丢一个怎么办？

生3：我感觉蜗牛跟不上，它走得太慢了。

你们真是爱动脑思考的好孩子，把可能遇到的问题想在前面。

走着走着，小鳄鱼也向小朋友一样，发现了这个问题。“嗯？排成一队看起来好像太长了，一个朋友走散了怎么办？”

如果你是小动物中的一员，你会有什么好办法来解决这个问题呢？

【独立思考】

先独立思考，再和你的同桌讨论交流下。交流会使我们有更多的发现。

【交流讨论】

谁来和大家分享一下你的想法？

（预设）生1：大家一起拉起手来像螃蟹一样横着走，这样就丢不了了。

生2：可是路没有那么宽呀。

生3：可以向我们班级一样，分成不同的小组，再选出组长，让组长负责组内成员。你可真厉害。想到了分组，还想到了小组长。考虑得很细致全面。

小鸽子咕咕的想法和你一样。它想到了把大家分成2队走。这样每队的队员人数少，就好相互照顾。

在此教学环节中，我以“看着这支队伍你有什么感觉？”让学生去主动发现问题，“太长”“丢一个怎么办？”“蜗牛太慢，跟不上，怎么办？”在孩子们主动发现问题的基础上，以“如果你是小动物中的一员，你会有什么好办法来解决这个问题呢？”将问题抛给学生，孩子们通过独立思考、交流讨论积极主动地回答问题和完成任务，体现了孩子们参与学习的主动性，培养孩子们专注的思考、深度参与解决问题的学习品质。同时孩子们能够根据同学的回答“大家一起拉起手来像螃蟹一样横着走”“可是路没有那么宽”提出新的方法“可以像我们班级一样，分成不同的小组，再选出组长，让组长负责组内成员”。

在后续的环节中孩子们就如何分组，解释这样分组的原因和过程中培养孩子反思与解释的学习品质，在不断发现问题的过程中，及时修正完善自己的方法，提出解决问题的新办法，培养孩子们不断探索的学习品质。

三、面对困难的坚持性、不抛弃、不放弃的学习品质

【教学片段】大家都高兴地排好队，但是……

这时传来了一阵哭声，大家惊讶地循声看去，原来是蜗牛慢慢在哭鼻子。

小朋友你们知道蜗牛慢慢为什么哭起来了吗？

（预设）生1：蜗牛没有脚，它哪队都不能站。

那怎么办呢？难道我们今天不能去郊游了吗？大家都变得有些沮丧了。

小朋友们快动动脑筋，帮助我们的小动物们想想办法吧。

（预设）蜗牛很轻，我认为可以让一个小动物背着小蜗牛，蜗牛走得慢，背着它也不容易丢。不能因为蜗牛没有脚，走得慢就放弃它。

真是个好主意，遇到困难大家一起想办法解决，团结有爱，不抛弃不放弃任何一个小伙伴，老师为你点赞。

小牛哞哞和你的想法一样，“慢慢爬到我头上来怎么样？”

“啊，我们去郊游了”“我们去郊游了”小动物们欢呼起来。他们有序地排着队，快乐地向着绿色的田野出发了。

在帮助蜗牛解决问题的过程中，培养孩子利用已有信息对绘本故事发展情节进行合理猜测，培养孩子遇到困难努力克服、继续前进的坚持性学习品质。同时“不能因为蜗牛没有脚，走得慢就放弃它”大家一起帮助蜗牛，培养孩子遇到困难大家一起想办法解决，不抛弃不放弃任何一个小伙伴的优秀品质。

四、培养学生主动、解释、描述学习过程、主动运用知识解决生活问题的良好学习品质

【教学片段】

拓展提升

（1）孩子们回家用今天学到的知识选择合适的标准进行分类整理，可以选择衣柜、抽屉、书柜、玩具箱等一处角落。

（2）将整理前和整理后的照片贴到活动记录单的相应位置。

（3）请孩子在活动记录单相应位置写一写感受，并完成评价。

莱夫的情境学习理论认为知识是文化、情境的产物，真正的学习是在有意义的情境中发生的，学习情境的性质决定了所学知识在其他情境中应用的可能性。此绘本中的分类是贴近孩子生活的，在活动过程中引发孩子认知冲突，引导孩子解决问题，将从数学绘本教学活动中习得的经验迁移、运用到生活中去解决问题，使孩子发现数学的用处，使知识“变活”。使数学从生活中来到生活中去，体会数学的生活价值，孩子们在亲自动手操作整理经验和在整理过程中思考的积淀，孩子们在展示交流如何分类整理自己的衣柜、书柜等时兴趣盎然，每个孩子都“有话可说”，

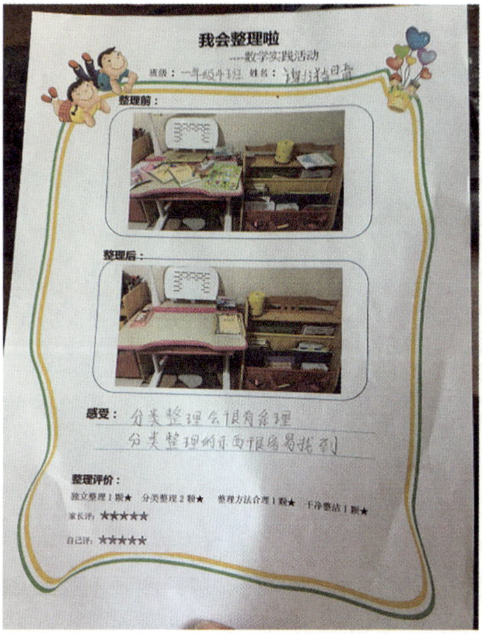

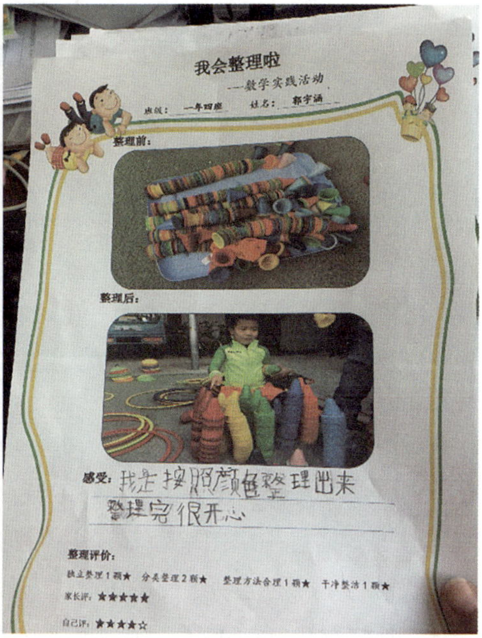

提供的素材更加丰富多彩，孩子们讲解清晰流畅，在交流分享中孩子们首先肯定了别人整理的优点，同时也提出了中肯的建议。在不断地碰撞中促使学生深层次地思考自己分类的依据，为引出分类的标准奠定了基础。而且孩子们在清晰的说出自己是怎样做的过程中培养孩子们主动、解释、描述的良好学习品质。在对比中让孩子们感受到分类整理不仅整洁，而且方便，初步养成有条理地思考问题的习惯及良好的生活习惯。

与数学绘本相伴，一路同行

王　瑜

与数学绘本初识，是在我踏上教师职业生涯的第一年，接任一年级的数学教学工作。为了符合低年级学生的认知特点，学校在一、二年级开设了绘本教学作为研究课程。由于刚刚接触绘本教学不久，我和组里的老师们一直在不断地去寻找绘本的阅读策略以及绘本教学的方式。阅读了大量的数学绘本后，我们发现有的绘本内容与数学教材相契合，有的内容比较基础，有的则在教材之上有所提升，所以我们把绘本的使用整理出新课前、课中、课后的三种教学模式。之后，我进行了积极的尝试。

通过通读教材，我发现二年级下册有一节课叫作“重复”的奥秘，知识点是找规律。课本通过一幅图里画着有规律排列的彩旗、花等事物让学生发现其中的规律。我对二年级的老师进行了访谈，老师们提出它的情景不够丰富，图画不够吸引孩子，所以学生兴趣不高，在对规律的表达方式上也只有△、|||等形状，形式很单一。那么一年级能为学生的后续学习做哪些准备呢？我搜集了很多关于找规律的绘本资源，通过对教材和绘本的分析教材，最终我选择了《乱七八糟的魔女之城》这本绘本。

由于是初次对绘本教学内容进行设计，我一开始并不知道如何去上这堂课，于是我把绘本中的所有故事情节都串到一起，包括找钥匙、过分叉路、给巨人指甲涂色、帮助表演杂技的猴子归位、选图案搭桥、帮魔女整理房间等。由于内容太多，导致每个环节并没有深入挖掘，都过得很快。所以一节课上完，对学生来说很平淡，没有什么重难点，也没有积累数学活动经验。于是我对绘本的故事情节进行了删减和修改，去掉了一些重复的情景，让每种类型的找规律方法只出现一次，比如找钥匙、过分叉路和给巨人指甲涂色这三个环节都是让学生找到三个一组重复的规律。所以我只保留下来找大树的钥匙一个环节，这样大大地减轻了一节课的内容负担，也为课堂留出更多的时间让每个环节更加充分的展开。

最终我确定了四个环节，第一个环节是找大树的钥匙，初步引导学生圈出事物的规律，了解可以通过圈一圈的方法来把规律表达出来，帮助学生积累找规律的经验并对规律有了初步的认识。学生通过这个环节能够用自己的话把规律很清晰的表述出来，也能用笔很明确的圈出事物的规律来，培养了学生的观察能力和概括能力。接着借助善良的怪树婆婆给我们的钥匙密码（三角形、圆、正方形，三角形、圆、正方形），找到所对应的果树。通过用密码的方式间接的表达出水果的排列规律，不但锻炼了孩子的应变能力，而且让学生把抽象的符号和具体事物建立了初步联系，从而为后边更深层次地挖掘规律做铺垫。

第二个环节是画出猴子杂技的规律，这个环节学生通过动手画一画，不但发现了规律，更用多种方式表达出了规律，如用图形、数字、字母、文字、颜色等来表示复杂的猴子。学生再次对规律有所认识，而且丰富了表达规律的方法，从中也渗透了符号思想。

第三个环节是选图案搭桥，这一环节找规律的难度又提升了一点，是让学生从中间补充完整规律，学生需要观察前段和后端残缺的规律推测出完整的规律，更加锻炼学生的思维连贯性。《数学课程标准》中指出要参与数学活动，获得一些感性和理性的认识。因此，在数学课堂要让学生动起来，所以我让学生亲自贴出缺失的木板，学生在贴的过程中不光关注整座桥组成上的规律，还关注每个木板摆放方向的规律，多角度多层次地去发掘地规律。

第四个环节，我对绘本做了进一步的延伸拓展，让学生进行故事创编，大胆猜测他们在回到南国的路上还可能看到什么有规律的现象并画下来。在这一环节中，让学生感受生活中的美，不但能找到规律，还能自己创造规律，让学生获得数学滋养的同时，又丰富了学生的想象力和创造力，获得了情感的熏陶和品格的提升。通过这样的设计，环节更有层次了，学生的收获也更大了，所以在这次试讲后，效果有了明显的改善。

绘本的特点就是让学生跟随丰富的故事情节，不仅掌握到数学知识，还能从中获得良好的情感体验，感悟到除了数学知识以外的东西。为了实现绘本价值的最大化，我在开头和结尾增加学生感悟时间，去体会故事中人物的情感变化。比如最开始请同学用一个表情来表达公主看了信后的心情并说出原因，通过这个环节关注学生情感方面的表达，学生可以运用表情正确表达情绪，并学习如何读懂别人的表情，也希望借此来加深孩子对绘本的理解。最后，请同学们再用一个动作或表情表示你现在的想法。通过情感的变化回顾总结本节课内容。学生通过不同的表情和动作从不同方面表达出自己的情感。

数学绘本教学不光是教会学生数学知识，还要让学生学会阅读、感悟生活、发展创新思维、懂得做人的道理。现如今，我的学生们在数学语言能力、数学学习能力以及数学思维能力都有了很大的提升，而且还能够自主创作内容丰富的数学绘本。我想他们的进步离不开数学绘本的“浇灌”，而这三年，我在教学上的成长更离不开与数学绘本的相伴。未来，我们继续一路同行！

我与绘本的故事
——《真正的魔法师》

冯乐乐

在一年级的教学中，我发现学生们非常喜欢有趣的课堂，喜欢挑战的环节。所以我挑选了《真正的魔法师》这一绘本帮助学生学习序数这一知识。这本绘本借助生动有趣的情景，设计了真正魔法师的考试故事情景，使学生通过闯关的方式学习了序数。绘本里有趣的魔法世界吸引学生认真参与，闯关里面的不同任务。

在有趣的情境中，学生们积极参与课堂活动，第三轮考试是找出挂在法术柜子里的魔法师头头儿的外套！在上前挑战时，学生们出现了问题，在数数时全班没有出现问题，但是有的学生搞混了方向，要求是从左往右数，个别学生没有关注到这一点。这时也有学生介绍了他的好办法。这里说“左往右数”他就先举起了左手，帮助自己确定是从哪边开始数，学生的这个简单的经验分享，帮助同学们找到了小窍门。刚才数错的同学也能数对了。在课堂中给予学生充分的时间分享自己的想法，使学生之间互相倾听，互相学习。最后，学生们一起分析了书中小魔法师出错的原因。学生在分析失败的小魔法师的原因中，学会了标准不同顺序也不同，学生们在辨析中突破了本课的重难点。

在联系生活时，给孩子们提供了3道小题，3道小题分别是有关序数和基数的不同题目。学生们通过这节课的学习，对基数和序数有了一定的认识。其中前两道题是找到袜子和手表，帽子和围巾的位置，学生通过这节课的学习，不仅可以找到物品的位置，还能够用自己的语言准确描述它们的位置。第三道题是：我们到了上演木偶戏的剧场，有消息说前10位观众免费，我和妈妈能免费吗？这道题有小变化，不是关于序数的问题，而是关于基数的问题。这道题让孩子们进行圈一圈的活动，通过这节课的学习，大部分学生能够感受到基数和序数的区别，能够圈出前10人学生还可以说出这样圈的原因，用自己的语言解释前10个和第10个的不同。通完成3道练习题，学生们在对比中再次感受序数和基数的不同。

学生在学习了10以内的数后，对用数字表示个数已经掌握得非常好，但是用数字表示顺序还需要理解与巩固。学生在闯关的过程中，不仅学习了序数的数学知识，帮助学生巩固了序数，并体会了序数与基数的不同。还体会到了成功的喜悦。

本节课充分利用游戏的动力性、趣味性，帮助学生理解序数的方向性，强化序数在生活中的应用，使学生始终沉浸在过关游戏情境中，充分体验了数学活动的乐趣，同时实现了教学重难点的逐层递进。

数学真有用

董丹丹

数学是一门基础学科，从小学到高中一直学习12年的时间，那数学在生活中到底有什么用处？很多学生意识不到这门学科的重要作用，尤其是一年级的学生。怎样让学生感受到数学的作用呢？在日常的教学中就要注重数学与实际生活的联系。借助绘本这一载体，实现跨学科的联系，把数学的学习和语文的阅读结合在一块，让孩子在读绘本的过程中体会到学习数学在生活中的重要作用。

在一次与家长的谈话中让我感受到绘本阅读对学生的影响很大，小许是一个佛系男孩儿，对数学学习提不起兴趣，上课的时候总是呆呆地坐着，也不发出任何声音。最初，我认为这个孩子与人交流方面有障碍，通过与家长交流发现孩子表达能力，思维能力都是正常的，就是觉得数学没有用，可以不学数学了。妈妈悄悄跟我说，小许还把数学和语文列为最讨厌的两个学科。听到这样的话我很震惊，刚刚一年级的孩子未来学习的路还很长，如果此时就缺乏学习兴趣，认为学习没有用，那孩子未来的人生将会受到巨大影响。

一天，小许的妈妈跟我说，孩子回家之后给他讲了一个绘本故事《面包公主三姐妹》，在面包王国里住着面包王后和她三个女儿，面包王后每天都要和仆人们制作面包卖给周围的国家，她们最擅长制作三种面包，长棍子面包、牛奶面包、土豆面包。长棍子面包的制作要领是面团的长度，制作牛奶面包要看放多少牛奶，制作土豆面包的关键是放多少土豆。他们做的面包受到周围国家的欢迎，每天都能卖出几百个。王后希望三个女儿也能学会做面包，但是她们三个各有自己的爱好。大公主爱美，二公主爱睡，三公主爱吃，他们谁也不愿意学习做面包。有一天王后病倒了，做面包的重任就落到了面包公主三姐妹身上，由于他们从来没学习过做面包，做出来的长棍面包有长有短，牛奶面包的牛奶放得太多了软得没办法吃，土豆面包里的土豆放得太多了，干干巴巴还很难看。从此以后，面包王国的面包再也卖不出去了，过家里的人民也很难过，他们的小麦，牛奶，土豆一直都卖不出去。面包公主这才意识到学习本领的重要性，她们努力学习做面包的本领，仔细阅读面包奶奶送给她们的书，原来长棍子面包要切成30cm的长条，牛奶要放100ml，土豆要放30g，只有按照要求做才能制作出美味的面包。在三公主的努力下，终于做出了美味可口的面包，还制作了魔法面包救活了王后。讲完这个故事后，妈妈问小许：

“这个绘本故事有什么收获？”孩子说：“数学很有用，如果不学数学，连做面包这样的事情也做不好。”从此以后，小许上数学课的状态好多了，对数学也产生了兴趣。

绘本是最适合孩子阅读的图书形式，儿童心理学的研究也这么认为，孩子阅读理解能力从很小就已养成，具备一定的分析问题的能力。绘本和度量的内容结合起来，让学生感受到统一度量的重要作用，为学习知识打下基础。更重要的是生动的故事让学生产生学习兴趣，能很容易地走进故事，达到育人的目的。

我与绘本的故事
——《树叶尺子》

霍　蕊

接触到数学绘本教学是在2015年调入中国农业科学院附属小学的第一年，当时的场景至今仍记忆犹新。把一本本色彩艳丽、情节生动的绘本故事拿到数学课堂上来，听起来很新鲜。但是当时就感到不知如何实施，脑海里的问题很多，从绘本的选择到课堂的实施，从教学内容的设计到每一环节的落脚点在哪……感觉对于教学又翻起了一页新的篇章，既新奇又兴奋，但同时又感到对于这一内容的教学自己知之甚少。直到加入了课题组，在刘琳娜老师和学校领导共同的指引下，从四个维度深刻解读绘本教学，我才觉得豁然开朗。

就拿二年级上册第六单元《测量》第一课《教室有多长》为例，此课的教学我用到了数学绘本《树叶尺子》，课上使用。从读懂数学的角度看，绘本以小动物比尾巴作为开始，涵盖了数学中比较的知识，没有统一的标准难以比较，引出熊奶奶提供了有统一标准的树叶尺子，帮助学生理解测量中要使用统一的单位。从读懂绘本的角度看，生动有趣的小动物比尾巴的童话世界轻松把学生带入绘本当中，跟着小动物们的脚步用不同的方式去比较尾巴的长短，最终找到了树叶尺子这个好的标准比出了尾巴的长短。从读懂生活的角度看，生活中的孩子们也经常会有不同方面的比较，但是如何正视比较的结果是很重要的。小故事的结尾熊奶奶巧妙地告诉小动物们，尽管尾巴不是最长的，但是大家的尾巴都有自己的用处，教学生学会正视自己的缺点。从读懂学生的角度看，学生对于长度并不陌生，但是对于为什么要选取统一的标准作为单位去测量还是比较模糊的，以生动的小故事，丰富的图画帮助学生更加直观的理解数学知识，学生接受起来非常轻松。

本课在新课的前半部分使用绘本，通过生动的小动物比尾巴帮助学生理解选取统一单位进行测量。再安排学生分小组测量教室的长度，最后向全班反馈本组选取的测量物品是什么和测量的结果，测量的过程中会出现各自的问题，由小组内部成员大家共同分析、解决问题。数学绘本中丰富有趣的童话素材使学生激起学习数学的兴趣，更加身临其境深入理解数学知识。生动的小动物比尾巴情节帮助学生理解选取统一单位进行测量，再进行对教室的测量，从而突破教学难点。

对于数学绘本的教学我还处于不断探索阶段，在实施的过程中仍存在不少的问题。例如低年级的学生更容易沉浸在表面的趣味上，后面的教学中不愿去深挖知识本身。绘本教学的课堂学生全身心沉浸在故事当中，一定程度上帮助理解了数学知识，有时对于知识的理解还不够深入，在具体操作中往往还存在一定不足。比如本节课课堂活动虽然丰富，但是在具体操作的过程中仍存在一定问题。如测量中没有与被测量物品严格对齐等。我想在日后的数学绘本教学中应更加深刻分清楚层次。对于有用的知识、情感方面内容深入挖掘。必要的时候给学生提供相匹配的素材，让学生动动手、说一说，多种形式对重点部分进行理解。改善“表面热闹”的不足。

数学原来也可以这么真、善、美
——“数学绘本教学”的体会

李 霞

本学期，在学校领导的引领下，我尝试运用数学绘本设计教学活动。通过一学期的实践，我发现将数学绘本与课堂教学有效的结合，不仅为学生提供了丰富的想象空间和有趣的故事场景，还拓宽了学生的知识视野，丰富了学生对数学知识本质的认知，扩展了学生思考问题的角度，提高了学生的学习兴趣，激发了他们对知识的求知欲。同时这个教学还有利于提高学生图文并茂的理解能力，有利于培养学生的语言表达的能力，有利于学生非学业素养的养成。

数学绘本教学是通过绘声绘色的故事情节调动学生的学习兴趣，通过蕴含数学知识的图片启迪学生的智慧，通过浅显易懂的道理完善学生的人格。学生在生动有趣的阅读环境中能获得相应的知识、增强必要的情感体验、形成一定的技能。由此，我发现在数学学习中引入绘本教学，将会给孩子的数学阅读打开一扇敞亮的天窗，让他们能跳出课本读数学，跳出文字思数学，跳出课堂学数学，跳出考试品数学。

一、数学绘本的课堂体现“真”

数学新课程标准明确指出：学生的数学学习应当是一个生动活泼的，主动的，富有个性的过程。一年级学生处于幼小衔接的关键期，他们好奇心强，又爱问一个为什么，想象力充沛，对于引人入胜的故事更是喜闻乐见。数学课堂要让学生真正地从内心去喜欢学、愿意学，就要有吸引他们的“真”本领。这里的数学绘本教学就可以以有趣的故事为串联，以精美的图画为载体，让学生在零压力的情况下，带着好奇、兴奋的心情进行数学学习，真正地变“要我学”为“我要学”。

“分类”是统计与概率教学的基础，是数学思想的具体体现，也是一种重要的数学方法和策略。一年级课本第四单元是分类的内容，书中只有简单的情景图，不能完全调动学生的学习兴趣。我就选择了《一起一起分类病》这个绘本进行教学，课上通过一个儿童在生活中不断分类的故事，告诉孩子们分类的重要性。由于我们的生活是有规律、有秩序的，很多物品的摆放都离不开“分类”的知识，所以这样的学习是真实有效的。课间，我每每看到孩子们抱着这个绘本看得津津有味时，就很有成就感。正是通过这个鲜活的绘本，让孩子们懂得了数学无处不在，数学是有用的；也使分类的概念更易于理解与掌握，更容易激发孩子的学习兴趣，让他们更加爱上数学。

二、数学绘本的课堂营造“善”

每一个动人的故事、美妙的传说，都能吸引一年级孩子的注意力，内容的呈现形式与表述方式能迅速调动学生的参与度，让他们的学习热情空前高涨。数学绘本也承袭了这个特点，让学生不仅能从简单、有趣的故事中学到很多数学知识，还能从蕴含道理的事件中得到情感的熏陶，培养优良的品质。低年级的孩子是一张白纸，需要老师帮助他用手里的彩笔和颜料来谱写未来。所以，教师应深入挖掘数学绘本的内在情感，把它与数学知识紧密联系在一起，对学生进行晓之以理、动之以情的情感教育。

《鸭子叔叔的时钟》这个绘本主要讲述鸭子叔叔进入没有时钟的国度解决一系列问题的故事。通过鸭子叔叔在不同整时解决的问题，让孩子学会认钟表上的整时时刻，并知道中午12时是上午和下午的分界线，学习到读取时间的方法。在这一过程中，最重要的是孩子不仅仅学到了知识，更培养了孩子的时间观念和守时的意志品质。摆脱了刻板生硬的说教，让数学教学和阅读有机结合，让知识学习与故事有机结合，让非学业评价和情感有机结合……课堂自然而然焕发了勃勃生机。

三、数学绘本的课堂充满“美”

由于一年级学生的识字量不大，在阅读中很容易受到限制，而绘本作为一种以图画为主，文字语言为辅的阅读材料，顺应了这一阶段儿童的阅读特点。同时，数学绘本每一页的色彩鲜艳、卡通人物的设置富有童趣，很快就能吸引学生的眼球，勾起他们阅读的欲望。长时间以来，数学课堂都是高度抽象性与严密逻辑性的代名词，很少有人将它与美联系起来。再加上低年级学生的逻辑思维发育不够完善，还处于形象思维阶段。正好数学绘本教学能以这种独特的方式有效挖掘和传递知识，适应时代的要求诠释数学的律动美，让数学变得不再呆板和枯燥。

《乱七八糟的魔女之城》这个绘本就是通过生动具体的植物、活泼可爱的动物、色彩鲜明的图形，让学生在不同的事物中寻找规律。它看起来不那么严谨，却偏偏告诉孩子数学要严谨对待；它看起来不那么科学，却恰恰让孩子发现数学的规律之美。

总而言之，我觉得数学绘本是一个让知识与情感有效沟通的结，是一根让心灵与思维有效变通的杆，是一盏让数学与生活有效联结的灯。我们完全可以通过数学绘本的教学能让孩子们在温暖而智慧的课堂中走近数学。

我和绘本的故事

王 晴

工作之前，如何在课堂上创设出有趣、吸引学生的情境是我一直在思考的问题，同时，还有如何将相应的教学重点融合到这个情境中。没想到，进入学校开始实习，我的困惑和焦虑因为绘本变成了兴趣和奇思妙想。

最初实习，我帮一位数学老师代一节叫数学阅读的课。迷茫的我赶紧联系老师，问她课上带着学生做什么，老师的回答是班级里有数学绘本，发下去让他们看就可以。班里的孩子是二年级，有些识字量不是很多，看书就是在看里面的图画，不一会儿就要更换一本，让我觉得没有达到读书的效果。不过，也有几个同学读得很认真，我就有了让他们给大家讲绘本的想法。孩子们很乐意当小老师，声情并茂地拿着绘本开讲。这一听，再仔细一看，这绘本不简单！不仅图文并茂，故事情节生动有趣，而且这每一张配图都有玄机，呈现出了绘本所讲的各种有规律地排列，就算识字量不多也能看懂，更关键的是学生们阅读的兴趣很高。

正式开始工作之后，我的课表里有一节数学实践，根据学校的传达，低年级的数学实践课内容是绘本学习。起初，我认为就是让学生读一读蕴含数学知识的绘本，体会到数学课本之外的数学乐趣，不能和正常的数学课堂相辅相成。直到偶然的一次机会，我加入了学校的绘本核心组，与很多有经验的老师开始了绘本教学的探索之路，我更深深地感受到了绘本的精彩。我们在准备一节家长开放日的公开课时，选择了一本名字叫《月亮的味道》的绘本，它讲的是几只小动物为了尝到月亮的味道，一只动物站在另一只动物的身上，就这样一直往上爬，最终吃到了月亮的故事。正巧，我们当时正要学习上下方向的知识，大家经过讨论，决定用这节绘本课代替书上这节课的内容。这是一个艰难的过程，我们初步拟好教学过程，在教研的时候面对老师试讲，然后修改，再试讲，再修改。每一个活动环节，每一句语言表达，每一个情节能够提现的数学知识，我们都细细斟酌，最后确定了完整的、精彩的、成熟的教学设计。我要为我们的钻研精神点赞！

其实，并不是每一本绘本都能够代替课本中的内容，但这不能削减数学绘本的魅力。在导入、拓展、复习时，只要我们能够准确地掌握绘本的内容和使用方法，数学绘本都能给孩子们在学习数学上帮一个大忙！绘本教学这条路，我们才刚刚起步开始远行，相信前方会有我们意想不到的惊喜。

我和绘本的故事
——精彩的课程我建设

刘秋香

我以前总是不明白绘本对于数学学科来说意义在哪？为何要设置数学绘本课？绘本不是语文的范畴吗？接下来的困难是从来没讲过，该怎样讲数学绘本课呢？孩子们会喜欢这门课吗？带着这样的疑惑我一步一步地进行着尝试。讲着讲着就觉得这课上得太过严肃，课堂气氛不活跃。后来我的课发生了变化。

我改变了思路，在课前选出适合数学课进度的绘本教材，斟酌着用哪本更符合数学课，首先我得先将书读一遍，看看是否符合我班学生的学情和认知度。在认识10以上的数时我选择了爆米花数学童话之《"啊哦呜"部落和"牟尼"部落》，我读完后觉得很有趣，就试着给学生讲这个故事。"啊"表示1，"哦"表示2，"呜"表示3，"小朋友们想想看，如果要表示4，应该怎么说呢？""6怎样表示呢？"加上了这样的提问，使课堂有了师生互动，学生们兴趣更浓了。我绘声绘色地说:"大家想想，这个部落的人数数的时候该有多吵啊！"孩子们哄堂大笑。课堂顿时活跃起来，仿佛我不是老师，只是一位讲故事的阿姨在为孩子们讲着故事。我面带微笑，用着抑扬顿挫的语气讲述着故事。孩子们津津有味地听着。跃跃欲试地举起小手争前恐后地回答着我提出的问题。当我讲到"牟尼"部落表示数字的词只有一个时：全班齐说："牟尼"一张张笑脸摇晃着，顽皮地异口同声地回答着。课堂此起彼伏的活跃着，变得活跃起来。我也越来越开心，更加卖力地讲起来。随着时间的推移，两个部落越来越需要数字，人们想出了更多的方法表示数字，你们觉得可以用什么方法表示呢？课堂气氛达到了空前绝后的高潮，有的孩子说用身体的前胸表示，有的孩子说用身体的胳膊表示数字，有的孩子说用身体的肚子表示，有的孩子说用身体的大腿表示……课堂沸腾起来，这正是我喜欢的课堂气氛，活跃而有秩序。最后连脚趾都用上了，孩子们发挥着他们的想象，智慧充斥着整节课堂。看着孩子们用自己身体的每一个部分来表示不同数字时，我不由觉得我不是在讲课，是享受课堂、享受故事、享受知识的快乐的过程。此时感觉自己和孩子们融为一体。

此时使我突然明白了绘本服务于数学，使数学模型思想的外现。使数学生灵活现，巩固知识，获得新知识。使得数学不再那样严肃、机械。让学生明白数学来源于生活，应用于生活。为优质便捷的生活发挥着重要的作用。让学生在享受中乐学，并爱上数学，意义深远。绘本使数学变得更容易。因为孩子们喜欢身边看得见、摸得着的数学。喜欢能够看了之后哈哈大笑的数学。喜欢有故事的数学。更喜欢能动手试一试的数学。让绘本课有意思一些，这才是绘本课的真正意义和作用的所在。希望能有更多的这样融洽的课堂出现。

后　记

《金穗数学——绘本课程探索》历时三年的研究，凝聚了学科专家、特级教师、骨干教师等多方面人员的智慧与汗水。研修的过程中，我们力求在最大程度上落实义务教育课程标准的相关理念，深入开展教育教学理论研究和实践探索，以求提高学生的核心素养，促进教师专业能力的提升。

在整个编写过程中，北京教育学院初等教育学院刘琳娜老师，对我校的研修活动进行了全程深度指导，并承担了编写、审阅文稿的任务。书中共收录了我校中低年级22位数学教师在数学绘本课程开发过程中的研究成果，数学教学主任朱立、数学教学副主任谢林娜、数学学科组长张海珍、王瑜、李霞承担了编写、修改文稿的任务，在此向以上人员一并表示感谢。

数学绘本是数学教学中很好的教学资源，如何利用好这些资源，刘琳娜老师指导我校参与研究的老师从“读懂绘本”“读懂数学”“读懂学生”“读懂生活”四个维度进行分析，设计教学活动。数学绘本教学就像一扇门，通过这扇门老师走近学生，发现他们的学习方式，了解他们的内心需求，感受他们的童真童趣，带领学生一起走进美好、有趣的数学世界。数学绘本课程开发的过程中老师的课程力也得到提升，同时他们也获得了愉快的情感体验。数学绘本教学到此，并没有结束，后续我们将不断探索学生的数学学习是如何发生的，更好地帮助学生提升学科素养，实现学科育人。

由于研究水平和实践条件的限制，本书仍存在诸多有待进一步研究与改进的问题。真诚欢迎各位领导、专家、教师在参阅过程中不吝赐教，提出宝贵意见与建议。我们将虚心学习，在今后的工作中加以改进，也使本书更加完善。

作者

2021年12月